A Revolução Ecojurídica

FRITJOF CAPRA
e UGO MATTEI

A Revolução Ecojurídica

O Direito Sistêmico em Sintonia com a
Natureza e a Comunidade

Tradução
Jeferson Luiz Camargo

Editora
Cultrix
SÃO PAULO

Título do original: *The Ecology of Law.*

Copyright © 2015 Fritjof Capra e Ugo Mattei.

Publicado mediante acordo com Berrett-Koehler Publishers, São Francisco.

Copyright da edição brasileira © 2018 Editora Pensamento-Cultrix Ltda.

Texto de acordo com as novas regras ortográficas da língua portuguesa.

1ª edição 2018.

Todos os direitos reservados. Nenhuma parte desta obra pode ser reproduzida ou usada de qualquer forma ou por qualquer meio, eletrônico ou mecânico, inclusive fotocópias, gravações ou sistema de armazenamento em banco de dados, sem permissão por escrito, exceto nos casos de trechos curtos citados em resenhas críticas ou artigos de revistas.

A Editora Cultrix não se responsabiliza por eventuais mudanças ocorridas nos endereços convencionais ou eletrônicos citados neste livro.

Editor: Adilson Silva Ramachandra
Editora de texto: Denise de Carvalho Rocha
Gerente editorial: Roseli de S. Ferraz
Produção editorial: Indiara Faria Kayo
Preparação de originais: Marcelo Brandão Cipolla
Editoração eletrônica: Join Bureau
Revisão: Claudete Agua de Melo

Dados Internacionais de Catalogação na Publicação (CIP)
(Câmara Brasileira do Livro, SP, Brasil)

Capra, Fritjof
  A revolução ecojurídica: o direito sistêmico em sintonia com a natureza e a comunidade / Fritjof Capra, Ugo Mattei; tradução Jeferson Luiz Camargo. – São Paulo: Editora Cultrix, 2018.

  Título original: The ecology of law.
  Bibliografia.
  ISBN 978-85-316-1449-1

  1. Ciência e direito 2. Direito ambiental 3. Ecologia humana I. Mattei, Ugo. II. Título.

18-13383

CDU-340.11

Índices para catálogo sistemático:
1. Ciência e direito 340.11
2. Direito e ciência 340.11

Direitos de tradução para o Brasil adquiridos com exclusividade pela EDITORA PENSAMENTO-CULTRIX LTDA., que se reserva a propriedade literária desta tradução.
Rua Dr. Mário Vicente, 368 — 04270-000 — São Paulo, SP
Fone: (11) 2066-9000 — Fax: (11) 2066-9008
http://www.editoracultrix.com.br
E-mail: atendimento@editoracultrix.com.br
Foi feito o depósito legal.

*Para todos os jovens brilhantes
do mundo inteiro, que ainda buscam uma
formação acadêmica com a esperança
de mudar o mundo.*

Sumário

Prefácio... 9

Grandes Pensadores na Ciência e na Teoria do Direito...................... 15

INTRODUÇÃO   **AS LEIS DA NATUREZA E A NATUREZA DO DIREITO**..................... 25

CAPÍTULO 1   **CIÊNCIA E DIREITO**.. 47

CAPÍTULO 2   **DO KÓSMOS À MÁQUINA**...................................... 65
A Evolução do Pensamento Científico Ocidental em
seus Primórdios

CAPÍTULO 3   **DOS *COMMONS* AO CAPITAL**.................................... 81
A Evolução do Pensamento Jurídico Ocidental

CAPÍTULO 4   **A GRANDE TRANSFORMAÇÃO E O LEGADO DA MODERNIDADE**.......115

CAPÍTULO 5 DA MÁQUINA À REDE 135
O Pensamento Científico nos séculos XIX e XX

CAPÍTULO 6 TEORIA MECÂNICA DO DIREITO 151

CAPÍTULO 7 A ARMADILHA MECANICISTA 163

CAPÍTULO 8 DO CAPITAL AOS *COMMONS* 187
A Transformação Ecológica no Direito

CAPÍTULO 9 OS *COMMONS* COMO INSTITUIÇÃO JURÍDICA 211

CAPÍTULO 10 A REVOLUÇÃO ECOJURÍDICA 239

Notas 267

Glossário de Termos Científicos e Jurídicos 277

Bibliografia 281

Agradecimentos.. 293

Índice Remissivo.. 295

Prefácio

as últimas quatro décadas, dezenas de livros especializados e populares exploraram a mudança fundamental da visão de mundo, ou mudança de paradigmas, que agora vem acontecendo na ciência e na sociedade – mudança de uma visão mecanicista para uma concepção holística e ecológica da realidade. Nenhum desses livros, porém, prestou atenção ao fato de que essa mudança de paradigma tem uma importante dimensão jurídica. Essa dimensão é o enfoque principal de *Ecologia do Direito*.

A ideia de escrever este livro teve origem numa série de conversas entre um cientista (Capra) e um jurista e professor de direito (Mattei) sobre o conceito de direito nas ciências e na teoria do direito.* As

---

* A palavra *jurisprudence* foi traduzida neste livro como "teoria do direito", embora haja muitas outras traduções possíveis: "filosofia do direito", "estudo do direito", "sistema jurídico" etc.. No direito brasileiro, a palavra "jurisprudência" se refere à "orientação que resulta de um conjunto de decisões judiciais proferidas num mesmo sentido sobre uma dada matéria", ou seja, aos precedentes judiciais. (N.T.)

primeiras conversas aconteceram numa quadra de tênis; elas levaram a discussões mais estruturadas e, mais tarde, a dois seminários com duração de dois semestres que apresentamos na Faculdade de Direito Hastings da Universidade da Califórnia, em São Francisco. Com o aumento do nosso fascínio pelo tema, resolvemos que nossas discussões deveriam se transformar em livro.

Quando as pessoas pensam sobre o direito, geralmente pensam sobre advogados e tribunais. O presente livro é o primeiro a apresentar o direito como um sistema de conhecimento e teoria do direito – a teoria e a filosofia do direito – e como uma disciplina intelectual dotada de uma história e uma estrutura conceitual que revelam paralelos surpreendentes com aquelas da ciência natural. Na verdade, as duas disciplinas têm interagido ao longo da história; à medida que se desenvolveram lado a lado no transcurso do tempo, o mesmo acontecia com a relação conceitual entre "leis naturais" e leis humanas.

Nossa tese principal é que, ao lado da ciência, a teoria do direito ocidental contribuiu de modo significativo para a visão de mundo mecanicista moderna; uma vez que a modernidade foi responsável pela orientação materialista e a mentalidade extrativista da Era Industrial, que se encontra na raiz da crise ecológica, social e econômica que hoje nos atinge globalmente, tanto os cientistas como os juristas devem compartilhar alguma responsabilidade pela situação atual do mundo. Uma vez que o alvo das críticas deste livro é o sistema global dominante de conhecimento e poder, nele só abordaremos o direito e a ciência ocidentais. Não há nenhum etnocentrismo nessa escolha – tão somente a necessidade de situar a responsabilidade em seu devido lugar.

Na vanguarda da ciência, verifica-se o surgimento de uma mudança radical de paradigmas – de uma visão de mundo mecanicista para uma visão sistêmica e ecológica. A essência mesma dessa mudança de paradigma é uma mudança fundamental de metáforas: deixar de ver o mundo como uma máquina e passar a vê-lo como uma rede de comunidades ecológicas. Além disso, a ciência da ecologia já nos mostrou que a natureza sustenta a rede da vida mediante um conjunto de princípios ecológicos generativos, e não extrativistas.

Uma mudança semelhante de paradigma ainda está por acontecer, tanto na teoria do direito como na concepção pública do direito. É de grande urgência neste momento, uma vez que os maiores problemas de nossa época são sistêmicos e nossa crise global é ecológica no sentido mais amplo do termo. Neste livro, clamamos por uma profunda mudança de paradigma no mundo jurídico, que levará, por sua vez, a uma nova ordem ecológica no direito humano.

Ao longo do livro, discutimos três temas correlatos: a relação entre ciência e teoria do direito e entre as "leis naturais" e as leis humanas; as contribuições da teoria do direito e da ciência para a moderna visão de mundo, bem como as contribuições da modernidade para a atual crise global; e a recente mudança de paradigma na ciência e a necessidade de uma mudança correspondente no direito, que nos permita desenvolver uma ordem jurídica de caráter ecológico.

O livro é formado por uma Introdução e dez capítulos. Na Introdução, apresentamos nossa tese principal. No Capítulo 1, esclarecemos alguns equívocos sobre as semelhanças e diferenças entre ciência e teoria do direito.

No Capítulo 2, passamos em revista a evolução do pensamento científico ocidental da Antiguidade à Revolução Científica e ao Iluminismo, culminando num paradigma mecanicista que defende a dominação humana da natureza; vê o mundo material como uma máquina; postula o conceito de "leis naturais" objetivas e imutáveis; e promove uma concepção racionalista e atomista da sociedade.

No Capítulo 3, discutimos a correspondente evolução do pensamento jurídico ocidental, que resultou num paradigma jurídico mecanicista em que a realidade social é vista como um agregado de indivíduos isolados e a propriedade é vista como um direito individual, protegido pelo Estado. Na verdade, apresentamos a propriedade e a soberania de Estado como os dois princípios organizadores da modernidade jurídica. Além disso, enfatizamos que, no paradigma mecanicista, o direito se converteu numa estrutura "objetiva" em que não há espaço para um intérprete humano.

No Capítulo 4, descrevemos a ascensão e as características da modernidade jurídica, inclusive a profunda transformação social, em pouco mais de três séculos, que passa de uma situação de abundância de bens e recursos comuns e escassez de capital para o contexto atual, de excesso de capital e trágica fragilidade dos bens comuns e ligações comunitárias. Também discutimos a ascensão e o predomínio da ciência econômica, o mito das empresas como "pessoas" jurídicas e a ideia reducionista de uma ordem jurídica única.

No capítulo 5, recapitulamos a mudança de paradigma nas ciências, pela qual o mundo deixa de ser visto como uma máquina e passa a ser compreendido como uma rede. Essa mudança inclui a revolução conceitual ocorrida na física durante as três primeiras décadas do século XX e o subsequente surgimento do pensamento sistêmico nas ciências biológicas.

No Capítulo 6, mostramos como as críticas românticas e evolucionistas da racionalidade cartesiana no pensamento jurídico não conseguiram superar a visão mecanicista, que consequentemente se mostrou muito mais resistente no direito do que na ciência.

No Capítulo 7, descrevemos o que chamamos de "armadilha mecanicista", um conjunto de mecanismos de incentivos que "naturalizam" a situação atual. É particularmente difícil escapar à armadilha mecanicista, uma vez que o *status quo*, ao parecer natural e não cultural, reduz ainda mais o poder das pessoas.

No Capítulo 8, discutimos três princípios fundamentais necessários à superação da situação descrita no Capítulo 7: desconectar o direito do poder e da violência; conferir soberania à comunidade; e tornar a propriedade mais criativa e generativa.

No Capítulo 9, delineamos a estrutura jurídica dos *commons* ou "bens e recursos comuns", a instituição relacional que deveria constituir a essência de um sistema jurídico coerente com os princípios ecológicos que sustentam a vida em nosso planeta.

No Capítulo 10, concluímos com um primeiro esboço de alguns princípios básicos de uma ordem "ecojurídica" e os ilustramos com os exemplos das lutas revolucionárias atuais que tentam transformar essa ordem em uma realidade.

Além de ser adotada por juristas e advogados, a visão de mundo mecanicista da modernidade ainda prevalece entre líderes empresariais e políticos. Em particular, eles buscam implacavelmente a persistente ilusão de eterno desenvolvimento econômico em um planeta de recursos limitados, promovendo um consumo excessivo e uma economia descartável, que faz uso intensivo de energia e recursos e, ao fazê-lo, gera desperdício, poluição e esgotamento dos recursos naturais da Terra.

Tanto a economia global de nossos dias como a ordem jurídica nela inscrita são manifestamente insustentáveis, e uma nova ordem ecojurídica – baseada na cultura ecológica e jurídica, no justo compartilhamento dos bens e recursos comuns, no engajamento cívico e na participação – faz-se crucialmente necessária neste momento. Contudo, esse novo sistema jurídico não pode ser imposto, além de ser impossível descrevê-lo com precisão a esta altura dos acontecimentos. Precisamos permitir seu surgimento, e exortamos todos os cidadãos a participar desse processo. A afirmação de que cada um de nós pode participar *agora* da criação da nova ordem ecojurídica reflete a conclusão esperançosa de nosso livro.

Grandes Pensadores na Ciência e na Teoria do Direito

CIÊNCIA	TEORIA DO DIREITO

ANTIGUIDADE

Aristóteles
(384-322 A.E.C.)*

Propôs uma grande síntese da filosofia natural da Antiguidade; via o mundo como *kósmos*, uma estrutura ordenada e harmoniosa na qual todas as partes seguiam um propósito inato (*télos*). Acreditava que o mundo material fosse formado por combinações variadas de quatro elementos – Terra, Água, Ar e Fogo.

Introduziu uma distinção fundamental entre lei costumeira e lei promulgada; atribuiu posição central à propriedade privada, que legitimava pela razão.

---

* "Antes da Era Comum". A "Era Comum" é o calendário cristão, que mede o tempo a partir do suposto ano de nascimento de Cristo (ano 1 d.C.) e hoje em dia é utilizado em todos os países do globo. Prefere-se utilizar a expressão "Era Comum" para evitar a referência religiosa presente em "antes de Cristo" e "depois de Cristo". (N.R.)

CIÊNCIA — TEORIA DO DIREITO

ANTIGUIDADE

Gaio (fl.* 130-180 E.C.**)

Organizou os breves textos jurídicos existentes, dando-lhes forma sistemática em sua obra *Institutiones*; descreveu e estabeleceu a taxonomia e os modelos jurídicos usados até hoje.

Justiniano
(483-565 E.C.)

Promoveu a revisão e a simplificação do direito romano em sua obra *Corpus iuris civilis* (534 E.C.) Também conhecido como o Código de Justiniano, é considerado o livro jurídico mais importante que já foi escrito, uma vez que nele se encontra o "DNA" do direito global.

---

* Em latim, *floruit* ("floresceu" "prosperou" etc.), do verbo *florere* ("florescer", na terceira pessoa do singular); em genealogia, abreviação usada para indicar que não há certeza sobre as datas de nascimento ou morte citadas, mas que algum indício ou circunstância indica que a pessoa em questão estava viva no intervalo entre as duas datas mencionadas. (N.T.)

** "Era Comum". (N.T.)

| CIÊNCIA | TEORIA DO DIREITO |

IDADE MÉDIA

Tomás de Aquino
(1225-1274)

Bártolo de Sassoferrato
(1313-1357)

Fez a síntese da filosofia aristotélica e da teologia medieval cristã, conhecida como escolástica.

Foi o criador da *mos italicus* (escola italiana), uma das primeiras a fazer análises sistêmicas do direito e que, por razões práticas, elabora princípios jurídicos abstraídos dos conflitos individuais sobre a propriedade.

RENASCENÇA

Leonardo da Vinci
(1452-1519)

Francisco de Vitória
(1492-1546)

Fez uma síntese única entre arte, ciência e *design*. Um dos primeiros pensadores sistêmicos, da Vinci criou uma ciência multidisciplinar das formas vivas.

Fundou a escola espanhola de direito natural; tentou criar um sistema jurídico científico para uma sociedade justa nos termos das leis naturais determinadas por Deus.

| CIÊNCIA | TEORIA DO DIREITO |

RENASCENÇA

Sir Edward Coke (1552-1634)

Último dos grandes juristas medievais; aliado a barões e defensor do *Common Law** contra a monarquia.

REVOLUÇÃO CIENTÍFICA

Galileu Galilei (1564-1642)

Seu trabalho teve como enfoque principal a combinação entre quantificação e matemática.

---

* O *Common Law* ("direito consuetudinário", "direito costumeiro", "direito dos usos e costumes") é um sistema jurídico derivado do direito inglês tradicional, não escrito, baseado no costume e no uso e coordenado pelos precedentes; vigora ainda hoje, ao lado do direito legislado, no Reino Unido, nos Estados Unidos e em outros países que sofreram colonização britânica. A expressão *Common Law* será mantida em inglês nesta tradução. (N.T. e R.)

CIÊNCIA | TEORIA DO DIREITO
REVOLUÇÃO CIENTÍFICA

Francis Bacon (1561-1626)

Defensor fervoroso do método científico empírico e da dominação da natureza.

Foi lorde chanceler da Inglaterra. Advogado de renome, foi também um dos primeiros defensores do absolutismo jurídico.

René Descartes
(1596-1650)

Hugo Grotius
(1583-1645)

Criou a visão de mundo mecanicista. Personalidade dominante na filosofia do século XVII, foi um matemático brilhante e um cientista de grande influência.

Fundou a escola de direito natural do Norte da Europa, que tinha como fundamento uma concepção cartesiana da racionalidade das leis naturais.

| CIÊNCIA | TEORIA DO DIREITO |

REVOLUÇÃO CIENTÍFICA

Isaac Newton
(1642-1727)

Desenvolveu uma formulação matemática da visão de mundo mecanicista. Sua grande síntese de Galileu, Bacon e Descartes tornou-se conhecida como a "física newtoniana".

O conceito de "leis naturais" foi solidamente estabelecido graças ao imenso prestígio de que desfrutava Newton.

Thomas Hobbes
(1588-1679)

Elaborou por inteiro a teoria absolutista da soberania de Estado que, ao lado da propriedade absoluta, constitui a base do pensamento jurídico moderno.

ILUMINISMO ("ERA DA RAZÃO")

Jean Domat
(1625-1696)

Desenvolveu uma concepção atomista e racionalista do sistema jurídico francês que viria a ser incorporada ao Código Napoleônico em 1804.

| CIÊNCIA | TEORIA DO DIREITO |

ILUMINISMO ("ERA DA RAZÃO")

John Locke (1632-1704)

William Blackstone (1723-1780)

Elaborou uma concepção atomista da sociedade, descrevendo-a em termos de seus componentes essenciais, os seres humanos individualmente considerados; criou um "direito natural" à propriedade privada.

Determinou o triunfo da concepção de uma lei natural racional, baseada na proteção à propriedade privada contra a soberania de Estado.

O raciocínio crítico, o empirismo e o individualismo tornaram-se valores dominantes, ao lado de uma orientação materialista e secular.

Nomeado como primeiro professor da disciplina de direito inglês, definiu a propriedade privada em termos absolutos, conceito que tomou de empréstimo ao direito natural racionalista; enfatizou a ideia de teoria do direito centrada no proprietário.

O SÉCULO XIX

Johann /Wolfgang von Goethe (1749-1832)

Opositor fervoroso da visão de mundo mecanicista, tornou-se a figura central do movimento romântico entre os poetas, filósofos e cientistas.

| CIÊNCIA | TEORIA DO DIREITO |

O SÉCULO XIX

Charles Darwin
(1809-1882)

Desenvolveu o pensamento evolucionista – uma contestação decisiva à imutabilidade da "máquina do mundo" newtoniana.

Friedrich Karl von
Savigny (1779-1861)

Crítico intransigente do jusnaturalismo racionalista. A importância que atribuía à evolução jurídica, em oposição ao absolutismo jurídico, havia sido desenvolvida anteriormente nas obras de Montesquieu e diversos juristas escoceses.

O SÉCULO XX

Werner Heisenberg
(1901-1976)

Ajudou a fundar o estudo da física quântica; enfatizou a importância do observador humano nos fenômenos atômicos.

François Gény
(1861-1959)

Crítico do paradigma mecanicista e do positivismo científico; enfatizava o papel criativo da pessoa que interpreta as leis.

A REVOLUÇÃO ECOJURÍDICA

INTRODUÇÃO

As Leis da Natureza e a Natureza do Direito

A perca do Nilo é um dos maiores peixes de água doce, chegando a alcançar quase dois metros de comprimento e cerca de duzentos quilos de peso. A perca é nativa da África subsaariana, e é encontrada não apenas no Nilo, mas também nos rios Congo e Níger, além de outros, assim como também no Lago Chade e em outras grandes bacias. Por mais de meio século, porém, ela também foi encontrada no Lago Victoria, na África Oriental, onde não é nativa e onde se tornaria posteriormente um dos exemplos mais conhecidos das consequências indesejadas da introdução de uma espécie num ecossistema. Um brilhante documentário de Hubert Sauper, *Darwin's Nightmare* [O Pesadelo de Darwin], tornou essa história conhecida do grande público em 2004.

Como superpredador de tamanho, força e voracidade extraordinários, a perca comerá praticamente qualquer coisa, inclusive membros de sua própria espécie. Sua longevidade é de dezesseis anos, o que lhe confere um extraordinário potencial de destruição ininterrupta. Sua introdução pelos humanos no Lago Victoria para exploração comercial levou ao desaparecimento da maioria das espécies endêmicas do lago, e as consequências sociais e econômicas foram desastrosas. Por exemplo, as operações de pesca em grande escala, tipicamente feitas com a finalidade de exportação, privaram muitos moradores locais de seu meio de vida tradicional no comércio pesqueiro. Pequenas cidades às margens do lago surgiram para atender às necessidades dos pescadores e demais trabalhadores do setor da pesca, mas esses lugares têm pouco a oferecer em termos de serviços básicos, como água ou eletricidade. Os moradores que não foram assimilados à nova economia monetária local foram obrigados a abandonar suas casas em busca de trabalho. Prostituição, AIDS e consumo abusivo de drogas por crianças de rua não param de aumentar. Além disso, a perca do Nilo não pode ser seca ao sol da maneira tradicional – ao contrário, deve ser preservada por meio de defumação, o que tem provocado uma grave falta de madeira para usar como combustível.

É difícil encontrar uma metáfora melhor para o impacto do paradigma econômico e jurídico moderno sobre uma comunidade local. No mundo inteiro, cada vez mais, esse paradigma de extrativismo de curto prazo, de soberania de Estado e propriedade privada alimentada pelo dinheiro (ele próprio uma abstração jurídica concentrada nas mãos privadas de corporações bancárias) vem produzindo enormes benefícios a alguns poucos à custa do meio ambiente e das comunidades locais. A propriedade estatal e capitalista, mais especificamente a empresa transnacional moderna, de modo muito semelhante ao que faz a perca do Nilo, revela tendências canibalescas, com diversos agentes comendo-se uns aos outros por meio de guerra ou aquisição de uma empresa por outra ou por um conglomerado.[1]

Exemplos semelhantes podem ser encontrados no mundo inteiro. Na região noroeste da costa do Pacífico, um século de práticas extrativistas de desmatamento florestal devastaram a paisagem, assorearam regatos e comprometeram o *habitat* dos salmões. Como as árvores desapareceram, o mesmo aconteceu com muitos meios de subsistência. Na Califórnia e ao longo do Oeste e do Sudoeste, o uso abusivo da água nas cidades que cresceram no meio do deserto, bem como por parte da agricultura industrial, aprofundou os efeitos da estiagem e ameaçou os meios de subsistência e o cultivo contínuo de alimentos. No mundo todo, a escassez de alimentos, as doenças e o excesso de população, quase sempre decorrentes de incentivos econômicos de curto prazo ou outras ações humanas, desempenharam um papel na criação da disparidade de renda e da degradação ambiental.[2]

Assim como a perca do Nilo devastou seu novo ambiente e tem o potencial de destruir tudo o que possa manter sua subsistência no Lago Victoria, não constitui exagero afirmar que a civilização humana, ao lado de muitas outras formas superiores de vida, pode desaparecer do planeta a menos que consigamos reverter a tempo nossos padrões extrativistas e destruidores. Também não é absurda a ideia de comparar o que as modernas instituições capitalistas fazem em muitas partes deste mundo com a perca do Nilo. Por exemplo, a desagregação causada pelos projetos desenvolvimentistas das empresas globais para atrair turistas ricos para o Hemisfério Sul nunca é levada em consideração pelas ruidosas narrativas sobre o desenvolvimento e o crescimento econômico que elas produzem.

Contudo, a decisão sobre as possíveis soluções requer, primeiro, um entendimento de como esse sistema pôde surgir. Não foi por acaso que terminamos por criar esse atual sistema econômico e político tacanho que hoje rege nossa vida, ainda que tampouco seja verdade, como veremos, que ele tenha sido totalmente planejado. Nossa tese central neste livro, como afirmamos em nosso Prefácio, é que a teoria do direito, juntamente com a ciência, contribuíram significativamente para a visão mecanicista do mundo. Tendo em vista que a modernidade, pelo menos desde o século XVII, criou a orientação materialista e a mentalidade extrativista da Era Industrial, que se encontram na raiz da crise global de nossos dias, tanto os cientistas como os juristas devem compartilhar alguma responsabilidade pela situação atual do mundo. À medida que examinarmos a relação entre ciência e direito, descobriremos que a teoria do direito é uma disciplina intelectual com uma história e uma estrutura conceitual que revelam paralelos surpreendentes com aquelas da ciência natural. Veremos também que suas interações mútuas evoluíram com o tempo e que o mesmo aconteceu com a relação entre as "leis naturais" e as leis humanas.

Na ciência, o paradigma mecanicista que passou a existir nos séculos XVI e XVII introduz uma ênfase na quantificação, incorporada por Galileu Galilei, e no domínio do homem sobre a natureza, defendido por Francis Bacon; a concepção do mundo material como uma máquina separada da mente, promovida por René Descartes; o conceito newtoniano das "leis da natureza", objetivas e imutáveis; e uma visão racionalista e atomista da sociedade, promovida por John Locke.

Já a teoria do direito, o paradigma racionalista e mecanicista, desenvolvido por juristas do século XVII como Hugo Grotius e Jean Domat, vê a realidade como um agregado de componentes distintamente definíveis, proprietários cujos direitos individuais são protegidos pelo Estado. De fato, a propriedade e o Estado soberano, respectivamente defendidos por John Locke e Thomas Hobbes, são os dois princípios organizadores da modernidade jurídica.[3] Além disso, ainda segundo a tradição cartesiana, o direito é visto como uma estrutura "objetiva", separada do sujeito individual.

Durante as três últimas décadas, um paradigma radicalmente novo surgiu na linha de frente da ciência.[4] No coração dessa mudança de paradigmas, de uma visão de mundo mecanicista para uma concepção holística e ecológica, encontramos uma profunda mudança de metáfora: da visão do mundo como uma máquina, passa-se a entendê-lo como uma rede. As redes são, sem dúvida, padrões de relações; por conseguinte, compreender a vida em termo de redes requer a capacidade de pensar em termos de relações e padrões. Na ciência, essa nova maneira de pensar é conhecida como "pensamento sistêmico". Também nos demos conta de que a natureza sustenta a vida por meio de um conjunto de princípios ecológicos que são generativos, e não extrativistas.

Uma mudança correspondente de paradigma ainda não se verificou nem na teoria do direito nem no entendimento público dessa disciplina. Em nossos dias, essa mudança é uma necessidade premente, uma vez que os maiores problemas atuais são de natureza sistêmica – todos interconectados e interdependentes –, e nossa crise global é ecológica no sentido mais amplo do termo.

Neste livro, insistimos na necessidade de uma profunda mudança de paradigmas jurídicos que leve a uma nova "ecologia do direito". No cerne dessa nova ordem ecológica encontra-se a concepção de uma realidade social que não seja um agregado de elementos constitutivos individuais, mas, sim, formada por redes e comunidades sociais. Nessa perspectiva, o direito não é uma estrutura objetiva, mas emerge de comunidades cidadãs e jurídicas – ativamente engajadas – como a configuração legal de sua auto-organização.[5]

DO HOLISMO AO MECANICISMO

Até o fim da Idade Média, as culturas de todo o mundo viviam em estreito contato com a natureza e adaptavam seu estilo de vida aos elementos materiais e circunstanciais que ela lhes oferecia. Suas observações geralmente eram expressas em linguagem religiosa ou mítica, e era comum que a natureza e suas leis fossem vistas como emanadas de Deus ou de algum outro poder divino. Essas crenças implicavam regras de comportamento humano que, esperava-se, seriam seguidas por todos; até o próprio direito era um conceito profundamente espiritual, baseado na obrigação e no devido papel a ser desempenhado por uma pessoa numa comunidade e em relação à terra que dava sustentação à vida.[6] A palavra "agricultura", de origem latina [de *agricultūra*, formada por *ager* ("campo", "terra") e *cultūra* ("cultivo")], reflete a profunda consciência dessa obrigação, considerada como um processo de criação e geração por meio do trabalho, do conhecimento e da habilidade, e certamente não como um processo de extração de "valor".

Essa concepção antiga e holística do universo e do planeta continuou a predominar até a Revolução Científica dos séculos XVI e XVII, que pregava o estudo da matéria e foi responsável pelo surgimento da ciência mecanicista de Galileu, Descartes e Newton. A natureza passou a ser vista como uma máquina constituída de partes distintas e mensuráveis. Galileu postulou que os cientistas deveriam limitar-se ao estudo das propriedades mensuráveis e quantificáveis dos corpos materiais, como a forma, o número e o movimento. Outras propriedades qualitativas, como a cor, o som, o sabor ou o aroma não passavam de projeções mentais meramente subjetivas, razão pela qual deveriam ser excluídas do domínio da ciência e seu objetivo de escrever a natureza em termos matemáticos.

A estratégia de Galileu, no sentido de voltar a atenção dos cientistas para as propriedades quantificáveis da matéria, mostrou-se extremamente bem-sucedida na física clássica, mas também cobrou um alto preço. Nos séculos que se seguiram a Galileu, o foco nas quantidades ampliou-se, passando do estudo da matéria para todos os fenômenos naturais e sociais. A subsequente visão de mundo científico-mecanicista de Descartes e de Newton, além de excluir as propriedades quantitativas, também omitiu as qualidades mais complexas – como a beleza, a saúde ou a sensibilidade ética. A ênfase na quantificação impediu, durante séculos, que os cientistas compreendessem muitas propriedades essenciais da vida.

O PODER NA CIÊNCIA E NO DIREITO

Quando a concepção holística da natureza foi substituída pela metáfora do mundo como máquina, o objetivo da ciência passou a ser um conhecimento que pudesse ser usado para dominar e controlar a natureza. Um movimento semelhante estava em marcha no pensamento jurídico. Juristas como Grotius e Domat, ambos contemporâneos de Descartes, fomentaram a concepção da realidade como um agregado de componentes distintos e definíveis (agentes individuais livres), e a propriedade como um direito individual, garantido pelo Estado, para desenvolver a natureza – ou seja, para transformá-la em objetos físicos. De fato, o direito de propriedade e a soberania de Estado – defendidos no século XVII por John Locke e Thomas Hobbes, respectivamente – são os dois grandes princípios organizadores da modernidade jurídica; sua combinação é chamada, por alguns juristas, de "absolutismo jurídico".[7] Ao mesmo tempo, o direito começou a ser visto como uma estrutura "objetiva" distinta daquele que o interpretava – outro legado de Descartes que ainda está presente no pensamento jurídico atual.

O domínio humano sobre a natureza, defendido pelo jurista e cientista Francis Bacon, produziu sua exploração e destruição recorrentes graças ao uso de tecnologias cada vez mais poderosas.[8] O

mundo de Bacon e seus contemporâneos caracterizava-se por uma imensa abundância de recursos comuns, como as florestas e zonas de pesca, além de instituições comunais como as guildas profissionais e as estruturas comunitárias, coletivamente conhecidas como *commons*.*
O capital necessário para desenvolver a manufatura e a indústria era dramaticamente escasso. Instituições como a propriedade privada individual, as sociedades anônimas e os Estados soberanos – além da liberdade geral dos contratos e a doutrina da responsabilidade civil subjetiva – foram criadas para transformar alguns desses *commons* em capital concentrado. O sucesso desse esquema institucional foi assombroso. Em menos de três séculos, reverteram-se as condições: hoje, o que temos é uma drástica escassez de *commons* e uma superabundância de capital.[9]

O direito desempenhou um papel fundamental para a "naturalização" desse poder.[10] O Estado soberano e o proprietário privado soberano atuaram como dois poderosos aliados para a destruição da ordem jurídica anterior, baseada na relação social e na adaptação dos

---

* A palavra *commons*, que em bem poucos casos aparece no singular (*common*) no original deste livro, significa "bens, recursos ou espaços comuns a todos" e também remete ao direito ou à liberdade de usar irrestritamente esses bens e espaços comuns, como vegetação, bosques, florestas, terras cultiváveis, pastagens (*common of pasturage*) animais, águas (*common of piscary*, ou "direito de pescar em águas alheias mediante acordo prévio") etc., em oposição aos que pretendiam usá-los exclusivamente para seus interesses privados. *Commons* também tem, por extensão, os significados de "bens comuns a todo o planeta, recursos naturais, como florestas, rios e atmosfera, pastagem para o gado, logradouro público, parque não cercado, com trilhas, bosques, rios e/ou regatos" etc. Mais recentemente, o conceito passou ainda a incluir recursos informacionais ou digitais, como softwares, a própria internet e tudo que diz respeito à governança e sustentabilidade dos recursos compartilhados por uma comunidade, nação, cultura ou público. Tendo em vista essa amplitude das possibilidades de tradução de *commons*, optou-se aqui por mantê-lo no original na maioria das vezes; ocasionalmente, para favorecer o entendimento, usou-se "bens e recursos comuns", expressão que deve, portanto, ser entendida como um sinônimo de *commons*. (N.T.)

humanos às exigências ecológicas da natureza. O direito serviu de instrumento da dominação humana sobre a natureza, eliminando progressivamente a participação das pessoas nos processos reprodutivos naturais, sobrepujando a antiga sabedoria orgânica medieval. A natureza começou a ser vista como algo "pertencente" à humanidade, e sua finalidade básica passou a ser vista como a satisfação das necessidades humanas. Enquanto a experiência cotidiana da vida nas civilizações agrícolas tradicionais, por mais dura e brutal que possa ter sido, ligava as comunidades humanas à terra e as mantinha numa relação simbiótica com ela, com a ascensão da modernidade tanto o direito quanto a ciência tenderam a contrapor intelectualmente a humanidade a todas as outras criaturas, "libertando" os humanos de suas vinculações ecológicas. Considerava-se que outras criaturas vivessem em "estado de liberdade", mas os humanos não pertenciam mais à mesma categoria. Graças à ciência, nós conseguíamos entender a natureza; graças à tecnologia, podíamos transformá-la; e graças aos institutos jurídicos de propriedade e soberania, a essência da natureza poderia ser transformada em uma *commodity* [mercadoria], um objeto físico que os seres humanos teriam o direito inato de explorar ou "aperfeiçoar".[11]

Hoje, a visão dominante é essencialmente a mesma, motivo pelo qual a maioria das pessoas considera "natural" – legal e, inclusive, benéfico – introduzir a perca do Nilo no Lago Victoria. De modo geral, a maior parte do grande público compartilha a convicção de que, no que diz respeito a uma propriedade comum – como um lago ou qualquer outro recurso potencialmente lucrativo – o comportamento egocêntrico natural consiste em explorá-lo de modo a torná-lo lucrativo. Introduzir a perca do Nilo no Lago Victoria, lotear uma enseada de águas límpidas, escavar poços de petróleo no Alasca ou fazer fraturamento hidráulico em terrenos são exercícios de liberdade econômica, todos eles protegidos pela propriedade privada, que garante a soberania do indivíduo. O único agente capaz de refrear essa liberdade é o Estado soberano numa equação de soma zero entre os dois (mais governo estatal equivale a menos liberdade de propriedade; mais liberdade equivale a menos governo), ele próprio percebido como uma lei da natureza. Se o direito (um limite externo) não restringir determinada ação, presume-se que o agente tem livre acesso à atividade extrativista indiscriminada. Além disso, considera-se que essas esferas, que na aparência parecem ser mutuamente excludentes, são regidas por uma lógica irrefutável: mais mercado equivale a menos Estado, e mais Estado implica a existência de menos mercado.

MERCADO E ESTADO

Essa visão mecanicista da propriedade e da soberania é responsável pela situação dramática em que se encontra o nosso planeta. Os direitos de propriedade, que conferem poder às empresas e são garantidos pelo Estado, tornaram "natural" o fato de a British Petroleum, cujos lucros são notoriamente colossais, tê-los aumentado ainda mais, entre outros motivos por ter deixado de adotar várias medidas de segurança em sua plataforma de petróleo *Deepwater Horizon*, o que resultou na devastadora poluição do Golfo do México, bem como pelo fato de a Exxon, que, por não ter instalado um sistema de radar no superpetroleiro *Exxon Valdez*, causou a destruição do ecossistema de Prince William Sound, no Alasca. Graças a esse mecanismo culturalmente criado de livre extrativismo, produziu-se a bolha gerada pela concessão de empréstimos hipotecários de alto risco, a AIDS e a malária continuaram a não receber tratamento na África, o tráfico de armas é colossal e a "criatividade" financeira pôs em risco a vida de muitas pessoas. A concentração de poder nas instituições estatais determinou as catástrofes nucleares de Chernobyl e Fukushima; e a concepção da natureza como uma máquina a ser adaptada ao uso humano levou à tragédia do Lago Victoria e a outros desastres semelhantes.

Do modo como são estruturados, os direitos de propriedade modernos não apenas determinam o comportamento dos participantes do sistema jurídico como também, o que é mais importante, demonstram uma extraordinária independência até mesmo do poder concentrado dos governos.[12] Quando se concedem às empresas cartas patentes que lhes permitem "viver" para sempre, mas evitar legalmente consequências de longo prazo, não lhes é difícil fugir às suas responsabilidades cívicas. O direito, erigido sobre direitos de propriedade centrados no indivíduo, tem vida própria e pode derrotar até mesmo as mais bem-intencionadas e poderosas forças de mudança.

Hoje, todos os debates políticos são firmemente fundamentados na poderosa disciplina acadêmica da economia, que, bem-sucedida em sua alegação de ser uma ciência exata, determina a formulação de cursos de ação política e da legislação. Infelizmente, a economia tem a tendência de ver tudo no curto prazo, uma tendência reducionista e linear, quantitativa e típica do pensamento científico – uma consequência do paradigma mecanicista.[13] Depois de sujeitar o sistema jurídico por meio da economia, essa obsoleta visão dominante, arraigada no duopólio da propriedade e do Estado, hoje é o combustível de nossas práticas ecologicamente destrutivas. As pretensas "leis da economia" produzem grandes distorções por terem como fundamento o pressuposto de que é natural e desejável que uma instituição estabeleça metas de crescimento que induzam ao comportamento extrativista individual e, ao fazê-lo, desfavoreçam as práticas virtuosas. Por exemplo, se considerarmos que a água é apenas mais uma mercadoria, a lei da "escassez" estipula que ela tenha um preço e não esteja livremente ao alcance da utilização humana. Os economistas levam essa observação muito a sério, dizendo-nos que o aumento do preço diminui a quantidade consumida, o que os leva a usar um argumento ecológico ao recomendarem que os sistemas de gestão de abastecimento público de água sejam transferidos para empresas com fins lucrativos. Infelizmente, as leis de "oferta e demanda" fazem com que seja natural que uma empresa venda o máximo possível de seus produtos para se desenvolver e prosperar. Portanto, as empresas lucram com os demorados banhos tão apreciados no mundo ocidental. Em vez de levarem em consideração a necessidade de longo prazo do equilíbrio ecológico, os agentes econômicos agem "naturalmente", expandindo seus negócios e oportunidades com maiores investimento e uso intensivo da propaganda para a geração das necessidades humanas, de modo que a produção de bens de consumo inúteis e prejudiciais do ponto de visto ecológico constitui sua prioridade máxima.[14] As empresas fabricantes de xampus, por exemplo, estimulam o gosto pelos banhos demorados e refrescantes como uma condição para a autorrealização pessoal, e as fabricantes de água mineral induzem à necessidade de tomar água engarrafada transportada em caminhões poluidores, pois ela chega a ser quinhentas vezes mais lucrativa do que a água de torneira. Na Califórnia, por exemplo, o custo médio da água de torneira é de US$1,60 por mil galões, enquanto o custo médio da água engarrafada é cerca de 560 vezes maior, a 90 centavos de dólar por galão.[15]

Os efeitos desastrosos de nossas leis e nossa economia já estão bastante evidentes a esta altura, mas esse entendimento não exerceu influência sobre a formulação de políticas. Ao contrário, o sistema jurídico baseado na propriedade privada sedimentou nosso insustentável modelo de desenvolvimento. O atual debate político e econômico é dominado pela fragmentação e pelo pensamento linear, com uma fé particularmente injustificada tanto no progresso tecnológico como no desenvolvimento infinito de um planeta finito. A ideia de "desenvolvimento" é, em essência, quantitativa; tem raízes nas concepções seiscentistas de "aperfeiçoamento", e hoje utiliza o conceito de Produto Interno Bruto (PIB) como medida do bem-estar social. O desenvolvimento, porém, não reconhece que o extrativismo e a exploração irrestritos dos recursos naturais e humanos entram em conflito com os princípios fundamentais da ecologia. A violação desses princípios tem consequências tão letais quanto ignorar a lei da gravidade quando se escala uma montanha, mas, como os efeitos se disseminam pelo tempo e quase nunca se circunscrevem a nenhum indivíduo em particular, eles são mais difíceis de representar claramente em termos que poderiam incitar à ação imediata. O próprio ceticismo, com grande frequência estimulado pelas empresas comerciais, conserva-se assim vivo e forte mesmo diante de verdades cientificas como o aquecimento global induzido pelo ser humano.[16]

Tanto o Estado como o mercado são determinados por leis criadas pelo homem, porém são apresentados como realidades naturais que podem ser descritas, com rigor científico, como objetos de um mundo exterior. Como veremos, porém, em vez de serem naturais, o Estado e o mercado são apenas produtos culturais. É comum perdermos de vista o fato de que eles não constituem um *status quo* imutável, mas podem ser − e realmente são − transformados o tempo todo pela ação humana. Essa característica mutável do direito, se devidamente aproveitada, representa um caminho que pode nos afastar da destruição e nos conduzir a uma ação humana generativa e sustentável do ponto de vista ecológico. Para optar por esse caminho, primeiro precisamos reavaliar criteriosamente as atuais visões de mundo da ciência e do direito.

UMA NOVA PERCEPÇÃO CIENTÍFICA

Nas três últimas décadas, a vanguarda da ciência passou por uma dramática mudança de paradigmas – foi da visão de mundo mecanicista e reducionista de Descartes e Newton para uma visão de mundo sistêmica e ecológica. Descobrimos que, em última análise, o mundo material é uma rede de padrões de relações inseparáveis; que o planeta como um todo é um sistema vivo autorregulador. A concepção do corpo humano como uma máquina, e a da mente como uma entidade à parte, vem sendo substituída por uma concepção que vê não apenas o cérebro, mas também o sistema imunológico, os tecidos corporais e, inclusive, cada célula, como um sistema vivo, cognitivo. A evolução não é mais considerada como uma luta competitiva pela existência, passando a ser vista como uma dança cooperativa que tem como forças motrizes a criatividade e o surgimento contínuo de inovações. Com a nova ênfase na complexidade, nas redes e nos padrões de organização, uma nova ciência das qualidades vem surgindo gradualmente.

No que há de mais profundo nessa mudança de paradigmas, de uma concepção mecanicista para uma visão sistêmica, encontramos uma mudança fundamental de metáforas: da visão do mundo como uma máquina para sua compreensão como uma rede. Como já afirmamos, uma mudança correspondente de paradigma não aconteceu no direito nem na economia. Neste livro, defendemos uma mudança do paradigma jurídico inspirada pelo reconhecimento dos princípios básicos da ecologia e pelo novo pensamento sistêmico da ciência contemporânea.

A abordagem científica mecanicista prestou serviços relevantes e continua a prestá-los de várias maneiras – ainda podemos construir uma ponte utilizando os princípios da física newtoniana, por exemplo. Contudo, as limitações dessa abordagem vêm se tornando cada vez mais evidentes, sobretudo no que diz respeito ao direito. Ao proteger os direitos de extrativismo das empresas como se fossem algo perfeitamente natural, terminamos por criar um tipo de monstro de Frankenstein no qual os agentes individuais, que na verdade são os criadores do direito, não mais parecem ter o poder de controlar os resultados mais destrutivos que essa abordagem estimula.

Apesar do pensamento sistêmico que está na vanguarda da ciência, as disciplinas do direito e da economia continuam a fortalecer uma visão de curto prazo, vendo a realidade com olhos mecanicistas. No centro de sua visão, elas colocam um proprietário individual atomizado e abstrato. Esse átomo pode exercer sua posse da Terra por meio da extração de valor dos bens e recursos comuns, fazendo-o em detrimento dos outros, produzindo, assim, a famosa metáfora conhecida como a "tragédia dos *commons*", que é um exemplo clássico de profecia autorrealizável.[17] O conceito dominante de propriedade como um direito individual, protegido pelo Estado a fim de permitir a acumulação e o extrativismo de curto prazo, tornou-se a pedra angular natural da ordem jurídica corrente; como tal, tornou-se responsável por uma crise atrás de outra. Hoje, a percepção coletiva do direito como uma estrutura "objetiva" ou preexistente por meio da qual o comportamento dos átomos individuais pode ser classificado como legal ou ilegal, longe de ser "natural", nada mais é que um construto cultural da modernidade. Por conseguinte, o direito moderno incorpora a separação cartesiana de uma ordem jurídica objetificada – análoga à *res extensa* de Descartes (o objeto do pensamento) – que é essencialmente distinta da esfera cotidiana da atuação humana, situada na esfera do *res cogitans* (o sujeito pensante) (ver Capítulo 2).[18]

Esse estado de coisas não é inevitável. Os seres humanos conseguiram utilizar a ciência e o direito para transformar bens de uso comum em mercadorias e, depois, em capital; também temos a capacidade de reverter esse caminho transformando parte do nosso capital, hoje superabundante, em *commons* renovados. Um direito ecologicamente transformado pode transformar o capital em *commons* naturais e sociais; para tanto, deveria fazer um investimento sistemático numa economia colaborativa, numa arquitetura ecologicamente conciliável ou em cuidados com o meio ambiente. Um direito desse tipo também poderia transformar o capital em *commons* socioculturais ao proteger a internet contra a privatização ou ao prescrever a utilização de sistemas de direito de produtividade generativa, em vez de privilegiar e proteger a liberdade extrativista.

Esse processo é urgente há muito tempo. É tão simples e revolucionário quanto a evolução copernicana, que, no alvorecer da modernidade e em decorrência de novos conhecimentos, tirou a Terra do centro do sistema solar e substituiu-a pelo Sol. Esse processo exige que nós, agora e em consequência de nossos novos conhecimentos de ecologia, tiremos o proprietário individual do centro do sistema jurídico e o substituamos pelos *commons*. Para fazer isso, temos de repensar a estrutura mais íntima do direito de modo a fazê-la refletir os princípios básicos da ecologia e o novo pensamento sistêmico da ciência contemporânea: temos de negar a separação mecanicista entre o sujeito e o objeto; negar o indivíduo atomizado, substituindo-o pela comunidade e pelos relacionamentos como elementos básicos da ordem jurídica. A realidade acompanha aquilo que nós pensamos e fazemos coletivamente.

O ordenamento jurídico é o veículo mais importante para que uma visão de mundo seja imposta e transformada em ação social; o direito humano é a instância que nos permite implementar novas ideias e novos valores. Precisamos repensar nossas leis humanas e sua relação com as leis que regem a ecologia de um planeta vivo. Esse repensar, uma espécie de revolução copernicana no direito, deve usar a natureza como mentora e modelo, colocando os *commons* e uma concepção de longo prazo no centro do palco. Devemos parar de pensar num "mecanismo do direito" e passar para uma "ecologia do direito". Nos próximos capítulos, aprofundaremos a discussão da natureza dessa mudança de paradigma no direito e a compararemos com a mudança de visão de mundo que hoje acontece na ciência. Contudo, já podemos antecipar que os quatro pontos fundamentais de nossa argumentação estão resumidos no quadro da página 42.

A ECOLOGIA DO DIREITO

Em sentido estritamente científico, ecologia é a ciência das relações entre os membros de uma comunidade ecológica e sua área circundante. Nesse sentido, portanto, a ecologia do direito refere-se a um ordenamento jurídico que é compatível com os princípios da ecologia e faz por honrá-los. A ecologia do direito implica um processo de transformação das instituições jurídicas, para que deixem de ser máquinas de extração alicerçadas no funcionamento mecanicista da propriedade privada e da autoridade do Estado e se convertam em instituições baseadas nas comunidades ecológicas. A ecologia do direito busca uma qualidade de vida econômica que vise ao fomento e à preservação da natureza, em benefício das gerações futuras e da sobrevivência humana em geral. O direito deve reproduzir as estratégias naturais da sobrevivência ecológica de longo prazo, o que inclui a redução do desperdício e do consumo.

Em sentido mais amplo e mais metafórico, a ecologia remete a um padrão de relações que definem o contexto de determinado fenômeno.[19] Por exemplo, a ecologia da educação remete às relações entre

MUDANÇAS DE PARADIGMA NA CIÊNCIA E NO DIREITO

CIÊNCIA

DIREITO

O Paradigma Mecanicista ("O Mundo como Máquina")

CIÊNCIA	DIREITO
A realidade física é um agregado de elementos constitutivos individuais.	A realidade social é um agregado de indivíduos isolados.
O conhecimento científico é usado para dominar e controlar a natureza.	O direito é usado para proteger a propriedade extrativista como um direito individual.
Podemos chegar à verdade científica (as "leis naturais") por meio do raciocínio.	O direito natural baseia-se na razão humana.
As descrições científicas são objetivas, independentes do observador humano.	O direito é uma estrutura objetiva separada do intérprete humano.

O Paradigma Sistêmico, Ecológico ("O Mundo como Rede")

CIÊNCIA	DIREITO
A realidade física é uma rede de relações inseparáveis.	A realidade social é composta de redes e comunidades sociais.
O conhecimento científico ("ecoalfabetização") deve ser usado para aprendermos com a natureza e colaborarmos com ela.	O novo ordenamento jurídico-ecológico deve ser usado por cidadãos ecoalfabetizados com o objetivo de proteger e gerar os *commons*.
O conhecimento científico é sempre aproximado; origina-se de um processo de criação de consenso na comunidade científica.	O direito origina-se de cidadãos ativamente engajados que vivem em comunidades auto-organizadas.
As descrições científicas dependem do observador humano e do processo de aquisição de conhecimento.	Direito é o que as comunidades cívico-jurídicas consideram como tal; depende das interpretações humanas da realidade social.

educação e conhecimento, carreiras, economia, sabedoria, ética, política etc., todas as quais são percebidas como parte de um padrão total de relações. Nesse sentido mais amplo, empregamos a expressão "ecologia do direito" com referência a um ordenamento jurídico que não veja o direito como um campo social distinto, independente da política, economia, justiça, religião, normas sociais de bom comportamento, moral etc. Essa concepção tampouco divide o direito num domínio dos fatos – como o direito é – e um domínio dos valores – como o direito *deveria ser*.

Em outras palavras, uma concepção ecológica do direito não o reduz a uma estrutura profissionalizada, preexistente e objetiva, que parece ter uma existência totalmente separada do conhecimento que dela temos e é distinta do comportamento que regulamenta e tenta determinar. Ao contrário, o direito é sempre um processo de "comunalismo",* uma ação coletiva de longo prazo em que as comunidades, compartilhando um objetivo e uma cultura comuns, institucionalizam seu desejo comum de manter ordem e estabilidade na busca da reprodução social. Portanto, os *commons* – uma rede aberta de relações –, e não o indivíduo, é que são os elementos constitutivos da ecologia do direito e do que chamamos de ordenamento "ecojurídico". Esse ordenamento é baseado no reconhecimento de que a sobrevivência humana neste planeta não está assegurada, tendo em vista a destruição da vida e o domínio sobre a natureza que tanto caracterizam a atual tendência desenvolvimentista. Ao contrário, esse ordenamento busca uma qualidade de vida econômica que privilegie o vigor, a

---

* Ver *commoning* no Glossário e "comunalismo" no Índice Remissivo. Uma grande parcela do povo inglês, coletivamente conhecida como *commoners*, extraía parte de sua subsistência dos *commons*, antes da investida brutal dos cercamentos feitos pelos ricos proprietários de terras. Por esse motivo, o substantivo *commoning* designa as pessoas que viviam em estreita ligação com os *commons*, mas também pode ser adjetivo. Nesta tradução, *commoning* aparecerá ora no original, ora traduzido (como "comunalista", sobretudo quando adjetivo). (N.T.)

força e a energia do nosso planeta vivo e se concentre em padrões de relações complexos e generativos.

Para funcionar bem, esse ordenamento jurídico não poderá prescindir de um entendimento público básico de seu *modus operandi* e sua natureza, pois o direito é profundamente influenciado e determinado por suas partes componentes, os agentes sociais – os indivíduos. Hoje, esse entendimento e essa conscientização básicos do direito encontram-se drasticamente ausentes. A revolução de que precisamos, como aquelas que nos trouxeram até aqui (copernicana, científica, industrial, burguesa), é um empreendimento coletivo. Não depende de raça, classe social ou gênero, mas exige que cada pessoa adquira uma ecoalfabetização básica, bem como uma compreensão da natureza e do funcionamento do direito no mundo atual. Devemos aprender com nossa história a olhar tanto para o direito quanto para a ciência como artefatos culturais, empreendimentos coletivos, partes de uma fascinante e dramática jornada da humanidade.

CAPÍTULO 1

Ciência e Direito

Em nosso amplo exame da história intelectual do Ocidente, encontraremos muitos grandes cientistas e grandes juristas – em alguns casos, até mesmo incorporados na mesma pessoa – cujas ideias moldaram a coevolução dos conceitos das leis naturais e das leis humanas. Para contar essa história com clareza, precisaremos primeiro esclarecer alguns equívocos comuns sobre as semelhanças e diferenças entre a ciência e a teoria do direito.

Tanto a ciência como o direito possuem um componente teórico e um componente aplicado. A ciência aplicada produz, entre outras coisas, a tecnologia – o desenvolvimento de recursos técnicos específicos. Portanto, a ciência e a tecnologia operam em dois domínios extremamente conexos, porém muito separados, e, na verdade, a tecnologia acaba com frequência por adquirir vida própria.

Um fenômeno semelhante acontece no direito. Há uma distinção clara entre teoria jurídica e prática jurídica.[1] Por um lado, a teoria jurídica (também conhecida como teoria do direito ou filosofia do direito) é uma indagação teórica sobre os fenômenos jurídicos. As leis humanas constituem o tema da teoria do direito, assim como as leis da natureza são o tema da ciência. Por outro lado, a prática jurídica corresponde à tecnologia de diversas maneiras. Como a tecnologia, tem uma vida bastante autônoma em relação à ciência jurídica, e os juristas às vezes distinguem entre "o direito nos livros" e "o direito na vida real" ("*law in books*" e "*law in action*").[2]

JUS E *LEX*

Para uma melhor compreensão desses paralelos, precisamos introduzir uma distinção fundamental que é muito óbvia para os juristas, mas não para o grande público. Em inglês, a palavra *law* é usada para descrever dois fenômenos distintos que, em muitas outras línguas, são descritos por dois termos diferentes. No alvorecer da tradição jurídica ocidental, os juristas latinos distinguiam a ideia de *jus* daquela de *lex*. Justaposições semelhantes podem ser encontradas em muitas línguas – *droit* e *loi* em francês, *derecho* e *ley* em espanhol, *diritto* e *legge* em italiano, *direito* e *lei* em português, *Recht* e *Gesetz* em alemão, *pravo* e *zakon* em russo, e assim por diante.

Em todas essas línguas, o significado de *law* como *jus* indica o direito como uma estrutura conceitual que abstrai da realidade das relações humanas um conjunto de princípios ou normas mais ou menos coerentes, suficientemente gerais para serem reproduzidos numa variedade de contextos. Esse conceito é teoricamente discutido, elaborado e continuamente modificado por juristas que atuam em diversos campos profissionais do direito (como professores, juízes, advogados militantes e filósofos do direito). O trabalho desses juristas adapta continuamente a estrutura do direito às novas condições sociais, políticas e culturais, uma vez que o direito está em constante processo de transformação e, desse modo, eles vão moldando o direito na prática nesses diferentes campos profissionais. O papel dos juristas que atuam no meio acadêmico, que militam no campo teórico e ensinam o direito como uma disciplina universitária, e o papel dos juristas que, em sua atuação judicial, aplicam coerentemente esses princípios e normas para resolver conflitos sociais concretos, são particularmente significativos na tradição jurídica ocidental.[3]

A teoria do direito – a disciplina teórica do direito – é reconhecida pelos juristas, mas não pelo grande público, que muitas vezes não se dá conta da riqueza desse componente intelectual das leis que regem sua vida. É comum que as pessoas reduzam a ideia de direito apenas à esfera abrangida pela palavra *lex* [Lei] (plural *leges*; a raiz latina de "legal" e "legislação"): uma norma concreta que rege uma situação factual e reflete a vontade de uma autoridade governamental com o poder de fazê-la cumprir. Em geral, essas leis específicas convivem em harmonia com o grande esquema da teoria jurídica graças à atividade interpretativa dos profissionais do direito (uma vez mais, em suas diferentes práticas institucionais), e, assim, tornam-se parte do direito como um *sistema jurídico* (ou seja, a combinação sistemática de leis específicas num único todo, segundo princípios racionais). Portanto, os sistemas jurídicos dos Estados Unidos ou da França não são meros agregados de leis promulgadas nesses países. As leis que nos regem em cada território incluem a dimensão extremamente intelectual do *jus*, que é uma parte profunda de nossa cultura.[4]

Um ordenamento jurídico objetivo determina e define direitos individuais subjetivos, como os direitos de propriedade ou os direitos pessoais. Nas línguas acima mencionadas, as palavras correspondentes a *jus* são traduzidas em inglês como *"right"* ("direito"), um termo que evoca *tanto* a ideia de uma estrutura jurídica objetiva *quanto* a ideia de um direito subjetivo. Na teoria do direito ocidental, os direitos são vistos como zonas de liberdade protegida.[5]

O significado de *law* como *lex* tem valor neutro; refere-se à força institucional que o produz e sanciona formalmente, tornando-o, assim, compulsório. O sentido mais amplo de *law* como *jus*, por sua vez, é pleno de valores desejáveis, estando associado à ideia de "justo", "exato" e "certo" (em oposição a "errado").

LEIS DESCRITIVAS *VERSUS* LEIS NORMATIVAS

Uma diferença fundamental entre as leis naturais e as humanas parece estar no fato de que as primeiras são *descritivas* (fornecem informações sobre alguma coisa no mundo natural), enquanto as segundas são *normativas* (prescrevem um padrão de comportamento para os seres humanos). Contudo, à medida que explorarmos os surpreendentes paralelos entre o modo como essas leis foram conceitualizadas na ciência e na teoria do direito, veremos que essa distinção nítida também deve ser abrandada. Por um lado, um elemento descritivo ocorre na prática dos juristas ao abstraírem as leis a partir de uma rede específica de relações sociais. Por outro lado, descobertas científicas recentes, sobretudo nas ciências da ecologia e do clima, sugerem com vigor que os princípios ecológicos desenvolvidos pelos ecossistemas ao longo de bilhões de anos, para manter a cadeia da vida, devem ser entendidos como leis normativas para a conduta humana se quisermos superar nossa crise ambiental global.

"DIREITO NATURAL" E "LEIS NATURAIS"

Em nossas comparações entre as leis naturais e as leis humanas, precisaremos ter o cuidado de evitar confusão entre as expressões *direito natural* e *leis naturais*.[6] No jargão jurídico, um "direito natural" é o que só deve ser vinculante se for compatível com algum princípio de validação superior cuja origem poderia estar numa fonte divina ou na razão humana. Esse entendimento da expressão se opõe diametralmente a uma escola de pensamento chamada *positivismo jurídico*. Segundo os positivistas jurídicos, a lei extrai seu poder de compulsão de uma autoridade soberana, seja essa lei justa, equitativa ou mesmo racional.

A própria origem da expressão "leis naturais" é muito fascinante. Ao longo dos primeiros séculos da ciência ocidental, diferentes termos eram usados para designar as afirmações ou equações breves e concisas com que os cientistas gostam de sintetizar suas teorias. Eram chamadas de "proposições", "regras", "axiomas", "princípios", "máximas", e assim por diante. Durante a segunda metade do século XVII, a expressão "leis naturais", que praticamente não fora usada até então, passou a ser de uso frequente e, nos séculos que se seguiram, substituiu por completo os termos usados anteriormente.

O conceito de "leis naturais" era usado com frequência em explícita analogia com as leis humanas. Como estas eram regras de conduta obrigatórias para uma comunidade, as leis naturais eram entendidas como uma ordem legislada para todo o universo por uma autoridade divina. Essa analogia era motivo de vários problemas filosóficos e teológicos. As leis humanas, notoriamente propensas à incoerência, variação e violação, pareciam pobres como modelos para a regularidade supostamente imutável da ordem natural. Além disso, era difícil entender como se podia afirmar que a matéria inanimada pudesse "obedecer" a leis em qualquer sentido, a não ser metafórico. Apesar dessas dificuldades filosóficas, o conceito de leis naturais tornou-se parte integrante da filosofia natural ou da ciência natural. Como isso aconteceu é uma história interessante à qual retornaremos no Capítulo 2.

No século XX, quando os cientistas adquiriram uma consciência cada vez maior da natureza arbitrária de todos os seus modelos e teorias, aparentemente deixaram de usar a palavra "lei" para designar as invariabilidades que descobriam, a não ser quando se referiam às famosas "leis" formuladas nos séculos anteriores.

ADVOGADOS E CIENTISTAS

Advogados e cientistas costumam ser vistos como tipos muito diferentes de pessoas. Costuma-se dizer que os alunos malsucedidos em matemática e ciências são os que migram para as faculdades de direito. Apesar de muitas exceções, sobretudo nas faculdades norte-americanas em que a formação jurídica é oferecida aos alunos como um programa de pós-graduação, essa crença é difícil de eliminar. Contudo, devido às dificuldades de fazer carreira nas ciências, depois de alguns anos dedicados à pesquisa científica muitos jovens talentos geralmente seguem seus estudos numa faculdade de direito, que lhes acena com um futuro mais seguro e financeiramente promissor. Até esses alunos tendem a interpretar a faculdade de direito como uma segunda vida, uma mudança total para uma esfera de atividades sem relação com a anterior. As únicas exceções talvez sejam os advogados de [marcas] e patentes, que devem acrescentar algum conhecimento científico a seus conhecimentos jurídicos para poderem argumentar a favor do caráter inovador da invenção que procuram patentear.

Essa segregação é confirmada pelos estereótipos comuns dessas duas disciplinas e seus representantes. Enquanto os cientistas são considerados distraídos e "aéreos", pessoas que se vestem informalmente e vivem num refinado universo de teorias abstratas, bastante desligadas da realidade prática, os advogados costumam ser vistos como pessoas que se vestem formalmente, são muito atentas às questões práticas e se concentram sobretudo em trivialidades (como a negociação de seus honorários advocatícios), enfrentando, para isso, até mesmo as circunstâncias práticas mais penosas do convívio social – o tipo de coisas com que as pessoas normais, por mais preocupadas que estejam, preferem não ter de lidar pessoalmente.

Alguns anos atrás, um professor de direito de Harvard, muito renomado e tido em conta de refinado teórico, foi contratado para um semestre como professor-visitante de um centro avançado de estudos interdisciplinares em outra das melhores universidades dos Estados Unidos. Todos os outros contratados – físicos, sociólogos, antropólogos, historiadores e filósofos – mantinham conversas de alto nível intelectual entre si, mas, sempre que ele entrava na sala de professores, todos os outros silenciavam. Depois, o professor de teoria do direito era abordado por um sociólogo que lhe pedia informações sobre a divisão dos gastos com a troca do elevador do condomínio em que morava, ou por um físico que queria saber se sua companhia de seguros deve indenizá-lo pelos danos causados por sua atual empregada, e assim por diante. Esses casos recorrentes eram frustrantes para o professor de teoria do direito, uma vez que abalavam sua autoestima enquanto intelectual de grande prestígio.

Essa segregação social sem bases objetivas entre advogados e cientistas nem sempre existiu, e tampouco significa que a advocacia careça de prestígio social em muitos países. Ao lado dos cursos de medicina e teologia, as faculdades de direito estiveram historicamente entre as primeiríssimas instituições acadêmicas de nível superior na Idade Média ocidental.[7] Os advogados estavam entre os intelectuais mais prestigiados durante todo o período medieval, e certamente não eram vistos como "dinheiristas" por outras elites intelectuais, como hoje acontece nos Estados Unidos. Um breve passar de olhos pelas biografias de alguns dos mais importantes intelectuais da história da ciência ocidental terá algumas surpresas interessantes a nos revelar.

Sir Francis Bacon, um dos criadores do método moderno de pesquisa científica, também era um importante jurista. Foi lorde chanceler da Inglaterra – talvez a mais alta, antiga e venerável posição jurídica na Grã-Bretanha – e suas contendas com *sir* Edward Coke nos primórdios do século XVII deram forma a boa parte da estrutura atual do direito anglo-americano.[8] *Sir* Isaac Newton, o mais famoso ícone da ciência moderna antes de Albert Einstein, embora nunca tenha sido muito ativo como advogado praticante, ainda assim ocupava um alto cargo jurídico, o de chanceler do Tesouro. Nessa posição, ele presidia uma das mais antigas instituições jurídicas da tradição do *common law*, dedicada a questões de direito tributário. Gottfried Wilhelm Leibniz (1646-1716), o grande filósofo e matemático alemão contemporâneo de Newton que inventou o cálculo diferencial independentemente do físico inglês, também refletia profundamente sobre as questões práticas do Estado; escreveu copiosamente sobre direito, ética e política. Nos capítulos seguintes, quando esboçarmos a história paralela da ciência e do direito no Ocidente, surgirão várias dessas convergências fascinantes.

O MÉTODO CIENTÍFICO

Uma de nossas tarefas principais consiste na exploração das relações conceituais e históricas entre a ciência natural e a teoria do direito; assim, é importante entender muito bem a natureza da ciência antes de começarmos. Do modo como a empregamos hoje, a palavra "ciência" provém do latim *scientia*, que significa "conhecimento" em geral, um sentido que se manteve ao longo da Idade Média, da Renascença e da Revolução Científica. O que hoje chamamos de "ciência" era conhecida como "filosofia natural" até o século XIX.

O entendimento moderno da ciência, que evoluiu durante os séculos XVIII e XIX, é o de um *corpus* organizado de conhecimentos adquiridos por meio de um método específico, o chamado método científico. As características do método científico só foram plenamente reconhecidas no século XX, e é comum que ainda sejam mal compreendidas, sobretudo pelo grande público e pelos profissionais do direito.

O método científico representa um modo particular de adquirir conhecimentos sobre os fenômenos naturais e sociais que ocorrem em diversas etapas. Primeiro, os fenômenos estudados são sistematicamente observados e as observações são registradas como provas, ou dados científicos. Em algumas ciências, como na física, na química e na biologia, a observação sistemática inclui experimentos controlados; em outras, como na astronomia ou na paleontologia, esses experimentos não são possíveis.

Depois, os cientistas tentam conectar os dados de maneira coerente, sem contradições internas. A representação resultante é conhecida como "modelo científico". Sempre que possível, os cientistas tentam formular seus modelos em linguagem matemática, devido à precisão e à coerência interna da matemática. Em muitos casos, porém, sobretudo nas ciências sociais, essas tentativas têm se mostrado problemáticas, pois tendem a reduzir os modelos científicos a uma esfera de ação tão exígua que eles perdem boa parte de sua utilidade. Por esse motivo, nas últimas décadas chegamos à conclusão de que nem as fórmulas matemáticas, nem os resultados quantitativos são componentes essenciais do método científico.

Por último, o modelo teórico é testado por meio de novas observações e, se possível, por outros experimentos. Se o modelo se mostrar compatível com os resultados desses testes e, em particular, se conseguir prever os resultados de novos experimentos, é grande a possibilidade de que seja aceito como uma nova teoria científica. O processo de submeter ideias e modelos científicos à repetição dos testes é uma iniciativa da comunidade científica, e a aceitação do modelo como uma teoria ocorre como resultado de consenso tácito ou explícito no âmbito dessa comunidade.[9]

Na prática, essas etapas não são nitidamente separadas e nem sempre ocorrem na mesma ordem. Por exemplo, um cientista pode formular uma generalização ou hipótese preliminar com base na intuição ou em dados empíricos. Quando observações subsequentes refutarem a hipótese, ele pode tentar modificá-la sem desistir dela por completo. Contudo, se os dados empíricos continuarem a refutar a hipótese ou o modelo científico, o cientista será obrigado a descartá-lo em favor de uma nova hipótese ou um novo modelo, que será então submetido a novos testes. Mesmo uma teoria aceita pode vir a ser descartada quando surgirem dados contraditórios. Esse método de fundamentar resolutamente todos os modelos e teorias nos dados empíricos constitui a essência mesma da abordagem científica.

Crucial para o entendimento contemporâneo da ciência é a percepção de que todos os modelos e teorias científicos são limitados e arbitrários. A ciência do século XX mostrou reiteradamente que todos os fenômenos naturais são, em última análise, interconectados, e que, na verdade, suas propriedades essenciais derivam de suas relações com outras coisas. Assim, para explicar todo e qualquer fenômeno em sua plenitude teríamos de compreender todos os outros, o que é obviamente impossível. Sejam quantas forem as conexões de que nos ocuparmos em nossa descrição científica de um fenômeno, seremos sempre forçados a deixar outras de fora. Portanto, os cientistas nunca podem lidar com a "verdade" no sentido de uma correspondência exata entre uma descrição e o fenômeno descrito. Na ciência, sempre lidamos com descrições limitadas e indeterminadas da realidade.

Repetindo, a natureza arbitrária do conhecimento científico é uma consequência da interconectividade fundamental dos fenômenos naturais. Em suas tentativas de perceber e definir invariabilidades e ordem nessa rede interconectada de relações, os cientistas identificam certos padrões estáveis como "objetos", "estruturas", "processos" etc. Até certo ponto, o modo como essas identificações são feitas é subjetivo; depende da interpretação dos padrões observados por determinado observador. Esse processo obrigou os cientistas a abandonar a ideia cartesiana de descrições científicas objetivas, independentes do observador. Na ciência contemporânea, temos de aceitar o fato de que uma dimensão subjetiva está implícita em cada teoria ou modelo científico. Isso não significa que tenhamos de abrir mão do rigor científico. Quando falamos de uma descrição "objetiva" na ciência, referimo-nos sobretudo a um *corpus* de conhecimentos que é criado, circunscrito e regulado pelo empreendimento científico coletivo, e não a uma mera compilação de relatos individuais. Essa validação intersubjetiva – consenso entre indivíduos distintos – é a prática-padrão na ciência e não precisa ser abandonada.

O MÉTODO JURÍDICO

Uma vez que a interconectividade é um traço fundamental da existência humana, a aproximação também é uma característica central do pensamento jurídico. A teoria do direito, porém, não tem um "método" único. Em países diferentes, em diferentes períodos históricos e, às vezes, até mesmo em simultaneidade, métodos distintos têm competido entre si para tentar, a duras penas, dar conta da complexidade e variação intrínsecas da vida social.[10] Não obstante, a obra dos teóricos do direito compartilha algumas características importantes com o método científico.

A observação sistemática das duras realidades da vida, que em geral se revelam na forma de conflitos sociais entre pessoas ou instituições, constitui a atividade típica do jurista. Este propõe teorias e modelos conjeturais a fim de agrupar fatos aparentemente muito distintos dentro de um mesmo arcabouço conceitual. Por exemplo, todos os conflitos sociais de origem extrínseca a qualquer relação previamente planejada são agrupados na esfera do direito de responsabilidade civil. Depois, o jurista recorre aos dados empíricos para testar seu modelo (isto é, consulta todos os registros previamente disponíveis de relações sociais semelhantes) e admite a natureza limitada e arbitrária de seus modelos e teorias, sobretudo por levar em conta o fato de que jurisdições diferentes quase sempre seguem princípios organizacionais diferentes.

O jurista sustenta sua interpretação por dedução ou por indução (frequentemente, por uma mistura de ambas), dependendo de seu ponto de partida ser um princípio geral, um texto a ser aplicado a fatos específicos ou uma decisão judicial anterior a ser aplicada por analogia. (A tradição jurídica anglo-americana usa com frequência um método indutivo, enquanto a tradição da Europa continental favorece o método dedutivo.[11]) Esse processo é habitualmente descrito como mecânico, e os juristas, para defender a legitimidade de seu trabalho, costumam negar a existência de qualquer papel criativo em sua utilização.

Como consequência dessa representação que faz de si próprio, o método jurídico aparece na percepção que dele temos atualmente como um mero esforço de interpretação textual, uma atividade muito diferente daquela praticada pelos cientistas. Enquanto as leis naturais são padrões e invariabilidades ocultos que o cientista pode descobrir no transcurso da pesquisa, as leis humanas são consideradas basicamente textuais, palavras normativas escritas em documentos legais que trazem a marca das instâncias oficiais, o que os torna vinculantes e judicialmente exigíveis. Contudo, nossa breve discussão anterior sobre os significados diferentes das leis humanas já deixou claro que a realidade tem muito mais nuanças e complexidades.

Nem mesmo as leis humanas escritas são evidentes por si mesmas. Sua interpretação enquanto leis resulta de um processo intelectual bastante complexo, em que o jurista profissional desempenha um papel crucial como "criador" do ordenamento jurídico. Para começar, o jurista deve inserir qualquer situação factual dada em determinado contexto, separando os aspectos geralmente reprodutíveis de qualquer relação social e vendo quais vêm ao caso e quais não vêm. Por exemplo, se o motorista de um carro que provocou um acidente for branco ou negro, tal diferença é considerada irrelevante para o direito de responsabilidade civil norte-americano; já o fato de o motorista estar dirigindo embriagado ou não é totalmente pertinente.

O profissional do direito também terá de localizar a autoridade legal que orientará sua análise. Essa autoridade pode ser um texto específico ou um precedente do direito jurisprudencial, mas não necessariamente; no contexto global de nossos dias, como as transações complexas incluem o direito de mais de um país, tem-se recorrido cada vez mais a outras fontes autorizadas. Na verdade, o intérprete pode adotar algum costume que considere pertinente no contexto específico da circunstância relacional em questão, ou um amplo princípio geral contido numa constituição (por exemplo, os princípios da equidade, justiça ou boa-fé).

Principalmente nos casos em que mais de um Estado soberano está envolvido, como acontece em todas as transações de alcance global, pode ser que simplesmente não exista uma fonte escrita a ser consultada, e o jurista terá, portanto, de "descobrir" a lei aplicável mediante um processo de interpretação criativa da realidade factual.[12] Uma vez localizada essa fonte autorizada (textual ou não), o profissional do direito deverá proceder ou por dedução, até chegar à regra que se aplica a determinada situação factual, ou por indução, a partir de um conjunto de soluções de casos específicos, a fim de criar um princípio geral. Em resumo, o intérprete do direito, assim como o cientista, desfruta de considerável discricionariedade na escolha de suas preferências metodológicas. Na prática, ele vai e volta entre dedução e indução até chegar a uma solução satisfatória.

Esse processo ocorre como um esforço concreto para resolver determinado caso (se o intérprete for um juiz) ou para defender determinada solução desse caso (se o intérprete for um advogado que representa alguém no tribunal); também pode se tratar de um empenho teórico para sugerir os melhores princípios ou soluções possíveis para casos hipotéticos (se o intérprete pertencer ao meio jurídico acadêmico). Por exemplo, para decidir se o direito aceita o casamento entre pessoas do mesmo sexo, o jurista tem poder discricionário suficiente para decidir se vai partir de um princípio abstrato de igualdade ou de uma concepção mais tradicional da função reprodutiva do casamento. Em todos esses casos, o papel do intérprete é muito criativo na prática. Apesar de longos períodos de negação do papel criativo do intérprete, hoje praticamente todos os juristas reconhecem, com Benjamin Cardozo (1870-1938) – o juiz da Suprema Corte que criou um escândalo considerável com sua "opção pela franqueza" –, que, ao interpretar a lei, os juízes assumem a função de *criadores* das leis[13]. Em outras palavras, os juristas agora reconhecem que as leis humanas não são totalmente objetivas, separadas de seus intérpretes, e que o processo de seu surgimento (de tornar-se pertinentes a determinado caso concreto) talvez não seja menos complexo do que a descoberta de uma "lei natural".

UM APELO À ECOALFABETIZAÇÃO

O primeiro passo para a criação de uma nova ordem ecojurídica baseada num pensamento sistêmico, e não num antiquado pensamento mecanicista, consiste em termos consciência do nosso próprio poder de influenciar o direito por meio de ações conjuntas. Essa concepção ecológica do direito, como sugerimos pela primeira vez neste livro, pode ter um tremendo efeito de capacitação. Pode desencadear o "poder do povo", devolvendo ao direito a qualidade de bem comum a todos, a fim de criar uma nova ordem ecojurídica que, seguindo nosso entendimento sistêmico do planeta, pode protegê-lo e preservá-lo para as futuras gerações.

Um dos grandes desafios de nossa época é construir e dar apoio e assistência a comunidades sustentáveis – ambientes sociais, culturais e físicos em que possamos satisfazer nossas necessidades e aspirações sem comprometer as oportunidades das novas gerações. Em busca desse objetivo, devemos reconhecer que o positivismo científico e o pensamento econômico reducionista, em vez de constituírem a realidade que nossas leis pressupõem e refletem, são, na verdade, ideologias a serviço de interesses acumulativos de curto prazo.[14] Podemos nos contrapor a essas ideologias e manter uma visão ecocêntrica mediante o uso dessas mesmas leis humanas. Precisamos de uma mudança fundamental de perspectiva, da eficiência econômica à sustentabilidade ecológica, dos direitos de propriedade privada ao livre acesso aos *commons*.

Uma comunidade sustentável é concebida de tal forma que seus estilos de vida, suas atividades comerciais, sua economia, suas estruturas físicas e suas tecnologias não interfiram na capacidade inerente de a natureza sustentar a vida. Os fundamentos dessa ideia surgiram com a publicação, em 1972, de um trabalho radical sobre uma simulação de computador, o livro *The Limits to Growth*, escrito por um grupo do MIT liderado por Dennis e Donella Meadows. Seguindo-se a isso, Lester Brown introduziu o conceito de sustentabilidade nos primeiros anos da década de 1980. Alguns anos depois, um relatório da Comissão Mundial para o Meio Ambiente e o Desenvolvimento (World Commission on Environment and Development), conhecido como Relatório Brundtland de 1987, introduziu o conceito de "desenvolvimento sustentável".[15] O conceito de sustentabilidade tem sido frequentemente deturpado, usurpado e, inclusive, banalizado devido a seu uso desassociado do contexto ecológico que lhe confere seu verdadeiro significado. O que é sustentado numa comunidade sustentável não é o desenvolvimento econômico, a vantagem competitiva ou qualquer outro critério usado pelos economistas, mas a totalidade de rede da vida da qual nossa sobrevivência depende a longo prazo. O primeiro passo para a criação de uma comunidade sustentável deve ser, naturalmente, compreender como a natureza sustenta a vida. Isso implica um novo entendimento ecológico da existência, ou "ecoalfabetização", bem como um novo tipo de pensamento "sistêmico" – aquele que se dá em termos de relações, padrões e contexto.

Uma vez alcançado algum nível de ecoalfabetização, a etapa seguinte deve ser a introdução de mudanças urgentes no direito e na economia. As leis humanas, como as leis naturais, precisam ser matéria que foi relegada a segundo plano, onde permaneceu ao longo de toda a Idade Média e toda a Renascença. Só voltaria à superfície em fins do século XVII, com o surgimento da física newtoniana.

Embora admitissem que as propriedades dos objetos materiais decorressem de diversas combinações das qualidades básicas, intrínsecas aos quatro elementos, os filósofos gregos ainda se viam diante do problema de como essas combinações de elementos adquiriam as formas específicas que vemos na natureza. O primeiro a abordar o problema da forma foi Pitágoras (c. 580- c. 500 A.E.C), um filósofo que, antes ainda de Platão, fundara uma escola de matemática que se tornara uma espécie de grupo religioso e organizava-se como uma comuna que bania a propriedade privada. Pitágoras e seus discípulos, os pitagóricos, acreditavam que as proporções e os padrões numéricos eram a origem de todas as formas. Essa associação entre o mundo concreto das formas naturais e o domínio abstrato das relações numéricas deu origem à ligação entre ciência e matemática, que se tornaria a base da física clássica no século XVII.

Os pitagóricos dividiam o Universo em dois domínios: o céu, onde as estrelas giram em esferas celestiais segundo leis matemáticas perfeitas e imutáveis; e a Terra, onde os fenômenos são complexos, sempre em mutação e imperfeitos. A distinção entre os movimentos perfeitos e imutáveis do domínio celeste e os fenômenos imperfeitos e em mutação contínua do domínio terrestre significava que a ordem diminuía à medida que nos afastávamos dos domínios altos para os baixos. Nos séculos subsequentes, os filósofos chamariam a atenção, por exemplo, para o fato de o movimento regular dos corpos celestes causar a sucessão regular (porém levemente imprevisível) das estações; de estas responderem pelas (ainda mais imprevisíveis) condições meteorológicas, e de estas, por sua vez, influenciarem o (muito imprevisível) desenvolvimento das safras agrícolas.

Não surpreende, portanto, que as primeiras "leis" exatas mencionadas na ciência tenham sido as leis dos movimentos planetários de Johannes Kepler, no início do século XVII. Até o momento em que Galileu desenvolveu seu método de concentrar-se nas propriedades quantificáveis da matéria, que pudessem ser interligadas por meio de relações matemáticas precisas, a maioria dos filósofos naturais hesitava em procurar leis exatas nos complexos fenômenos terrestres.

A SÍNTESE CIENTÍFICA DE ARISTÓTELES

Para a ciência nos séculos subsequentes, o filósofo grego mais importante foi Aristóteles (384-322 A.E.C.), o primeiro a redigir tratados sistemáticos e didáticos acerca dos principais ramos do conhecimento em sua época – a biologia, a física, a metafísica, a ética e a política. Para integrar essas disciplinas numa estrutura teórica coerente, Aristóteles criou um sistema formal de lógica e estabeleceu princípios unificadores. Declarou explicitamente que o objetivo de sua lógica era aprender a arte da investigação e do raciocínio científicos, que serviriam como instrumentos racionais para todo o trabalho científico. A síntese e a organização de Aristóteles constituíram os fundamentos da ciência ocidental durante dois mil anos.

Aristóteles adotou a antítese pitagórica entre os mundos terrestre e celeste. Da Terra até a esfera da Lua, pensava ele, todas as coisas mudam constantemente, gerando novas formas para, em seguida, desintegrar-se novamente. Acima da Lua, as esferas cristalinas dos planetas e estrelas seguem uma órbita circular em movimentos eternos e imutáveis. Ele também concordava com a ideia platônica de que a perfeição do domínio celeste implica que os planetas e estrelas se movem em círculos perfeitos.

Aristóteles ensinava que todas as atividades que aconteciam espontaneamente eram naturais, guiadas pelos objetivos inerentes aos fenômenos físicos e que, portanto, a observação era o meio ideal para investigá-las. Os experimentos que alteravam as condições naturais para trazer à luz algumas propriedades ocultas da matéria eram contrárias à natureza e, por esse motivo, não se podia esperar que revelassem a essência dos fenômenos. Os experimentos não eram um meio apropriado à investigação, e o método experimental não era essencial para a ciência grega.

FILOSOFIA ESCOLÁSTICA

Os tratados de Aristóteles acabaram por tornar-se a base do pensamento filosófico e científico durante toda a Idade Média e a Renascença. Ao contrário de seus confrades árabes que também estudavam Aristóteles, porém, os filósofos cristãos medievais não usavam os textos aristotélicos como base para pesquisas independentes. Em vez disso, avaliavam os textos a partir da perspectiva da teologia cristã. Na verdade, muitos deles eram teólogos, e sua prática de combinar filosofia – a qual incluía a filosofia natural, ou ciência – e teologia ficou conhecida como escolástica.

O personagem principal desse movimento que pretendia combinar a filosofia de Aristóteles com os ensinamentos cristãos foi São Tomás de Aquino (1225-1274). Tomás ensinava que não poderia haver conflito entre a fé cristã e a razão aristotélica, porque os dois livros que lhes serviam de fundamento – a Bíblia e o "livro da natureza" – tinham Deus como seu autor. São Tomás produziu um vasto *corpus* de textos filosóficos precisos, detalhados e sistemáticos, nos quais unificou as obras enciclopédicas de Aristóteles e a teologia medieval cristã num todo perfeitamente lógico e coerente.

O lado escuro dessa fusão entre ciência e teologia foi o fato de que qualquer contradição proposta pelos cientistas futuros teria necessariamente de ser considerada uma heresia. Assim, São Tomás entronizou em seus escritos o potencial para conflitos entre ciência e religião, que atingiu um clímax dramático por ocasião da morte de Giordano Bruno (1548-1600), queimado vivo, e do julgamento de Galileu, e continua até os dias de hoje.

Ainda assim, a concepção da natureza como um livro, escrito por Deus e equivalente à Bíblia, abriu a porta para que os cientistas concebessem as invariabilidades que observavam na natureza – por exemplo, nos movimentos dos planetas – como leis divinas. Curiosamente, porém, os próprios filósofos escolásticos não usavam a expressão "leis divinas". Estavam muito mais interessados na conduta humana do que nos fenômenos naturais, e empregavam a expressão "lei natural" (*lex naturalis*) para designar os princípios de ação correta que haviam sido inscritos por Deus na alma humana.

O PENSAMENTO CIENTÍFICO DE LEONARDO DA VINCI

Na história intelectual do Ocidente, a Renascença – um período que vai mais ou menos do início do século XV ao fim do XVI – assinala o período de transição da Idade Média para o mundo moderno. Esse período caracterizou-se por uma intensa exploração tanto das ideias antigas como das novas regiões geográficas da Terra. A atmosfera intelectual da Renascença foi decisivamente moldada pelo movimento filosófico e literário do humanismo, que fez das potencialidades do ser humano sua preocupação central. O humanismo alterou de modo fundamental o dogma medieval da compreensão da natureza humana a partir de um ponto de vista religioso.

As profundas mudanças intelectuais que ocorreram durante a Renascença abriram caminho para a Revolução Científica. Na verdade, o pensamento científico moderno não surgiu com Galileu, como geralmente afirmam os historiadores da ciência; surgiu um século antes, com Leonardo da Vinci (1452-1519), o grande gênio da Renascença.

Da Vinci é famoso como artista, engenheiro e inventor de inúmeras máquinas e instrumentos mecânicos, mas sua obra científica ainda é relativamente desconhecida, apesar de seus alentados cadernos de anotações, repletos de descrições detalhadas de seus experimentos e de longas análises de suas descobertas. Ele desenvolveu uma nova abordagem empírica da qual fazia parte a observação sistemática da natureza, o raciocínio e a matemática – em outras palavras, as principais características do que hoje se conhece como *método científico*. Sua ciência, porém, era radicalmente diferente da ciência mecanicista que surgiria dali a dois séculos. Era uma ciência das formas, qualidades e processos de transformação orgânicos, que mostra alguns paralelos surpreendentes com nossos sistemas e teorias da complexidade contemporâneos (ver Capítulo 5).[1]

Muitos aspectos da ciência de Leonardo ainda são aristotélicos, mas o que faz com que ela nos soe tão moderna hoje é o fato de suas formas serem vivas, continuamente modificadas e transformadas por processos subjacentes. Durante toda sua vida, Leonardo estudou, desenhou e pintou as rochas e os sedimentos da Terra moldados pela água; o crescimento das plantas, moldado por seu metabolismo, e a anatomia do corpo animal em movimento. A natureza como um todo era viva para Leonardo e, como os primeiros filósofos gregos, ele via os padrões e processos no microcosmo como similares àqueles no macrocosmo.

No jargão científico atual, chamaríamos Leonardo de pensador sistêmico. Para ele, compreender um fenômeno significava conectá-lo com outros fenômenos mediante uma similaridade de padrões. Ao estudar as proporções do corpo humano, por exemplo, ele as comparava às proporções das construções da arquitetura renascentista; suas pesquisas sobre músculos e ossos levaram-no ao estudo de engrenagens e alavancas, interligando, assim, a fisiologia animal com a engenharia; padrões de turbulência na água levaram-no a observar padrões semelhantes no fluxo do ar e, a partir daí, ele passou a explorar a natureza do som, a teoria da música e a criação de instrumentos musicais. Essa extraordinária capacidade de interconectar observações e ideias de disciplinas diferentes constitui o cerne de sua maneira de abordar o aprendizado e a pesquisa.

Ao contrário da maioria de seus contemporâneos, Leonardo raramente se referia à criação divina, preferindo, antes, falar sobre as infinitas obras e as invenções maravilhosas da natureza. Seus cadernos de notas estão cheios de passagens nas quais ele descreve o modo como a natureza havia "ordenado" que os animais deveriam sentir dor, como a natureza havia criado as pedras, dado movimento aos animais e formado seus corpos. Em todas essas passagens, percebe-se a enorme reverência de Leonardo pela infinita criatividade e sabedoria da natureza.

Leonardo não usava a expressão "leis naturais". Contudo, a exemplo das subsequentes gerações de cientistas, trabalhava a partir da premissa básica de que o universo físico é fundamentalmente ordenado e que suas relações causais podem ser entendidas pela mente racional e expressas em termos matemáticos. Usava a palavra *necessidade* para expressar a natureza inflexível dessas relações causais ordenadas. Como sua ciência era uma ciência das qualidades, das formas orgânicas e seus movimentos e transformações, a "necessidade" matemática que ele via na natureza não se expressava em quantidades, mas em formas geométricas que se transformavam continuamente, segundo leis e princípios rigorosos. Para Leonardo, "matemático" referia-se sobretudo à lógica, ao rigor e à coerência segundo a qual a natureza havia moldado suas formas orgânicas e continuava a fazê-lo ininterruptamente.

Leonardo não se dedicava à ciência e à engenharia a fim de dominar a natureza, como defenderia Francis Bacon um século depois, mas sempre tentava aprender o máximo possível com a natureza. Extasiava-se diante da beleza que percebia na complexidade das formas, padrões e processos naturais, e tinha consciência de que a engenhosidade da natureza era muito superior aos propósitos humanos. Por conseguinte, ele usava com frequência processos e estruturas naturais como modelos para suas criações.

A REVOLUÇÃO CIENTÍFICA

Nos séculos XVI e XVII, a concepção de mundo medieval passou por uma mudança radical. A ideia de um universo orgânico, vivo e espiritual foi substituída por uma visão do mundo como uma máquina, e esta tornou-se a metáfora dominante da Era Moderna, até fins do século XX. A ascensão dessa visão de mundo mecanicista foi instaurada pelas mudanças revolucionárias ocorridas na física e na astronomia. Devido ao papel crucial da ciência para a consumação dessas mudanças de enorme abrangência, os historiadores chamaram os séculos XVI e XVII de Era da Revolução Científica. Inaugurava-se a Era Moderna, também conhecida como "modernidade".[2] Esse também foi o período em que a noção de "leis naturais" se tornou firmemente estabelecida na ciência ocidental.[3]

A Revolução Científica começou com Nicolau Copérnico (1473-1543), que aboliu a concepção geocêntrica, a qual colocava a Terra no centro do Universo – uma concepção aceita como dogma durante mais de um milênio. Seguindo-se a ele, Johannes Kepler (1571-1630) buscou a harmonia das esferas e conseguiu, com um trabalho extraordinário com as tábuas astronômicas, formular suas célebres leis empíricas dos movimentos planetários. Essas leis deram apoio suplementar ao sistema copernicano. Kepler foi o primeiro a usar a palavra *leis*, em conformidade com a concepção aristotélica de que as esferas celestiais constituíam o domínio das leis matemáticas perfeitas. Todavia, a verdadeira mudança da opinião científica foi estabelecida por Galileu Galilei (1564-1642), que, com a ajuda do recém-inventado telescópio, conseguiu desacreditar a antiga cosmologia para além de qualquer dúvida. Suas notáveis descobertas astronômicas – as quatro luas de Júpiter, as fases de Vênus, que se assemelham às da Lua, e muitas outras – estabeleceram a hipótese copernicana como uma teoria científica válida.

No âmbito terrestre, Galileu fez experimentos com corpos em queda, que ele conseguiu descrever em termos matemáticos. Galileu postulou que, para serem eficientes na descrição matemática da natureza, os cientistas deveriam limitar-se ao estudo das propriedades dos corpos materiais – formas, números e movimentos – que pudessem ser mensurados e quantificados. Outras propriedades, como a cor, o som, o gosto ou o cheiro, nada mais eram que projeções mentais subjetivas que deviam ser excluídas dos domínios da ciência. Ele não usou o termo *leis* para designar as invariabilidades matemáticas que descobriu, mas a nova estratégia científica por ele proposta abriu as portas para a descrição da ordem natural em termos de "leis naturais".

A estratégia de Galileu de voltar a atenção dos cientistas para as propriedades quantificáveis da matéria mostrou-se extremamente bem-sucedida na física, mas também cobrou um alto preço. Nos séculos que se seguiram a Galileu, o foco nas quantidades foi levado do estudo da matéria para o estudo de todos os fenômenos naturais e sociais, o que impediu, por muito tempo, que os cientistas compreendessem muitas propriedades essenciais da vida.

Embora Galileu tenha conduzido seus experimentos inovadores na Itália, foi na Inglaterra que Francis Bacon (1561-1626) descreveu explicitamente o método empírico da ciência. Bacon formulou uma teoria bem definida do procedimento indutivo: fazer experimentos e deles extrair conclusões que poderiam, então, ser testadas por novos experimentos. Adquiriu enorme influência ao defender categoricamente seu novo método. O "espírito baconiano", como era chamado, mudou profundamente a natureza e a finalidade da indagação científica. Desde os tempos antigos, o objetivo da filosofia natural tinha sido alcançar a sabedoria – entender a ordem natural e viver em harmonia com ela. No século XVII, porém, essa atitude mudou drasticamente. Quando a concepção orgânica da natureza foi substituída pela metáfora do mundo como uma máquina, o objetivo da ciência tornou-se uma busca do conhecimento que poderia ser usado para dominar e controlar a natureza. A partir daí, a Terra não mais seria vista como a mãe que cuida e alimenta, mas como um recurso a ser ilimitadamente explorado.

A MÁQUINA DO MUNDO NEWTONIANA E A CONCEPÇÃO DAS LEIS NATURAIS

A mudança da visão de mundo orgânica para uma visão de mundo mecanicista teve seu ponto de partida em um dos maiores personagens do século XVII, René Descartes (1596-1650). Apesar de ser geralmente considerado como o fundador da filosofia moderna, Descartes também foi um matemático brilhante e um cientista muito influente. Ele desenvolveu um novo método de raciocínio, que apresentou em seu livro mais famoso, o *Discurso sobre o Método para Bem Conduzir a Razão e Buscar a Verdade nas Ciências* (Discurso do Método). Embora esse texto tenha se tornado um dos grandes clássicos da filosofia, seu objetivo original não era ensinar filosofia, mas servir como uma introdução à ciência.

O método de Descartes é analítico e foi concebido com a finalidade de alcançar a verdade científica. Consiste em decompor pensamentos e problemas em partes distintas e depois organizá-las em sua ordem lógica. Esse método é útil de diversas maneiras, mas, nos séculos subsequentes, uma ênfase excessiva no método cartesiano levou à fragmentação que caracteriza tanto nosso pensamento geral como nossas disciplinas acadêmicas. O método cartesiano também levou a uma atitude generalizada de reducionismo na ciência – a crença de que todos os aspectos dos fenômenos complexos podem ser entendidos reduzindo-se-os a suas menores partes constituintes.

Descartes baseava sua concepção da natureza numa divisão fundamental entre dois domínios independentes, separados e essencialmente distintos: o da mente, ou *res cogitans* ("coisa pensante") e o da matéria, ou *res extensa* ("coisa extensa"). O universo material era uma máquina para Descartes, e nada além de uma máquina. A natureza funcionava de acordo com leis mecânicas e todas as coisas existentes no mundo material, tanto vivas como não vivas, poderiam ser explicadas em termos da organização e do movimento de suas partes.

Descartes afirmava que a única diferença entre corpos artificiais e naturais dizia respeito ao tamanho. Nos artefatos criados por artesãos, as máquinas são grandes e visíveis, ao passo que, na natureza, são pequenas e quase sempre invisíveis, mas o movimento de um relógio não é, em princípio, diferente daquele do crescimento de uma árvore. Descartes também aplicou essa comparação ao corpo humano: "Considero o corpo humano como uma máquina", escreveu.[4] "Comparo um homem doente e um relógio malfeito com a ideia que tenho de um homem saudável e um relógio benfeito." Essa imagem mecânica da natureza tornou-se o paradigma dominante da ciência nos séculos subsequentes.

Descartes também foi o primeiro a atribuir à expressão "leis naturais" um lugar basilar na filosofia natural. Ele propôs três princípios sobre o modo como os estados de movimento dos corpos materiais eram conservados e transmitidos e os descreveu como "certas regras que chamo de 'leis da natureza'".[5] A primeira e a segunda leis de Descartes afirmam que um corpo em repouso permanecerá em repouso, e um corpo em movimento irá mover-se em linha reta com velocidade constante, a menos que haja alguma intervenção externa. Essas regras foram posteriormente reformuladas por Newton e hoje são conhecidas como primeira lei do movimento de Newton. A terceira lei de Descartes descreve corpos em colisão; essa lei contém várias falhas, pois ele não tinha uma concepção clara do que hoje chamamos de "conservação do momento". Não obstante, Descartes reservou a palavra "lei" para esses três princípios. Nenhum outro teorema, regra ou princípio foi chamado de lei em seu sistema. Seguindo o costume da filosofia medieval, ainda muito presente em sua época, Descartes invocou razões teológicas para suas três leis da natureza, fundamentando-as na imutabilidade de Deus e de suas operações.

Na Inglaterra, a terminologia passou a ser usada com mais frequência. A fundação da Royal Society em 1660, com a finalidade de promover a nova ciência mecanicista, atraiu considerável atenção pública, e suspeitas de ateísmo não demoraram a surgir. Para se defender dessas acusações, os membros da Royal Society houveram por bem adotar a linguagem cartesiana das "leis da natureza" e sua associação implícita com um legislador divino. Fizeram essa terminologia migrar para muitos outros campos do conhecimento, passando a falar sobre leis mecânicas, leis do movimento, leis ópticas, leis do magnetismo etc.

A culminação da ciência mecanicista e do conceito de "leis naturais" chegou com Isaac Newton (1642-1727). Newton produziu uma formulação matemática completa da concepção mecanicista da natureza e, ao fazê-lo, criou uma grande síntese das obras de Copérnico, Kepler, Galileu, Bacon e Descartes. A física newtoniana – a suprema realização científica do século XVII – formulou uma teoria matemática do mundo de tal coerência que continuou a ser o fundamento inabalável do pensamento científico até o século XX.

Newton publicou sua teoria em 1687, em seu célebre *Philosophiae Naturalis Principia Mathematica*, obra em que, ao lado de "axiomas, ou leis do movimento", ele apresentava a lei da gravidade, a lei da refração e outras. A partir daí, a noção de leis naturais adquiriu raízes muito sólidas não apenas na Inglaterra, mas também na França, onde os cientistas haviam relutado em usar o termo anteriormente. Na verdade, muitas das grandes descobertas do século XVII, cujos autores não as haviam chamado de "leis", passaram a ser assim designadas desde então, como a lei da queda dos corpos de Galileu, a lei da refração de Willebrord Snell (1580-1626) ou a lei da distribuição da pressão, de Blaise Pascal (1623-1662).

A mecânica newtoniana foi tremendamente bem-sucedida nos séculos XVIII e XIX. A teoria newtoniana explicava o movimento dos planetas, luas e cometas em mínimos detalhes, bem como o fluxo das marés e muitos outros fenômenos associados à gravidade. O sistema matemático do mundo de Newton – com sua lei da gravidade e suas três leis do movimento em seu centro – estabeleceu-se rapidamente como a teoria correta da realidade física e gerou enorme entusiasmo, tanto entre os cientistas quanto entre os leigos. Newton tornou-se o arquétipo do gênio científico, de modo não muito diferente do que aconteceria com Einstein no século XX.

Estimulados pelo enorme sucesso da mecânica newtoniana na astronomia, os físicos ampliaram seus princípios, levando-os para muito além da descrição dos corpos macroscópicos. O comportamento de sólidos, líquidos e gases, inclusive os fenômenos do calor e do som, foram explicados com êxito em termos do movimento de partículas elementares da matéria. No século XIX, os químicos desenvolveram com grande precisão uma teoria atômica da química, e essa teoria abriu caminho para a unificação conceitual da física e da química no século XX. E, uma vez mais, quase todos os cientistas chamavam de "leis" as invariabilidades que observavam nas interações químicas.

Portanto, para os cientistas dos séculos XVIII e XIX, o extraordinário sucesso do modelo mecanicista veio confirmar sua crença de que o universo era um descomunal sistema mecânico que se comportava de acordo com as leis do movimento de Newton, e que a mecânica newtoniana era a teoria fundamental dos fenômenos naturais. Os dias de glória da concepção do universo como um todo ordenado, harmonioso e vivo haviam ficado definitivamente para trás. O que passou a predominar foi uma concepção do universo formado por partes que podiam ser separadas, estudadas, quantificadas e reordenadas conforme se fizesse necessário. Como veremos, essa visão mecanicista também teve um impacto significativo sobre um tipo muito diferente de lei – a lei dos homens –, cujos efeitos permanecem conosco até hoje.

CAPÍTULO **3**

Dos Commons *ao Capital*

A Evolução do Pensamento Jurídico Ocidental

A transformação fundamental na ciência que produziu a abordagem mecanicista e sua concepção das leis naturais encontra semelhanças surpreendentes no desenvolvimento do pensamento jurídico ocidental. Assim como os pensadores da ciência, seguindo Galileu, Descartes e Newton, dividiram o todo da natureza num conjunto de partes distintas, regidas por leis naturais sistemáticas, os cientistas ligados ao direito fragmentaram a ordem jurídica medieval, um sistema holístico que havia adaptado os fundamentos costumeiros da religião e do direito romano às exigências práticas das relações humanas de carne e osso. Na transição para a modernidade, os juristas ocidentais começaram a conceber o direito como um conjunto de componentes distintos, regidos pelas rígidas leis naturais da razão individual. A antiga visão holística do mundo como um *kósmos*, da Terra como um generoso presente de Deus à humanidade como um todo, e de abundância de riquezas coletivamente acessíveis a todos, foi substituída por uma ênfase humanista no indivíduo e na razão humana, o que resultou numa concepção jurídica mecanicista conhecida como direito natural racionalista.[1]

Os humanistas da esfera jurídica prepararam os fundamentos intelectuais para uma dramática transformação, que evoluiu das instituições jurídicas populares, baseadas nos *commons*, para a concentração da propriedade em mãos privadas e, finalmente, para o capital. A propriedade privada – o domínio individual sobre a terra – tornou-se o conceito jurídico mais importante, dividindo o todo em componentes individuais. O mecanismo que regia a relação entre essas partes era a instituição que, mais tarde, se tornou o Estado soberano.

A exemplo da transformação ocorrida na ciência, o movimento da totalidade legal para a moderna concepção ocidental do direito fundamentado na propriedade individual e na soberania de Estado durou vários séculos, e a trajetória jurídico-intelectual foi complexa, pois a religião, o direito, a ciência e a filosofia não eram claramente separáveis entre si. De fato, às vezes um mesmo teórico se dedicava ao que hoje consideramos áreas de conhecimento totalmente distintas – por exemplo, o trabalho de Francis Bacon abrangia tanto o direito quanto a ciência. E, embora os sistemas jurídicos da tradição jurídica da Europa continental (conhecida pelo nome inglês *civil law*, para diferenciar-se do *common law* ou direito consuetudinário do Reino Unido e de suas ex-colônias) tenham tido uma origem diferente, em última análise os dois sistemas lançam suas raízes no antigo direito romano e compartilham a ideologia jurídica fundamental dominante em nossos dias.[2]

A PROPRIEDADE ABSOLUTA ROMANA

A Grécia Antiga contribuiu muito mais para o pensamento político ocidental do que para a tradição jurídica ocidental. Os comentários de Aristóteles sobre as leis humanas, por exemplo, são bastante superficiais e aparecem em obras de assuntos distintos. Ainda assim, ele introduziu algumas distinções jurídicas fundamentais que sobreviveram até hoje, como a ideia de que as leis podem ser costumeiras ou promulgadas, escritas ou não. A propriedade privada também ocupa uma posição central no pensamento social de Aristóteles. Ele defendia categoricamente a propriedade privada como uma instituição legitimada pela razão e conducente à virtude. Essa defesa era apresentada em oposição ao ideal platônico de propriedade comunitária, formulado como uma maneira de assegurar o distanciamento da elite dominante em relação às preocupações materiais e mundanas.[3]

Em termos gerais, porém, as origens remotas da tradição jurídica ocidental são encontradas não na Grécia Antiga, mas na Roma Antiga, onde o processo de resolver disputas entre iguais deu origem a uma tradição jurídica profissionalizada.[4] De acordo com seu mito de origem e o que sobre ela se sabe atualmente, em sua fundação (*c.* 750 A.E.C.) Roma abrangia um território relativamente pequeno nas cercanias do rio Tibre, que seu primeiro rei, Rômulo, dividiu entre os homens que haviam participado da fundação da nova cidade. Cada uma dessas famílias patriarcais recebeu um lote de terra onde o pai de família desfrutava de poder absoluto sobre o que quer que para lá levasse, inclusive familiares e escravos. Além disso, assim como Rômulo tinha o poder absoluto de expulsar qualquer pessoa para além dos limites da nova cidade (poder que o tornou particularmente famoso por ter assassinado seu irmão gêmeo, que o desafiara), cada patriarca tinha o poder de expulsar qualquer um do perímetro de sua gleba particular.

Para evitar os conflitos armados resultantes de possíveis disputas sobre limites de terras ou outros contenciosos, os patriarcas originais reuniam-se em assembleias de pares, o Senado, para discutirem questões comuns importantes, como defesa, organização política e necessidades econômicas. A manutenção da paz social entre esses soberanos descentralizados era crucial e, portanto, as instituições jurídicas logo foram criadas para proteger as respectivas fronteiras de suas propriedades. A propriedade privada tornou-se a pedra angular crucial da organização jurídica romana.

Contudo, a extraordinária contribuição do direito romano para a tradição jurídica ocidental encontra-se nem tanto em seu reconhecimento da propriedade privada, que já era reconhecida na Grécia e em muitos outros lugares, mas em sua formalização de um sistema jurídico profissionalizado, capaz de definir e fazer cumprir os interesses patrimoniais – tanto em terras quanto em outras coisas – com riqueza de detalhes.[5] Esse sistema representou uma mudança significativa em relação às tradições legais populares na península italiana e em outros lugares.

Nas sociedades pastoris ou semipastoris – como a sociedade pré--romana ou, ainda hoje, em vilarejos remotos em lugares como Afeganistão, Iêmen, Somália, Mali ou regiões andinas onde ainda existem sistemas patriarcais semelhantes – a maior parte da terra é de propriedade comum e usada conforme as necessidades de povos seminômades. Nessas condições de poder descentralizado, a solução dos conflitos patrimoniais é crucial para a sobrevivência do vilarejo ou da sociedade. Contudo, as soluções tradicionais não são entendidas como questões geridas por profissionais, em que um litigante individual está "certo" e ganha, enquanto o outro está "errado" e perde. As pessoas entendem que ainda terão de viver juntas depois de resolvida a questão. Assim, o mais comum é que a solução consista numa busca de conciliação entre os grupos. Em vez de impor a concordância de uma parte mediante um sistema preexistente de regras formais, especializadas, descritas por um ramo profissional do direito, as decisões são tomadas com um olho voltado para as relações futuras.

Esses mecanismos para resolver disputas comunais são as instituições mais antigas e, sem dúvida, as populações mais ou menos sedentárias que habitaram a península itálica desde o período neolítico haviam criado outras maneiras de resolver disputas além do recurso exclusivo ao conflito armado. Contudo, o direito romano representou uma ruptura com essa tradição. Mesmo que Roma tenha sido, desde seus primórdios, o resultado de um agrupamento progressivo de famílias de pastores – como acreditam alguns arqueólogos modernos –, ela não funcionava como qualquer agrupamento conduzido de baixo para cima por proprietários patriarcais que detinham o poder e a autoridade supremos. A cidade desenvolveu um sistema jurídico urbano que via na propriedade uma instituição política da qual os patriarcas detinham a posse exclusiva – embora os proprietários de terras ainda tivessem acesso aos *commons* existentes no meio rural adjacente, e que ainda não pertenciam a ninguém.

Com o tempo, surgiu em Roma uma distinção jurídica sobre o que não se considerava como propriedade estritamente privada: "Coisa de ninguém, coisa sem dono" (*res nullius*), tudo que podia ser objeto de posse mas não tinha proprietário, podendo, portanto, ser livremente ocupado; "coisa pertencente a todos em comum" (*res communis omnium*), como o ar, o oceano, as regiões litorâneas e a água corrente, os quais, por sua própria natureza, não podiam ser possuídos segundo o princípio de exclusão; e "coisas pertencentes à cidade" (*res publicae*), terras públicas, praças, aquedutos ou redes de esgotos. A rigorosa observância dessas distinções, nunca muito nítidas, antes um tanto nebulosas no tempo e no espaço, ficava sob a responsabilidade de um administrador. Primeiro, na cidade – onde os *commons* rurais adjacentes, ainda sem dono, eram progressivamente privatizados por grandes proprietários rurais – e, mais tarde, por toda a extensão de um gigantesco império conquistado, essa técnica jurídica tornou os romanos capazes de resolver questões de coexistência de tal modo que cada problema podia ser resolvido segundo uma regra jurídica preestabelecida, com raízes na propriedade individual absoluta, terminando por levar a soluções subsequentes semelhantes.

Vemos aqui as raízes de um conceito formalizado e profissionalizado do direito. Durante a República Romana (iniciada por volta de 510 A.E.C.), essas primitivas instituições evoluíram para estruturas jurídicas complexas. O Senado conferia grande poder administrativo ao pretor (*praetor*), um político eleito que, entre muitas outras funções, inclusive a manutenção das propriedades públicas, responsabilizava-se pela solução de conflitos privados, em geral sobre propriedades e seus limites. Demandantes potenciais levavam suas queixas ao pretor, que então nomeava outro cidadão (um dos pares da nobreza romana) para atuar como juiz (*iudex*) leigo – uma espécie de júri de um homem só – e o instruía sobre a lei a ser aplicada para decidir quem tinha agido dentro dos limites de seus direitos de propriedade, e quem os havia extrapolado ou violado os direitos de outrem.

Na prática, porém, o pretor não tinha nem tempo nem aptidão para reduzir situações factuais complexas a uma questão simples e compreensível, permitindo que o *iudex* tomasse suas decisões conforme o determinassem as leis. Na verdade, no período da República, leis e decretos haviam sido promulgados para limitar o poder dos cidadãos, e já se haviam tornado numerosos e complexos o suficiente para impedir que o pretor e o *iudex* os conhecessem bem o suficiente. Portanto, o pretor nomeava pessoas que o ajudassem a resolver essas complexas tarefas jurídicas. Em geral, eram patrícios ricos (os membros da aristocracia rural) que tinham como passatempo o estudo das leis. Por meio de um apurado estudo dos precedentes e editais, e dos pareceres de seus pares, eles preparavam instruções para o *iudex*, as chamadas *formulae*. Com o tempo, foram sendo criadas escolas de juristas, pequenas e extremamente influentes, que acompanhavam o desenvolvimento das fórmulas usadas na maioria dos casos. Formou-se assim um sistema de direito altamente profissionalizado, constituído a partir da solução de conflitos práticos concretos – uma vez mais, sobretudo entre os cidadãos possuidores de terras.

No século II E.C., um professor de direito quase desconhecido, Gaio, que provavelmente era um escravo, tentou pela primeira vez dar um ordenamento sistemático a esses breves textos jurídicos. Organizou-os em um livreto sobre direito romano com o título de *Institutiones*.[6] Sua definição de lei – "Lei é aquilo que o povo ordena e estabelece"* – é excepcionalmente moderna. Gaio dividiu todo o universo jurídico em leis relativas a pessoas, leis relativas à propriedade e leis relativas às ações. A característica comum a esses três tipos de leis – proprietários que agem em interesse próprio contra outras pessoas – continua a ser o arquétipo do direito ocidental até hoje.

Nos séculos subsequentes, o direito romano evoluiu à medida que resolvia um número cada vez maior de conflitos individuais, tornando-se mais complexo com o desenvolvimento das atividades sociais. Por fim, os pareceres jurídicos derivados de promulgações e depurações imperiais de fórmulas anteriores tornaram-se complicados demais e, em geral, mutuamente contraditórios, resultando mais em desordem jurídica do que em ordenamento jurídico. O imperador Justiniano (*c.* 482-565) decretou que todo o corpo de direito fosse reformulado, simplificado, racionalizado e, só então, promulgado de uma vez por todas, exclusivamente por ele, na condição de supremo legislador do Império Romano. Essa compilação, concluída

---

* *Lex est quod populus iubet atque constituit.* (N.T.)

em 534 E.C., foi o *Corpus iuris civilis* (Corpo de Direito Civil), também conhecida como Código de Justiniano.

O texto apresenta a primeira tentativa programada de criar um corpo de direito profissionalmente organizado em torno do poder e das prerrogativas de proprietários individuais, tendo a força da lei assegurada pelo poder do imperador. Também continha uma base conceitual para nossa concepção atual do direito – centrada na propriedade – que evoluiu a partir desse texto ao longo dos séculos subsequentes. Só por esse motivo, o *Corpus iuris* de Justiniano continua a ser o mais importante livro de direito jamais escrito, a obra fundamental da tradição jurídica ocidental.[7]

A ASCENSÃO DO PROFISSIONALISMO JURÍDICO

Com a morte de Justiniano (565 E.C.) e de seu sonho de reunificar o Império Romano, o Código perdeu autoridade e terminou sendo materialmente perdido pouco depois de sua promulgação. No alvorecer do século XI, reapareceu misteriosamente numa biblioteca perto de Pisa, onde alguém encontrou uma cópia. Rapidamente, tornou-se a obra fundamental para o ensino do direito na mais antiga universidade ocidental, que havia sido criada em Bolonha em 1088. Claro está que essa segunda vida acadêmica do direito romano não era mais patrocinada pelo poder imperial, cuja vigência já se perdera no tempo. Ao contrário, como os juristas gostam de dizer, a força do texto se impunha pelo "poder da razão" (*imperio rationis*), e não pela "razão do poder" (*ratione imperii*). Na Europa continental, os juristas profissionais ainda garantiam o poder intelectual por trás de seu desenvolvimento e transformação, mas, em vez de ajudar a decidir os casos, centravam sua atividade no ensino e na pesquisa acadêmica. Graças a seu trabalho, o direito romano, adaptando-se progressivamente às novas circunstâncias, tornou-se o direito geral do continente europeu, fornecendo uma base comum em latim para a fundação de novas instituições em cidades-estados, municípios, reinos e impérios recém-estabelecidos. Nesses locais, o direito romano tornou-se um todo coerente, compatível com as necessidades de uma sociedade medieval predominantemente pluralista.[8]

O jurista Irnério (1050-1125), autor das primeiras glosas e comentários sobre o Código redescoberto, criou a Escola dos Glosadores na Universidade de Bolonha em fins do século XI. O Código continha a base textual para o ensino do direito, da mesma maneira que a Bíblia era o texto oficial para as escolas medievais de teologia. Portanto, a tradição jurídica da Europa continental, na ausência de robustas instituições políticas centralizadas, originou-se e expandiu-se em contextos acadêmicos.

Esses primeiros eruditos do direito estavam basicamente interessados em compreender o sentido literal do *Corpus iuris civilis*. O texto continha um grande número de antigas situações romanas factuais e pareceres jurídicos relativos a essas situações, sem padrões ou princípios facilmente detectáveis. O simples fato de glosar o texto – escrever uma explicação de seu significado literal – e reproduzir o texto anotado em um número cada vez maior de cópias era uma atividade intelectual altamente louvável e sofisticada. Uma classe de advogados versada nos textos romanos logo se desenvolveu; eles viriam a ocupar cargos importantes nas instituições políticas do final da Idade Média e dos primórdios da modernidade.

Por volta de 1230, Francisco Acúrsio (1182-1260), um jurista acadêmico de origem francesa que exercia sua profissão em Bolonha, já havia glosado praticamente tudo que havia de essencial no texto; ele reuniu suas próprias glosas e milhares de glosas anteriores em uma exaustiva compilação conhecida como *Glossa ordinaria*. Junto com seus discípulos, Bartolo de Saxoferrato (1313-1357), eminente intelectual e jurista medieval, produziu um comentário mais coerente e fundamentado em princípios. Esse comentário acadêmico sobre o direito Justiniano funcionava como o direito comum do continente europeu e, assim transformado, o direito romano tornou-se o texto oficial para o ensino do direito civil tanto na Europa continental quanto nas universidades de Oxford e Cambridge, na Inglaterra. (Como discutiremos mais adiante, a tradição jurídica inglesa desenvolveu-se na prática dos primitivos tribunais de justiça, à medida que a função jurisdicional se tornou centralizada sob a dinastia Plantageneta.)

Na zona rural, a lei que regia a vida cotidiana das pessoas comuns de quase todos os lugares continuou a ser o direito costumeiro, cujas normas eram geradas pelo consenso popular e que orientava a vida dos camponeses como o fizera há séculos. Portanto, o mais notável impacto da difusão do pensamento jurídico romano foi a estruturação das ideias jurídicas fundamentais da classe dominante, o que incluía a Igreja Católica Apostólica Romana, que sempre recorrera ao clero com formação jurídica para se organizar como uma poderosa hierarquia. O *status* conferido à titularidade (propriedade) de bens, alicerçado numa concepção fundamental dos direitos privados, individuais, com obrigações coletivas progressivamente transferidas da comunidade (*res communis*) para suas instituições políticas centralizadas (*res publicae*), continuou a ser muito forte entre esses primeiros juristas profissionais.

Os romanos detentores de propriedades e, mais tarde, os cônsules e imperadores romanos, haviam expandido violentamente seus domínios mediante a privatização de recursos antes mantidos em comum, e os juristas prontamente declararam esses recursos *res nullius* ("coisa de uso de todos", "coisa sem dono") para justificar sua privatização.

De repente, declarou-se que coisas que antes pertenciam a todos, inclusive o acesso dos camponeses aos *commons*, na verdade não pertenciam a ninguém – ninguém tinha direitos de propriedade sobre eles. Estavam disponíveis a quem se desse ao trabalho de obtê-los. A imposição de uma autoridade e um poder centralizados sobre os recursos naturais – quer essa autoridade fosse pública, quer privada – foi uma primitiva apropriação desses recursos indivisos da comunidade. Antes, esses bens comuns eram governados por costumes e leis populares que, pelo menos em teoria, conseguiam proteger o acesso a eles. Agora, o que basicamente se protegia era o poder de alguém excluir outras pessoas de tal acesso.[9]

O CERCAMENTO DE TERRAS E A DEGRADAÇÃO LEGALIZADA DOS *COMMONS*

Um fenômeno semelhante caracterizou as origens da tradição do *common law* na Inglaterra medieval.[10] O processo de desenvolvimento acadêmico-jurídico que se alastrou pelo continente europeu não cruzou o Canal da Mancha. Ao contrário, a partir da conquista normanda (1066), as Cortes Reais centralizadas no Palácio de Westminster, em Londres, desenvolveram o *common law* do reino por meio de suas decisões judiciais. A tradição do *common law* surgiu depois da conquista normanda, como um sistema de regras para resolver conflitos fundiários entre a pequena nobreza rural. A Magna Carta de 1215 contestou a ficção do direito de que todas as terras pertenciam ao rei e protegeu o poder dos proprietários de terras individuais (nesse caso, os barões).

Os reis normandos da Inglaterra e seus vassalos diretos vinham expandindo seu poder por meio de tentativas constantes de privatizar os *commons*, às vezes lutando entre si nesse processo, e era muito raro que fossem derrotados pelas comunidades que se insurgiam contra esses sequestros de bens. Embora a Magna Carta desse proteção constitucional contra o rei aos direitos fundiários do barão, a Carta das Florestas, menos conhecida, foi promulgada em 1217 para proteger o direito comum das pessoas comuns às florestas – ao mesmo tempo contra o rei e os barões.[11] Apesar de seu subsequente sepultamento sob milhares de páginas de comentários jurídicos que só abordavam a proteção à propriedade privada, a Carta da Floresta representou uma tentativa inicial, ainda que malograda, de proteger a igualdade de acesso dos camponeses à natureza e suas benesses – água, alimento, combustível e abrigo – contra a centralização do controle extrativista, tanto privado (da parte dos barões) quanto público (da parte do rei). Nos séculos seguintes, o cercamento privado das vastas propriedades comuns inglesas, justificado pelo poder de excluir e assegurado pelo conceito do delito de invasão de propriedade, tornou-se o exemplo mais notório da transformação dos *commons* em propriedade privada.

Ao falar em recursos, é importante lembrar que quase todos os recursos necessários à satisfação das necessidades humanas não são criados, mas extraídos – isto é, tomados à natureza. Os seres humanos são incapazes de criar até mesmo um recurso simples como a água, assim como não podemos, na ausência de água, produzir nenhum alimento. O controle e a acumulação de recursos para consumo futuro era, e continua a ser, um elemento fundamental de tensão política e a principal motivação para o desenvolvimento institucional humano.

A transformação que levou à ascensão da modernidade ocidental requer o extrativismo, a acumulação e a mobilização de quantidades assombrosas de recursos naturais e humanos, posteriormente conceituados como "capital".[12] Durante os séculos XVI e XVII, inovações jurídicas compatíveis com o novo espírito do tempo foram introduzidas para obter o tipo de poder e concentração econômica que se fazia necessário para que o Estado moderno se estabelecesse como um poder soberano e imperialista, capaz de alcançar terras recém-descobertas em diversas partes do mundo. Por exemplo, a florescente indústria têxtil inglesa precisava da capacidade de criar ovelhas em grandes quantidades para o fornecimento de lã, e isso, por sua vez, levava à necessidade de cercar as terras anteriormente de uso comum, que em geral tinham seu livre acesso garantido pelo *common law* medieval.

Na verdade, a usurpação dos direitos dos camponeses de acesso à terra não era coisa nova nem se limitava à Inglaterra; como vimos, a usurpação também fora característica dos detentores do poder romanos. Não obstante, a intensidade do processo de transformar terras comunitárias em propriedade privada, que começara em fins do século XV e completou-se por volta de primórdios do século XIX, não tem precedente na história. Tampouco havia precedente para o complexo processo de transformação da lei de modo a suprimir os direitos costumeiros como a coleta de espigas caídas dos feixes dos ceifadores, de madeira e outros produtos da floresta, o acesso aos rios e lagos e assim por diante.

Os estudiosos dividem-se em seu entendimento das causas, consequências e atitudes dos detentores do poder no que diz respeito ao cercamento de terras na Inglaterra. Temerosos da inquietação dos camponeses, os reis e rainhas da dinastia Tudor resistiram ao cercamento e promulgaram leis contra essa prática, contrariando a pequena nobreza rural, favorável ao cercamento e representada no Parlamento. Não obstante, certas leis do Parlamento (conhecidas como "cercamentos parlamentares" ou *parliamentary enclosures* em inglês) forçaram a privatização e a regularização fundiária da terra como propriedade privada depois da destituição do rei Jaime II em 1688 (conhecida como Revolução Gloriosa).

As revoltas contra os cercamentos, a mais famosa das quais foi a Revolta das Midlands de 1607, eram frequentes e sanguinárias. Ideias sobre o melhor aproveitamento da terra e agricultura científica circulavam nos debates do século XVIII sobre a conveniência dos cercamentos, com agrônomos, advogados, economistas, engenheiros e até o filósofo John Locke esforçando-se para dar à brutal pilhagem de classe contra os pobres o aspecto de uma narrativa de progresso e eficiência.[13] Nos primórdios do século XIX, as terras comuns, acessíveis a todos e regidas por costumes ancestrais, haviam sido relegadas a regiões montanhosas distantes.

Em alguns aspectos, as pessoas favoráveis ao colossal movimento de cercamentos estavam certas: o cercamento, conseguido mediante legislação parlamentar, foi essencial para o surgimento e desenvolvimento da manufatura têxtil e, em grande medida, explica o papel da Inglaterra como berço da Revolução Industrial. Um sistema político centralizado, colocado em prática na Inglaterra antes de qualquer outro país, resultou da separação "científica" entre soberania pública e propriedade privada e criou as condições ideais para o capitalismo desenvolver seu poder e sua ideologia. Ao lado dos avanços científicos, a resultante e inédita concentração de capital produziu os espetaculares sucessos tecnológicos da primeira parte do século XVIII.[14]

Esse sucesso teve um grande custo. A maior parte dos camponeses, que anteriormente praticava a agricultura de subsistência para viver, tendo seu acesso aos *commons* garantido, foi privada e excluída da produção agrícola rapidamente racionalizada. Embora muitos deles fossem necessários para trabalhar nas primeiras indústrias manufatureiras, era comum que resistissem ao desalojamento, à urbanização e à vida nos estabelecimentos e indústrias fabris. Desse modo, legiões de nômades pobres e carentes de tudo tornaram-se um problema social nos primórdios da Inglaterra moderna.

Ninguém descreveu os efeitos dos cercamentos melhor do que o humanista *sir* Thomas Morus (1478-1535), ele próprio um advogado de renome e chanceler dos primeiros Tribunais de Equidade.* Em seu livro mais famoso, *Utopia*, More descreve vivamente o processo nos primeiros tempos do movimento de cercamentos:

> As ovelhas, embora naturalmente dóceis, [...] pode-se dizer que hoje devoram até os homens e despovoam não somente vilarejos, mas também cidades; pois, em qualquer parte do reino onde se constate que as ovelhas produzem a mais macia e mais cara lã, os nobres e os fidalgos, e até aqueles homens santos, os veneráveis abades, não contentes com os rendimentos que seus antepassados retiravam de seus domínios [...] nada deixam para o cultivo [...] e cercam as terras, todas elas transformadas em pastagens de ovelhas [...] esses dignos luminares do campo transformam em desertos todas as terras aráveis que ainda existiam [...] os donos de terras, assim como os arrendatários, são enganados ou forçados pela violência pura e simples a abandonar suas propriedades ou, cansados de tanto sofrimento e vexames, não veem outra alternativa a não ser vender tudo que possuem.[15]

---

* No original, *Courts of Equity*. Tendo em vista que as normas legais do *common law* não resolviam adequadamente todas as contingências ou hipóteses legais possíveis, sua aplicação muitas vezes resultava em injustiças. Por esse motivo, desenvolveu-se o "direito de equidade" (*equity law*), que passou a ser bastante usado à medida que o *common law* foi se tornando cada vez menos flexível, fluido e informal. Houve, então, grande acúmulo de trabalho, o que resultou na criação de uma Corte Superior especializada para administrar e decidir as questões de *equity*. Essas decisões aos poucos foram delegadas ao chanceler e, posteriormente, a um conjunto de órgãos judiciais separado dos que decidiam pelo *common law*. A esse grupo de órgãos deu-se o nome de *courts of equity* (ou *equity courts*). (N.T.)

Embora o movimento dos fechamentos tenha sido elevado à categoria de "avanço agrícola" por uma abundante literatura, é mais fácil compreendê-lo como um acordo fundamental, ainda que turbulento, entre os interesses da Coroa (patrocinados pelo lorde chanceler Francis Bacon) e os da aristocracia proprietária de terras (patrocinados pelo presidente do Tribunal Superior *sir* Edward Coke [1552-1634]) para desmantelar todas as garantias da Carta da Floresta.

O ACORDO ENTRE SOBERANIA E PROPRIEDADE

Seguindo-se à Revolução Gloriosa, a Lei de Determinação (*Act of Settlement*) (1701) não só organizou a sucessão aos tronos inglês e irlandês, como também, o que é muito importante, estabeleceu o princípio do "Estado de Direito" como uma verdade científica. Os juízes do *common law* com boa conduta tinham garantia de estabilidade no exercício de sua função. Portanto, estavam preparados para garantir a propriedade privada contra a invasão de qualquer soberano, que era limitada pelo "devido processo legal"; o poder do soberano deveria respeitar tanto o *common law* quanto as leis interpretadas pelos tribunais.[16] A partir de então, os juristas com formação profissional decidiriam qual processo era *devido*, descobrindo e declarando o direito aplicável com a ajuda do método científico ensinado por Bacon. Os juízes, sujeitos apenas ao direito (declarado por eles mesmos), também decidiriam os conflitos de prerrogativa entre o Parlamento (representando a propriedade) e a Coroa (representando a soberania).

A Lei de Determinação, porém, excluía por completo os *commons* e as forças políticas que os representavam. Não permitia nenhum escrutínio judicial do processo de cercamento, pois os plebeus e os camponeses, carentes de representação parlamentar, não tinham acesso aos tribunais. Em geral, os tribunais de justiça eram (e ainda são) mal habilitados para proteger os interesses coletivos, particularmente os dos pobres. Assim, essa solução conciliatória conhecida como Estado de Direito não se limitava a expropriar legiões de camponeses, mas também proporcionava todos os tipos de meios legais, em geral de extrema crueldade e cheios de falsas promessas, para forçar os expropriados a trabalhar na nova engrenagem geradora da concentração de propriedade: a indústria manufatureira.[17]

Desse modo, o Estado de Direito privou os *commons* do domínio dos interesses protegidos pela lei. Na verdade, um número significativo de direitos coletivos reconhecidos pelo sistema feudal de exploração agrícola na Idade Média, descrito e administrado por Coke, terminou por desaparecer após o triunfo absoluto da propriedade privada moderna, que foi patrocinado por Bacon e Locke. Intensiva e eficaz, a propaganda dominante dos avanços introduzidos pela modernidade dificulta a abordagem do direito medieval com um mínimo de imparcialidade de consciência histórica.[18] Em geral, porém, o cercamento dos *commons* não se limitou a dividir a terra; também distanciou os seres humanos do *kósmos* e dividiu comunidades inteiras em partes desconexas. Os que outrora haviam sido membros de uma comunidade viam-se agora praticamente sozinhos num ambiente urbano hostil. Essa mudança descomunal veio substituir um estilo de vida (que certamente era muito difícil) em que os camponeses eram parte integrante de sua comunidade ecológica por um estilo de vida (talvez mais difícil ainda) de trabalho assalariado.

A transformação dos camponeses em trabalhadores industriais implicou muito mais do que simplesmente obrigar uma classe tradicionalmente explorada a assumir novas modalidades de trabalho. A vida camponesa, mantida por recursos comuns garantidos e pelas simples instituições coletivas dos *commons*, era difícil, mas não alienante.

Os camponeses trabalhavam quando as condições atmosféricas permitiam, e geralmente passavam muito tempo cooperando uns com os outros, construindo, cozinhando ou produzindo alimentos. Quando as noites escuras ou muito frias impossibilitavam o trabalho ao ar livre, eles ficavam juntos dentro de suas casas, ocupando-se de diferentes afazeres. Apesar dos inúmeros reveses que perturbavam a vida dos camponeses nos tempos do sistema feudal medieval, sua organização econômica lhes permitia desfrutar de uma unidade entre vida e trabalho, e a existência não era repetitiva. Em termos gerais, uma pessoa comum, ainda que por certo não vivesse muito (ainda que não necessariamente menos do que nas cidades), tinha qualidade de vida e uma relação muito saudável com a natureza; não era uma unidade quantificável de tempo a ser vendida no mercado.

A vida nessas comunidades orgânicas baseadas nos *commons* era difícil de ser organizada, disciplinada ou racionalizada por uma autoridade não pertencente a esse universo. As leis dos *commons* estipulavam deveres recíprocos entre o indivíduo e a comunidade, além de relações duradouras. Era um sistema local, sem tribunais formais e sem qualquer distinção entre autoridade jurídica, religiosa e política. O direito popular medieval, que regia o acesso aos bens comuns e a seu uso, era uma instituição humana frequentemente contestada, mas sempre negociada e extremamente adaptável às circunstâncias de cada conflito, razão pela qual era impossível descrevê-lo antes do fato. Acima de tudo, os objetivos eram a inclusão e a comunidade, e não a exclusão e a individualização; a tradição promovia a disseminação da responsabilidade e dos deveres sociais, e não a acumulação e a concentração do poder.

Um dos efeitos mais duradouros da modernização jurídica consistiu em "proscrever" esse modelo de organização social. Embora essas variações locais pluralistas, específicas de determinados contextos, fossem dotadas de imensa flexibilidade e grande capacidade de manter as comunidades unidas, elas não eram consideradas como "leis genuínas" pelos profissionais da justiça – juízes, advogados e juristas. Na verdade, essa organização social se opunha às duas instituições vencedoras da modernidade, a propriedade privada e a soberania de Estado, que atuavam em conjunto para desmantelar esse sistema tradicional e transformar pessoas e recursos em capital.

As condições eram extremamente repetitivas nas fábricas, e não se levava em consideração nem as condições atmosféricas nem as estações do ano. A situação do trabalho, em vez de melhorar à medida que mais membros da comunidade eram arregimentados, na verdade piorava devido à quantidade de mão de obra disponível, que permitia que os patrões pagassem menores salários e mantivessem as péssimas condições de trabalho. Quando os camponeses se opunham a essa nova modalidade alienante de ganhar a vida, as autoridades do Estado estavam preparadas para oferecer aos detentores dos meios de produção a força necessária para impor esse novo e "racional" sistema de trabalho e comércio. As leis puniam duramente os desocupados, os pobres e os desempregados. Prisões e hospícios, que nunca haviam sido necessários nos meios rurais, onde a comunidade policiava com eficiência os transgressores com a ameaça de ostracismo, foram criados no fim do século XVIII como parte integrante desse processo.[19]

Enquanto o humanismo propunha a razão individual como base da sociedade moderna, a comunidade orgânica era difamada como símbolo de opressão coletiva sobre o indivíduo, e as propriedades comuns, onde tudo era partilhado por todos, eram denunciadas como lugares sem lei, onde imperava a ignorância. As instituições jurídicas modernas, baseadas nos direitos individuais de propriedade, substituíram com êxito a visão holística medieval. A concepção do mundo como criação de Deus e a propriedade comum a todos foram substituídas pela noção de uma terra fragmentada na qual os proprietários individuais, em concorrência uns com os outros, mantinham todos os recursos sob seu controle. Nos séculos seguintes, os cientistas jurídicos e políticos que seguiam essa concepção humanista e a suposta pureza da Antiguidade Romana negaram toda legitimidade jurídica a qualquer organização humana que operasse fora do dualismo reducionista da propriedade privada e da soberania de Estado. Somente uma narrativa tornou-se dominante – aquela em que o progresso humano é descrito como um distanciamento progressivo de um estado de natureza brutal para um mundo em que as pessoas dominam a natureza e a adaptam a suas necessidades humanas. Mesmo hoje, os bens naturais de uso comum encontramse à mercê do governo vigente, sendo tratados como propriedade do Estado soberano e não do povo; por esse motivo, esses bens podem ser livremente vendidos ou privatizados (isto é, tirados de nosso patrimônio comum) sem nenhum controle judicial.[20]

A INTERAÇÃO ENTRE CIÊNCIA E DIREITO: FRANCIS BACON

Como vimos, Francis Bacon foi ao mesmo tempo um filósofo natural e um experiente praticante do direito. Como um dos criadores do cânone científico e defensor da monarquia na luta que terminou por levar à Lei de Determinação em 1701, setenta e cinco anos depois de sua morte, suas concepções jurídicas e políticas foram moldadas por sua perspectiva científica. Nenhum escritor nos ajuda a entender melhor o abismo entre o conhecimento jurídico, baseado em antigos formalismos e legitimado pelo costume, e o conhecimento científico moderno, com sua pretensão de basear-se em leis naturais claras e mensuráveis.[21] Bacon foi o primeiro jurista inglês a se engajar no que poderíamos chamar de crítica total da tradição do *common law*; foi também o primeiro a traçar uma analogia explícita entre o conceito das leis naturais e a esfera jurídica.

Em sua discussão do direito, Bacon distinguia entre "hábitos da natureza", observados em regiões específicas, e "leis fundamentais e comuns", que poderiam ser descobertas e consideradas como um pano de fundo para essas variações locais. Uma dimensão do direito é baseada nos costumes e extremamente variável de um lugar para outro; outra dimensão é profissionalizada, comum e potencialmente científica. Esta última, chamada de *common law* na tradição anglo--americana, foi a esfera de ação dos juristas desde a formação inicial do direito romano. Não obstante, na época de Bacon era aos juízes, e não aos eruditos, que competia declarar o *common law* da Inglaterra, e Bacon considerava seus métodos medievais e nada científicos – particularmente em comparação com seus contemporâneos mais avançados, os juristas acadêmicos humanistas, que vinham ensinando o direito romano segundo os padrões científicos mais avançados da época, tanto na Inglaterra como no continente europeu.

Bacon via a tradição do *common law* como um conjunto de formalismos medievais baseados na ignorância e na superstição, que serviam aos interesses políticos da aristocracia rural. O direito medieval incluía rituais, símbolos e crenças mágicas, bem como interpretações intelectuais subjetivas. Nesse sistema, um juramento podia ser considerado como prova, e os diversos rituais para determinar a verdade podiam incluir qualquer coisa, do julgamento por combate ao ordálio* por água ou fogo, onde Deus era o supremo provedor de justiça.

---

* Ordálio era uma prova judiciária muito usada nos primeiros séculos da Idade Média, destinada a inocentar ou inculpar um acusado. Havia o duelo judiciário, em que o derrotado era considerado culpado, e os ordálios da água fervente e do ferro em brasa, além de

Ainda que raramente aplicados na época de Bacon, esses expedientes probatórios ainda estavam disponíveis no repertório das formas jurídicas aceitáveis. O *writ of trespass* (uma ação de ressarcimento de danos movida contra alguém que invadira voluntariamente uma propriedade alheia), por exemplo, desenvolveu-se como a forma mais abrangente de proteção à propriedade privada, pois era julgada por um júri. Esse expediente era muito mais racional do que o julgamento de um mandado de reintegração de posse (*writ of right*) com duelo a cavalo ou a pé, artifício jurídico tradicionalmente usado para proteger o proprietário. O procedimento mais racional levava os demandantes a favorecer a invasão de propriedade alheia mesmo quando o mandado de reintegração de posse lhes permitisse obter uma solução jurídica não restrita à indenização pecuniária, como no *writ of trespass*.[22]

O *common law* medieval relativo à propriedade, admiravelmente descrito no mais importante livro de direito publicado na época de Bacon, os *Institutes* de Coke (conhecido também como *Coke upon Littleton*), também inclui usos, costumes, conduta, ética, religião e, fundamentalmente, política. Essas eram as "irracionalidades" que a modernidade jurídica, capitaneada por Bacon, estava determinada a banir de suas leis promulgadas. Por um lado, o gosto, o aroma, a cor e a beleza haviam sido banidos da indagação científica; por outro, os costumes, a ética, os valores, a justiça, a moral, a boa conduta e os sentimentos – tudo que dá vida ao direito – também terminaram por ser banidos da concepção absolutista do ordenamento jurídico. Essa concepção, hoje conhecida como positivismo jurídico, ainda é predominante no direito atual.

---

muitos outros. A culpabilidade em um litígio era atribuída à parte que sucumbisse aos terríveis sofrimentos infligidos, e os resultados eram interpretados como um julgamento de Deus. (N.T.)

Bacon tinha profundo conhecimento do processo inquisitorial, que incluía a "tortura da verdade" a ser arrancada de um réu, pois esses processos eram adotados pelos Tribunais de Equidade. Portanto, como parte dessa tentativa de modernizar o sistema de mandados judiciais que ainda era predominante nos processos do *common law*, Bacon introduziu muitas mudanças, sobretudo nas normas de procedimentos probatórios. Bacon agilizou e deu caráter científico ao processo judicial usado para descobrir a verdade. Pela primeira vez – e esse foi um gigantesco avanço – os juristas começaram a levar em conta que a apuração factual, na forma de pesquisas históricas sobre os fatos que estavam na origem do litígio, era necessária à aplicação de qualquer sanção penal. Da mesma maneira, no Tribunal de Equidade de Bacon o processo podia iniciar-se muito simplesmente mediante uma queixa e a emissão de uma citação, exatamente como acontece hoje, e teria seguimento com métodos de procedimento probatório extremamente modernos e semelhantes àqueles contidos nas Normas Federais do Direito Processual Civil dos Estados Unidos.

Não é possível saber se foi Bacon, o jurista, que influenciou Bacon, o cientista, com sua ideia de torturar a natureza para extrair seus segredos,[23] ou se Bacon, o cientista, influenciou o reformador do direito a livrar-se do formalismo incompatível com a busca da verdade. De qualquer modo, graças a Bacon o direito probatório anglo--americano herdou a ideia de que a apuração racional podia trazer à luz a verdade factual de maneira confiável e conclusiva. Portanto, o espírito da Revolução Científica, em particular na forma do racionalismo cartesiano, foi absorvido em profundidade pela teoria jurídica e solidamente introduzido nos contextos institucionais do direito humano pelos principais juristas europeus.

DO DIREITO NATURAL HOLÍSTICO AO DIREITO NATURAL ANTROPOCÊNTRICO

No movimento voltado para a privatização dos *commons*, uma estratégia intelectual decisiva foi a transformação do direito natural, que passou de um sistema legitimado por Deus para um sistema legitimado pela razão humana. Esse movimento exigiu a eliminação das ideias antigas e medievais de holismo e unidade, que haviam dominado o pensamento dos profissionais do direito. O holismo, uma concepção da realidade em que a religião, a filosofia natural, a política e o direito são entendidos como um todo contínuo, caracterizava o pensamento do século XIV. Definiu a síntese acadêmica dos elementos jurídicos romanos, feita por Bartolo de Saxoferrato, que continuou a ser o cânone do *common law* europeu ainda por muitos séculos. Na Inglaterra, duzentos anos depois, o holismo permeava a síntese do *common law* de Coke, que ainda era extraordinariamente influente apesar da apreciação crítica de Bacon.

Durante o século XVI, o holismo ainda era a concepção dominante da principal escola de teoria do direito da época, os últimos escolásticos espanhóis. Particularmente ativos na Universidade de Salamanca, eles desenvolveram um sistema abrangente conhecido como "direito natural espanhol". Os líderes dessa escola, como Francisco de Vitoria (1492-1546), foram os primeiros juristas da tradição jurídica ocidental a tentar uma ambiciosa síntese do direito romano com as ideias de Aristóteles e São Tomás de Aquino, algo muito semelhante ao que São Tomás fizera anteriormente ao fundir as ideias de Aristóteles com a teologia cristã.[24] O sistema jusnaturalista extremamente organizado dos escolásticos espanhóis foi concebido para explicar as leis humanas dentro de uma teoria holística de Deus e da natureza, uma concepção grandiosa que continha uma síntese entre os conceitos aristotélicos de justiça distributiva e comutativa. Em Aristóteles, a justiça distributiva – que diz respeito à justa distribuição dos bens na sociedade – diz respeito ao todo, enquanto a justiça comutativa – preocupada com o cumprimento das obrigações contratuais entre as pessoas – diz respeito às partes.[25]

A preocupação escolástica com a justiça distributiva e, desse modo, com o bem-estar orgânico da sociedade, continuou a ver o ser humano como parte de uma comunidade holística. O espírito humanista da época, porém, introduziu nessa concepção um grau sem precedentes de preocupação com o indivíduo racional como um "átomo" da sociedade, capaz de encontrar seu caminho dentro de si próprio e não ser simplesmente um membro de uma coletividade que tudo permeia. No século XVI, os estudos sociais e jurídicos, que eram feitos em contextos acadêmicos, não conseguiram resistir por muito tempo ao movimento que tinha como objetivo examinar a sociedade como uma soma algébrica de suas partes componentes. O novo homem não precisava de Deus, e menos ainda da Igreja, para suas indagações acerca das leis da natureza. Da mesma maneira, as investigações do direito natural não exigiam nada além da razão humana.

Os escolásticos espanhóis do final do período foram os últimos juristas eruditos da Europa Continental a seguir a tradição medieval, e o equilíbrio entre o todo e as partes, que caracterizara seu sistema de direito natural, foi o último exemplo do pensamento orgânico medieval, muito embora fosse notavelmente científico em seu método. Finalmente, porém, os aspectos holísticos mais interessantes dos escolásticos foram totalmente apagados no decorrer do desenvolvimento do direito natural, cuja forma racionalista foi criada depois da Reforma Protestante na Holanda seiscentista, sobretudo na Universidade de Leiden.

A mudança decisiva veio com Hugo Grotius (de Groot) (1583-1645), jurista e político protestante holandês que fundou aquilo que se conhece como Escola de Direito Natural, que se baseia numa concepção cartesiana das leis naturais racionais. Nessa escola de pensamento, o direito natural foi reduzido a um sistema de relações entre soberanos distintos (pessoas físicas ou pessoas jurídicas; o segundo termo é usado para designar algo como um Estado ou uma empresa), regidos por uma lei comum fundamentada na razão.[26] Grotius também lançou os fundamentos do direito internacional moderno ao afirmar que a relação entre soberanos pode ser ou voluntária (por pacto ou tratado) ou regida por princípios de "guerra justa", travada por um soberano legítimo, uma noção herdada dos escolásticos espanhóis.

Durante quase toda a sua vida, Grotius trabalhou como um mercenário a serviço dos interesses da Companhia Holandesa das Índias Ocidentais, a primeira empresa global. Tinha uma capacidade espantosa de deduzir, com base em princípios racionais, soluções jurídicas que favoreciam seus poderosos clientes empresariais e que, ainda assim, pareciam aceitáveis às nações soberanas "civilizadas".[27] De especial importância foi a capacidade de Grotius de oferecer, às empresas privadas, vantagens legais superiores às oferecidas pelos Estados. Por exemplo, em seu livro *Mare Liberum* [Sobre o Mar Livre] ele defendia o direito de a Companhia das Índias Ocidentais atacar e pilhar um navio português. Grotius afirmava que a reivindicação portuguesa de exclusividade de certas rotas nas águas internacionais contrariava a abertura natural desse "bem comum global", e ao fazê-lo justificava o ataque como uma ação que, na verdade, protegia a ordem racional. Portanto, a disciplina do direito internacional nasceu de um ato de pilhagem corporativa, paradoxalmente justificado por um jurista brilhante que utilizou o conceito jurídico romano de alto-mar como um bem natural comum (*res communis omnium*).

A ERA DA RAZÃO

A versão racionalista do direito natural que Grotius desenvolveu com base no paradigma cartesiano teve seus limites extrapolados para além do direito internacional por Samuel Pufendorf (1632-1694), na Alemanha, e pelo influente jurista francês Jean Domat (1625-1696), na França. Outro filósofo alemão, Christian Wolff (1679-1754), tentou explicar os princípios fundamentais do direito em termos matemáticos. Desse modo, em apenas uma geração, o direito natural equiparou-se ao racionalismo por toda a Europa.

William Blackstone (1723-1780), o primeiro professor de direito a ensinar o direito inglês em Oxford, apresentou a mais famosa definição jusnaturalista da propriedade privada – "o domínio exclusivo e despótico que um homem reivindica e exerce sobre as coisas exteriores do mundo, em total exclusão do direito de qualquer outro indivíduo no universo" – em seu livro *Commentaries on the Laws of England* (1765-1769), de enorme influência. Esse livro, profundamente influenciado por Grotius, terminou por substituir o tratado de Coke, tornando-se a obra mais respeitada sobre a tradição do *common law*. A definição de Blackstone torna explícita a concepção centrada no proprietário, que caracterizava a teoria do direito no Ocidente, e demonstra como o modelo de dominação do indivíduo sobre a natureza já se havia naturalizado em sua época. Além disso, o livro mostra uma notável influência cartesiana ao pressupor uma separação ontológica entre o proprietário despótico (comparável à *res cogitans* de Descartes) e o mundo exterior (*res extensa*).

Durante o século XVIII, a crença na abordagem racional dos problemas humanos difundiu-se tão rapidamente entre a classe média europeia que o período todo se tornou conhecido como Era do Iluminismo, ou Era da Razão.[28] O personagem dominante nesse desenvolvimento foi o filósofo John Locke (1632-1704), cujos escritos mais importantes tinham sido publicado em fins do século XVII. Seguindo as características dominantes da mecânica newtoniana, com suas leis imutáveis a reger a relação entre corpos separados, Locke desenvolveu uma concepção atomista da sociedade, descrevendo-a em termos de seus elementos constituintes básicos – os indivíduos humanos (adquirente de propriedades). Assim como os físicos reduziram as propriedades dos gases ao movimento de seus átomos ou moléculas, Locke também tentou reduzir os fenômenos observados na sociedade ao comportamento de corpos individuais isolados.

Por exemplo, Locke justificou sua invenção de um "direito natural" para a propriedade privada alegando que a "primeira tomada de posse" era menos crucial do que o trabalho (o "fazer") que o primeiro tomador investia na terra. Ao apresentar esse argumento, Locke assinalava – ainda que inadvertidamente – que o trabalho humano faz parte da natureza tanto quanto a terra, os recursos naturais ou a energia animal, e que sua concentração e controle não são diferentes da concentração e controle de outro recurso qualquer. De fato, a exploração é uma categoria que pode ser aplicada tanto ao trabalho quanto à natureza, caso se queira mantê-los (artificialmente) separados.

Na famosa concepção de Locke, que ele viu institucionalizada na Lei de Determinação inglesa três anos antes de sua morte, o Estado e o proprietário são soberanos em suas respectivas esferas. Contudo, a relação entre o Estado soberano e o proprietário individual continuava controversa nos escritos jurídicos e políticos. Thomas Hobbes (1588-1679), e antes dele o jurista francês Jean Bodin (1530-1596), em sua famosa teorização sobre o absolutismo estatal, haviam dado o poder supremo ao Estado (uma concepção atualmente conhecida como positivismo jurídico). Ao contrário, na concepção de Locke e da Declaração Francesa dos Direitos do Homem e do Cidadão (1789), que era popular entre os Pais Fundadores dos Estados Unidos, a propriedade como uma lei natural, ancorada no direito natural, existia antes do Estado.

O PREDOMÍNIO DO OCIDENTE

A Paz de Westfália (1648) finalmente pôs fim à Guerra dos Trinta Anos e simplificou o ordenamento jurídico internacional em torno de um sistema de Estados-nação implacavelmente independentes entre si. Esses Estados europeus eram donos de seus territórios assim como o antigo *paterfamilias* romano havia sido o dono de suas terras. Pouco antes dessa conciliação política, propriedade e soberania tornaram-se os dois princípios organizacionais da modernidade legal, estruturando a concepção de direito centrada no indivíduo que predomina entre nós até os dias de hoje.

Esse avanço foi fomentado pela necessidade de justificar a colonização do Novo Mundo. O empreendimento exigia que a concepção holística medieval fosse marginalizada, e que as noções racionalistas de soberania e propriedade fossem totalmente colocadas a serviço do projeto colonial. O conceito de dominação legal de terras "vazias" – uma noção que ecoava a ideia de águas marítimas livres de Grotius – forneceu a mais forte justificação intelectual para a exploração do Novo Mundo, que era habitado por "selvagens" que não tinham uma divindade cristã, nenhuma racionalidade e nenhuma ideia de propriedade.[29]

No Novo Mundo, o sistema jurídico racional do Ocidente, livre das preocupações holísticas de justiça e da tradição feudal, pôs em prática todo o seu potencial extrativista. Livre de seu legado medieval, o direito natural começou como um sistema de relações entre Estados soberanos, e então desenvolveu-se progressivamente como um sistema de relações entre *indivíduos* soberanos. Os atributos generativos, comunais e vivificadores da propriedade foram ignorados em favor do extrativismo e da acumulação. As pessoas (físicas e jurídicas), os átomos do sistema jurídico e político racional, podiam exercer sua livre soberania não apenas sobre seus próprios corpos, mas, o que era mais importante, sobre a propriedade privada, que passou a ser vista como uma expansão imediata delas próprias.[30] Se essa soberania tinha algum limite legal, este só poderia provir da presença de outros sujeitos que, formalmente, tinham direitos iguais. Sem dúvida, nada disso se aplicava às comunidades políticas não ocidentais ou aos povos nativos, que compartilhavam seus bens e recursos comuns e, formalmente, não eram donos de propriedades. Assim, só algumas décadas depois, a questão sobre a conquista das Américas ser ou não legítima já estava "resolvida" e simplesmente deixou de existir.

Embora o século XVI tivesse testemunhado, entre os eruditos espanhóis, um profundo debate sobre a legitimidade da conquista da América do Sul, nenhum debate desse tipo aconteceu um século depois, durante a colonização da América do Norte.[31] Naquele momento, as ideias de Locke e do racionalismo jurídico do norte europeu já haviam tido seu impacto definitivo sobre o pensamento ocidental corrente. Entre essas ideias estava a afirmação do direito fundamental da mente humana e da ciência dominarem não só a natureza, como também os seres humanos em "estado natural". Tanto a exploração da terra quanto a escravidão – a propriedade de pessoas às quais se negava sua própria subjetividade humana – haviam encontrado uma justificação racional.

A ELIMINAÇÃO DA JUSTIÇA DISTRIBUTIVA

Em fins do século XVII, os intelectuais europeus, entre os quais incluíam-se muitos juristas, compartilhavam um núcleo de valores racionalistas fundamentalmente semelhantes. Contudo, o sistema de valores medieval terminou por mostrar-se muito mais resistente na prática jurídica, onde a continuidade costuma ser mais forte do que a mudança. O direito consuetudinário, sobretudo quando aplicado ao uso da terra em condições tecnológicas ainda primitivas, era muito pouco compatível com qualquer concepção abstrata ou racionalista do ordenamento legal. Na verdade, os tabeliões da Europa Continental e os profissionais do direito ingleses dedicavam-se arduamente à tentativa de racionalizar e reclassificar as relações legais do direito medieval, que persistiam como práticas antigas e feudais e estruturas de poder que refletiam o comportamento cotidiano dos camponeses, comerciantes e senhores feudais.

A prática desse trabalho vigoroso e exaustivo nos campos e nos ruidosos mercados urbanos, ou as lutas entre irmãos e parentes para arrebanhar o máximo possível de seu patrimônio hereditário, era difícil de ser racionalizada por qualquer legislador. Na zona rural, nas alianças de indivíduos nas guildas e corporações e no que havia de mais profundo no sistema jurídico vivo, o holismo e o organicismo medievais estavam robustos e vicejantes.[32]

Não obstante, nas altas esferas da reflexão jurídica, não havia nenhum interesse em encontrar os princípios reguladores fundamentais por trás de tais práticas. Os juristas nada podiam fazer além de participar dessa visão humanista e racionalista. O problema da justa distribuição *poderia* ter sido um dos fundamentos da ciência jurídica e do direito privado, não tivesse sido eclipsado pela concepção "científica", centrada no indivíduo, iniciada pelos humanistas e legalmente formalizada pelo direito natural racionalista no interesse do livre extrativismo.

No pensamento dominante nesse campo – a ideologia jurídica ocidental –, nunca abandonado depois da Paz de Westfália, a justiça distributiva, preocupada com o todo, é constantemente apresentada como uma ideia pré-jurídica, uma coisa situada nos domínios da política ou da moral. Assim, muito embora a justiça comutativa, preocupada com o indivíduo, tenha conservado alguma importância como um alicerce do direito ocidental moderno (sobretudo como uma justificação da liberdade de contrato), a justiça distributiva foi totalmente eliminada da esfera da ciência jurídica e foi abandonada por mais de três séculos. Nesse período, uma versão racionalizada do direito natural centrada no indivíduo dominou o pensamento jurídico e político ocidental. Direitos de propriedade absolutos, imunes a possíveis projetos redistributivos e a qualquer preocupação com os bens e recursos comuns, representam a base da sustentação legal de nosso atual e desastroso modelo de desenvolvimento.

CAPÍTULO **4**

A Grande Transformação
e o Legado da Modernidade

O sucesso brilhante da mecânica newtoniana e o grande prestígio da visão de mundo mecanicista de Descartes levaram ao surgimento gradual de uma estrutura mental racional e científica que terminou por se disseminar, a partir da ciência, para a nova disciplina da economia, passando antes pelo direito. Essa concepção incorporava uma crítica da vida comunal da maioria das pessoas – tanto dos moradores urbanos, com suas guildas e corporações, quanto dos camponeses, que viviam em suas comunidades aldeãs. Outrora ligadas por *deveres* mútuos, suas comunidades e seu meio ambiente compartilhado, as pessoas passaram a ser definidas por seus *direitos* individuais de propriedade. Hoje, o legado do avanço para a modernidade inclui uma fé superficial no conceito dos direitos humanos individuais e um Estado de Direito mecanicista, de cima para baixo, que abriu caminho para a pilhagem e o colonialismo, bem como para uma concepção das empresas como "pessoas jurídicas", elas próprias elementos constitutivos de um sistema atomizado.

Na Inglaterra, a Lei de Determinação de 1701 deu origem à ideia moderna do Estado de Direito, ao mesmo tempo que excluía os moradores das comunidades e as forças que os representavam. O Decreto também ilustrava um conflito entre as concepções medievais e modernas de direito e ordem. O capitalismo, voltado para a manufatura, teve suas origens na privatização, colonização e pilhagem. A história inglesa mostra uma tentativa sistemática de pilhar recursos em países distantes, um processo que começou com as Cruzadas, ainda antes do movimento dos cercamentos. Em outras palavras, a primeira tomada de posse (para usar o termo de Locke) sempre teve dois componentes, um local e outro colonial.[1]

Na Inglaterra, a despeito de tensões ocasionais e às vezes violentas entre eles, a monarquia e seus barões eram, não obstante, parte do mesmo sistema extrativista político e institucional.[2] Esse equilíbrio prenuncia o contexto institucional medular de nossa atual globalização econômica, jurídica e política: uma aliança entre os que controlam grandes propriedades rurais e os que têm autoridade política, ideologicamente ocultos por uma clara distinção de soma zero entre o público e o privado, sem espaço remanescente para os bens e recursos de uso comum. As concepções e estruturas sociais desenvolvidas entre fins do século XV e fins do século XVIII ainda são em grande parte responsáveis por nossa incapacidade de encontrar e pôr em prática soluções sustentáveis para nossa crise global.

A CONCEPÇÃO DE CIMA PARA BAIXO DO ORDENAMENTO JURÍDICO

Um legado fundamental dos primórdios da modernidade é a concepção de cima para baixo do direito humano. Aqui, a ruptura com a concepção pluralista da Idade Média não poderia ser mais clara. Como vimos, o direito romano desenvolveu-se originalmente de baixo para cima, mediante um processo de solução profissional de conflitos, antes que Justiniano o consolidasse e sancionasse de cima para baixo. Contudo, o direito romano não se aplicava por igual a todos dentro das fronteiras do império. Diferentes tribos, guildas e grupos étnicos ou profissionais eram autorizados a manter suas próprias terras. Da mesma maneira, em tempos medievais, o direito mercantil foi aplicado aos mercadores, o direito islâmico aos muçulmanos, o direito judaico aos judeus, "leis senhoriais" em diferentes domínios feudais, o direito canônico às questões eclesiásticas, e assim por diante.

Nesse sistema, hoje conhecido como "pluralismo jurídico", cada grupo social interiorizava suas leis e mantinha sua própria língua ou dialeto. Nenhum desses sistemas jurídicos, coexistentes no mesmo território, podia reivindicar autoridade definitiva, assim como os diferentes conflitos jurisdicionais entre eles tampouco poderiam ser coerentemente administrados; as soluções eram basicamente guiadas relações de poder extremamente variáveis.

A ideia de uma ordem jurídica única, válida dentro de limites jurisdicionais, é produto amadurecido da modernidade e seu racionalismo jurídico. Nessa concepção, o direito humano é uma cadeia mecânica de transmissão de ordens de cima para baixo, às quais se deve obediência como uma questão de respeito à legalidade. Até o conflito fundador entre direito natural (com seu poder divino ou racional) e o direito positivo ou legislado (em sua reivindicação política e mundana de autoridade) terminaria por ser resolvido no contexto de uma ordem hierárquica. Presumia-se que o direito positivo, dotado de autoridade soberana, obedecesse ao direito natural e o traduzisse num ordenamento jurídico. Em várias épocas, sobretudo durante a Reforma, considerava-se que magistrados ou outros organismos políticos de menor renome tivessem o direito, ou mesmo o dever, de exercer resistência ao direito posto. Era fundamental que magistrados menos importantes exercessem esse direito como uma questão de dever para com os residentes em seus distritos. Esse direito de resistência significava opor-se ao direito positivo quando este era contrário ao direito natural; incluía-se aí a resistência à opressão. Esse direito ou dever nunca foi verdadeiramente extensivo aos indivíduos, que sempre tendiam a obedecer às autoridades jurídicas hierarquicamente constituídas. Pressupunha-se que a hierarquia estava em harmonia com o direito natural, a menos que fosse desafiada no exercício do direito oficial de resistência. A imposição dessa hierarquia variava de um lugar para outro, mas, com o tempo, o ordenamento jurídico de cima para baixo tornou-se a única ordem jurídica legítima em cada Estado soberano.

Nos Estados Unidos, por exemplo, a decisão paradigmática *Marbury vs. Madison* (1803) investiu a Suprema Corte do poder fundamental de determinar o direito aplicável no país. Essa decisão estabeleceu a hierarquia das fontes do direito, começando no topo, com a Constituição, que se baseava na ideologia racionalista do direito natural. Qualquer lei inferior que fosse vista como contrária a uma superior era considerada destituída de autoridade e não deveria ser aplicada por nenhum juiz.

Uma vez que o poder estava centralizado no Estado e na hierarquia dos tribunais, abrir um processo tornou-se o único "direito de resistência" ao alcance das pessoas. Contudo, esse direito de ação não deixa de ser filtrado por profissionais do direito que mantêm a engrenagem do direito sob seus cuidados. O acesso direto à formulação de leis, como a ocupação de qualquer edifício vazio para garantir o direito universal de abrigo aos sem-teto – ou qualquer concepção do direito diferente desse ordenamento jurídico mecanicista, profissionalizado e hierárquico – tornou-se "ilegal" de uma vez por todas. A consequência de desobedecer à autoridade policial encarregada da proteção da propriedade privada e dos espaços públicos é a prisão imediata. Por exemplo, a influência duradoura da concepção hierárquica do ordenamento jurídico é vivenciada diariamente pelos manifestantes de várias partes do mundo, como os do movimento *Occupy*, nos Estados Unidos ou em Hong Kong. Quem quer que resista à autoridade estatal é considerado um inimigo, não um cidadão, mesmo quando a luta tem como objetivo um ordenamento legítimo da democracia política ou econômica. O problema da militarização da polícia nos Estados Unidos é uma consequência da concepção de cima para baixo do Estado de Direito.

PILHAGEM MUNDO AFORA

A Revolução Científica e as subsequentes aplicações bem-sucedidas da mecânica newtoniana não aconteceram num vácuo econômico. Recursos econômicos fantásticos foram necessários para estabelecer os contextos institucionais centralizados que anunciariam aquilo que o historiador econômico Karl Polanyi (1886-1964) chamou de "grande transformação" no alvorecer da modernidade. A acumulação "primitiva" do capital, necessária para o pontapé inicial de qualquer organização social capitalista, foi gerada não só pelos cercamentos e pela transformação do tempo biológico da vida comunal no tempo quantificável e alienado do trabalho fabril, mas também pela busca de recursos em outras partes do mundo.[4]

As primitivas potências territoriais políticas precisavam de um capital quase ilimitado para consumar a centralização da autoridade estatal. As aventuras quatrocentista e quinhentista de Cristóvão

Colombo (1451-1506), Francisco Pizarro (1475-1541) e Hernán Cortés (1485-1547) na América Latina foram motivadas em grande parte pela necessidade de os reis castelhanos acumularem o ouro necessário para pagar dívidas contraídas com banqueiros privados em Gênova e na Suíça. As estruturas jurídicas da modernidade desempenharam um grande papel nessas extrações coloniais, que foram realizadas mediante a negação da dignidade legal às instituições jurídicas anteriores (baseadas nos bens e recursos comuns). Uma vez mais, a narrativa da conquista da América implica a doutrina da propriedade privada e da soberania pública, e juristas capazes de misturar duas categorias do direito que eram claramente separadas nos tempos romanos.

Como vimos, o direito romano clássico fazia uma distinção clara entre as coisas que pertenciam a todos (*res communis omnium*) e as coisas que não pertenciam a ninguém (*res nullius*). Por um lado, o direito, por meio dos serviços de um magistrado ou por uma "ação popular", protegia as coisas de propriedade comum, como uma praça urbana, o alto-mar ou a água dos rios e aquedutos. Nenhuma apropriação ou exclusão do acesso era possível. Por outro lado, os animais selvagens, os peixes ou os produtos da floresta, que não pertenciam a ninguém, podiam ser adquiridos por ocupação – isto é, pela primeira tomada de posse.

Aproveitando-se das contradições comuns nas fontes romanas, os eruditos que seguiam a tradição jusnaturalista praticamente eliminaram essa distinção. Partiram do pressuposto de que todas as coisas – em particular as terras – que ainda não fossem consideradas como propriedade privada podiam ser ocupadas, embora Hugo Grotius tenha excluído o alto-mar. A ocupação simples, porém, conferia uma titularidade legal um tanto frágil, e por esse motivo os grandes conhecedores do direito natural tentavam encontrar alguma teoria que fundamentasse essa hipótese. Por exemplo, Grotius e Samuel Pufendorf presumiram um consenso implícito da comunidade original, uma espécie de consentimento tácito por parte de todos que não houvessem ocupado previamente o bem comum. Na mesma linha, John Locke introduziu sua famosa teoria da propriedade, afirmando que, quando uma pessoa exerce alguma forma de trabalho em recursos naturais, esses recursos tornam-se propriedade de tal pessoa. David Hume (1711-1776) usou um argumento do tipo "uma mão lava a outra": as pessoas reconhecem que o título de posse do ocupador é idôneo porque isso eventualmente também as autorizará a ocupar alguma coisa.

A ideia de que a terra que anteriormente não foi propriedade privada não pertencia a ninguém, e não pertencia a todos, foi rapidamente oficializada a fim de justificar a apropriação de terras, escravos e recursos. Como consequência dessa estrutura jurídica, descrita e justificada como direito natural, os navios de carga podiam partir da Inglaterra repletos de produtos manufaturados (em geral, utensílios e roupas); viajar para a costa da África Ocidental, onde esses produtos eram trocados pela permissão concedida pelos soberanos locais para caçar escravos; deixar a África cheios de mercadoria humana a ser vendida nas Américas; e voltar para os portos ingleses abarrotados de cobre, tabaco, ouro, chá ou guano.[5] Um padrão semelhante, como é de conhecimento geral, também vinha acontecendo na direção das Índias Orientais, com o envolvimento direto ou indireto dos poderes estatais soberanos.

O jusnaturalismo racionalista foi, portanto, de importância fundamental para criar as condições necessárias à pilhagem. Os primeiros atos constitutivos que criaram uma pessoa jurídica como uma expansão racional da pessoa física deram às empresas responsabilidade limitada e o direito de portar armas a fim de garantir sua própria sobrevivência, como teorizou Grotius em *Mare Liberum*. Essa mistificação jurídica levou a uma expansão e exploração de proporções colossais; o direito romano, racionalizado pela escola do direito natural, forneceu a linguagem e os rituais para justificar a apropriação. Por exemplo, um tabelião viajou com Colombo para testemunhar que a terra americana, não mantida como propriedade privada, era *res nullius* e podia, portanto, ser ocupada e tornar-se propriedade da Coroa Espanhola. O ouro e a prata que saíam das minas do Novo Mundo, inexploradas até então, eram *res nullius*, e os mineiros podiam apropriar-se delas como uma questão de direito natural.

Assim, a Revolução Científica e sua descoberta das "leis da natureza" universais deixou como legado mais que um espetacular progresso em armamentos, engenharia marítima e cartografia. Também esculpiu em pedra "leis naturais" humanas, igualmente universais, que se tornaram o entendimento comum da modernidade. A visão fundamental – que recebeu imenso prestígio graças a escritores como Nicolau Maquiavel (1469-1527), Jean Bodin e Thomas Hobbes, e reforçada pela teologia de Martinho Lutero (1483-1546) – era aquela segundo a qual, em questões de soberania, a força faz o direito. Além disso, a riqueza das nações soberanas podia ser avaliada pelo tamanho do mercado que elas foram capazes de criar e controlar.

A CRIAÇÃO DOS ESTADOS UNIDOS

A moderna concepção de uma sociedade racional, organizada desde o primeiro momento em uma terra "vazia", foi concretizada nos Estados Unidos, com base nos conceitos gêmeos de propriedade privada, consolidada nas pessoas e empresas, e de soberania, consolidada no sistema federal.[6] A ruptura revolucionária com a Inglaterra, a vontade de criar um sistema político que protegesse as pessoas da opressão religiosa e a grande quantidade de terras legalmente desocupadas a oeste – tudo isso ofereceu as condições ideais para pôr em prática um sistema jurídico racional.[7]

Não foi por coincidência que as mais importantes influências intelectuais entre os Pais Fundadores tenham sido os filósofos John Locke e David Hume, o jurista William Blackstone, o economista Adam Smith (1723-1790) e os filósofos iluministas franceses, principalmente Voltaire (1694-1778). Todas essas figuras eminentes estavam profundamente engajadas no projeto modernista. Blackstone, em particular, transferiu o racionalismo de Grotius para a tradição do *common law*, enquanto Voltaire se apegava implacavelmente à ideia de que o único meio de formular "boas leis" consistia em descartar todas as leis do passado e substituí-las por outras. Dois objetivos fundamentais estavam sintetizados nesse conjunto de obras: um governo forte e eficiente, com autoridade executiva e militar concentrada, e um robusto sistema de direitos de propriedade. Esses direitos eram simultaneamente vistos como os guardiões de todos os outros direitos e como um veículo indispensável para concretizar a busca da felicidade num sistema capitalista. Como esses dois objetivos eram propensos a gerar alguma tensão estrutural, eles eram mantidos em harmonia por meio de um sistema de freios e contrapesos do qual faziam parte um sistema federal de alta complexidade e a palavra irrefutável de uma Suprema Corte.

Nos Estados Unidos, os ideais de direitos individuais e a imunidade contra a opressão governamental produziram um verdadeiro culto ao Estado de Direito, que foi extremamente amplificado nesse novo contexto. A partir dos primórdios do século XIX, os tribunais de justiça tornaram-se os agentes fundamentais para lidar com as leis humanas. Os direitos individuais, entronizados pela primeira vez em uma Declaração de Direitos (*Bill of Rights*), marcaram o apogeu do ideal racionalista do direito natural: uma sociedade formada pela soma de suas partes componentes individuais.

A relação entre propriedade privada e soberania pública foi congelada na proteção legal à propriedade, contra a apropriação do governo, que só era permitida nas mais estritas circunstâncias de interesse público, determinadas pelo direito geral e, depois da "justa indenização", definidas como valor de mercado.[8] Ao contrário, presumia-se que o governo representasse o interesse comum em conformidade com as ideias modernas de soberania. Portanto, o governo podia tomar livremente os bens e recursos comuns e também tinha a liberdade de transferi-los para a propriedade privada para assegurar seu "desenvolvimento". A Lei das Propriedades Rurais (*Homestead Act*), por exemplo, seguia esse sistema no que dizia respeito a todas as terras fora dos treze estados anteriores.

Essa proteção à propriedade privada e essa absoluta ausência de proteção aos bens e recursos comuns é uma marca da modernidade que, talvez mais do que qualquer outra, caracterizou a experiência norte-americana. O soberano pode privatizar os bens e recursos comuns, transferindo livremente esses bens do setor público para o setor privado. O procedimento contrário, porém – a transferência de recursos do setor privado para o público – só pode ser feito depois de submetido a rigoroso exame judicial. Esse desequilíbrio não leva em consideração um retorno dos bens comuns ao bem público se a privatização se mostrar equivocada, exceto quando houver comprovação de interesse público e pagamento de justa indenização aos adquirentes privados. Desse modo, o processo produz um fluxo constante e praticamente irreversível de recursos públicos para poucas mãos privadas.

O NASCIMENTO DA "ECONOMIA POLÍTICA" E SUA TRANSFORMAÇÃO CIENTÍFICA

Os primeiros teóricos dos fenômenos econômicos usavam a antiga noção de economia no sentido de administrar uma casa – a palavra *economia* provém do grego *oikonomia*, que significa "administração de uma casa". O Estado era considerado como a casa do soberano, motivo pelo qual as políticas de Estado passaram a ser conhecidas como "economia política" (*political economy*), expressão que permaneceu em uso na língua inglesa até o século XX, quando foi substituída pelo termo moderno "economia" (*economics*).*

A ideia de que ciência e conhecimento devem ser especializados é outro legado da modernidade que ainda não conseguimos superar. O nascimento da economia política como campo de estudos pode ser visto como uma progressiva separação entre os estudiosos das leis do comportamento humano, determinadas por meio da observação deste, e os estudiosos do direito positivado. Enquanto alguns juristas desenvolviam o estudo de uma ciência jurídica normativa, outros – o mais famoso dos quais foi Smith – aplicavam seu interesse à filosofia política e moral, à história e à sociedade, tendo em vista a criação dessa disciplina especializada atualmente conhecida como economia.[9]

Devido ao alto prestígio e grande sucesso da mecânica newtoniana durante os dois séculos que se seguiram a Newton, o discurso econômico moderno começou a ser considerado mais ou menos científico com base em sua formalização matemática. Os estudiosos logo

---

* Usa-se o termo *economy* para falar da economia em geral (*Our economy is suffering at the time*). *Economics* (de uso corrente nas ciências sociais) designa o estudo da alocação de recursos, distribuição e consumo, capital e investimento, administração dos fatores de produção etc. (*I'm majoring in economics* (Estudo economia/ciências econômicas)); *He is an economics professor* (Ele é professor de economia)). (N.T.)

abandonaram os antigos fundamentos da teoria do valor, cuja base havia sido o trabalho, e reduziram seu entendimento do valor à simples questão de calcular os preços capazes de garantir o equilíbrio de mercado entre oferta e demanda. Assim, a análise econômica moderna considera o indivíduo como seu objeto elementar. Num claro movimento do todo para as partes, nos séculos XIX e XX os estudiosos mais importantes abandonaram a análise clássica de classes sociais, que fora definida em termos de relações historicamente determinadas, substituindo-a por análises do processo de produção e da distribuição de excedentes.[10]

Embora esse desenvolvimento tenha assumido diferentes formas políticas nos diversos países, em todos os casos a autoridade estatal centralizada tornou-se progressivamente mais forte e, ao mesmo tempo, cada vez mais controlada pelas elites econômicas internas e internacionais. O sistema moderno de direito internacional estabeleceu-se com base na existência de Estados igualmente soberanos – "proprietários" de seu território – que tratam entre si por meio da guerra ou, o que é mais comum, de acordos comerciais.

A organização interna da "casa" de um Estado-nação soberano determinava o bem-estar e a riqueza dos cidadãos. Assim, era natural entender o soberano (quer se tratasse de um monarca, quer de uma complexa hierarquia política) como o possuidor dos bens públicos, e as leis que regiam as atividades econômicas públicas e privadas de cada nação como mutuamente competitivas. Nesse contexto, o objetivo do modo de produção capitalista não era a satisfação das necessidades humanas, mas a geração de lucro e a acumulação de capital para fins de autorreprodução. Essa acumulação da riqueza nacional tornou-se o tema da economia política, a nova ciência comportamental que aspirava à autonomia em relação à teoria do direito, à filosofia e à história.

Os historiadores da economia consideram o livro *Political Arithmetick* (1690), de William Petty (1623-1687), como a obra fundadora da economia política clássica. O pensamento de Petty deve muito a Newton, Descartes e Galileu. Seu método consistia em substituir palavras e argumentos por números, pesos e medidas, e em usar argumentos racionais para explicar o fenômeno econômico em termos de causas naturais visíveis. Quase um século depois, Adam Smith, um professor de teoria do direito e filosofia moral, publicou *A Riqueza das Nações* (1776), o primeiro tratado em grande escala sobre economia, escrito numa época em que a Revolução Industrial havia começado a mudar a face da Grã-Bretanha. Sua importância como fundamento da moderna teoria econômica pode ser comparada, na física, aos *Principia* de Newton e, na biologia, a *Sobre a Origem das Espécies*, de Darwin.

A partir da ideia newtoniana predominante das "leis naturais", que na ocasião era perfeitamente compatível com o racionalismo do direito natural, Smith deduziu que era próprio da "natureza humana" barganhar e permutar, e considerou natural que os operários fossem aos poucos trabalhando mais e aumentando sua capacidade produtiva graças à invenção de máquinas capazes de facilitar e reduzir a quantidade de trabalho. Smith baseou sua teoria econômica nas ideias newtonianas de equilíbrio e leis do movimento, por ele imortalizadas na metáfora da "mão invisível". Segundo Smith, a mão invisível do mercado guiaria o interesse pessoal de todos os empresários, produtores e consumidores, tendo em vista o progresso harmonioso de todos – um progresso definido como a produção de riqueza material. Os preços seriam determinados em mercados "livres", eles próprios seguindo leis naturais, como os efeitos autorreguladores da oferta e da demanda. Assim, obter-se-ia um resultado social independente das intenções individuais, permitindo-se que uma ciência objetiva da atividade econômica se tornasse possível.

Essa imagem idealista enfatiza o "modelo competitivo" amplamente usado pelos economistas atuais. Seus pressupostos básicos incluem informações perfeitas e livres para todos os participantes de uma transação de mercado; a total e instantânea mobilidade de trabalhadores demitidos, recursos naturais e maquinário; e a crença de que, num mercado, que cada comprador e vendedor é pequeno e não exerce influência sobre o preço. Este último pressuposto é de especial importância em nossa discussão: o sistema de preços, como o sistema jurídico, está "lá fora" – como se fosse algo da natureza da *res extensa* (mundo objetivo) de Descartes.

Smith também achava que o sistema autorregulador do mercado tinha um desenvolvimento lento e constante, com um aumento sempre crescente da demanda por bens e trabalho. Nenhum dessas condições poderia jamais existir na prática, como Karl Marx (1818-1883) demonstrou admiravelmente em *O Capital*; contudo, a maioria dos economistas continua a usá-las como base de suas teorias. Por exemplo, os políticos e economistas atuais são obcecados pela ideia de crescimento econômico ilimitado, mesmo quando o absurdo de tal empreendimento num planeta finito deveria ser óbvio a todos.

No começo do século XXI, os economistas começaram a sistematizar sua disciplina numa tentativa contínua de dar-lhe forma de ciência. O primeiro e mais influente desses pensadores sistemáticos da economia foi David Ricardo (1772-1823), que introduziu o conceito de um "modelo econômico", um sistema lógico de postulados e leis com um número limitado de variáveis que podiam ser usadas para descrever e prever os fenômenos econômicos. O empenho sistemático de Ricardo e outros economistas clássicos consolidou a economia num conjunto de dogmas que corroborava a estrutura de classes existente e se opunha a todas as tentativas de avanço social, sob o argumento "científico" de que as "leis da natureza" (como as "leis de ferro dos salários" de Ricardo, segundo as quais a alta taxa de reprodução dos operários permitia que os salários fossem mantidos em seu nível mínimo) estavam operando e que os pobres eram responsáveis por seus próprios infortúnios.

Na evolução subsequente do pensamento econômico, a economia predominante (assim como a estrutura jurídica associada) permaneceu profundamente arraigada no paradigma cartesiano-newtoniano, e hoje a abordagem da economia contemporânea é fragmentária e reducionista. Em geral, os economistas são incapazes de reconhecer que a economia é apenas um aspecto de um todo ecológico e de uma tessitura social. Em vez disso, eles tratam todos os bens como se fossem iguais e definidos tão somente por seu valor monetário, sem considerar as muitas maneiras pelas quais esses bens se relacionam com o resto do mundo, com as condições de produção e com a composição das classes sociais. Todos os valores são reduzidos ao único critério de aumentar o tamanho do bolo (maximização da riqueza).

Infelizmente, a abordagem individualista dos economistas contemporâneos, sua preferência por modelos quantitativos abstratos e sua incapacidade de ver as atividades econômicas dentro de seu próprio contexto ecológico resultaram num imenso abismo entre teoria econômica e realidade econômica. Como consequência, hoje a economia encontra-se num estado de profunda crise conceitual, o que se evidenciou em sua máxima gravidade durante a crise financeira global originada em 2008.

Na esteira dessa crise, dois professores de economia, Kamran Mofid e Steve Szeghi, escreveram um ensaio muito lúcido e reflexivo intitulado "Economics in Crisis: What Do We Tell the Students?" [Economia em Crise: O Que Dizemos aos Estudantes?] Eles argumentavam que, talvez, a teoria econômica padrão ensinada nas principais universidades não somente fosse responsável pela espantosa incapacidade de prever o momento de ocorrência e a magnitude dos fatos que aconteceram em 2008, mas também fosse responsável pela crise em si. Sua análise levou-os a uma severa conclusão: "Agora chegou o momento de reconhecer as falhas da teoria-padrão e a estreiteza do fundamentalismo de mercado. Os tempos exigem uma revolução no pensamento econômico, assim como novas maneiras de ensinar economia. Em muitos aspectos, isso representa uma volta ao solo em que a economia nasceu – com a filosofia moral e em meio a dilemas e questões do mais amplo significado, abarcando a plenitude da existência humana".[11]

O PAPEL CENTRAL DAS EMPRESAS COMO "PESSOAS JURÍDICAS"

Os primórdios da modernidade produziram um legado definitivo que continua a ter um enorme impacto: o surgimento e o desenvolvimento da sociedade comercial, com o reconhecimento da sua condição de "pessoa jurídica" e fruição de direitos legais. A Companhia Holandesa das Índias Orientais é a ancestral de nossas atuais empresas multinacionais, que transitam livremente para fazer negócios onde quer que encontrem as melhores oportunidades de maximizar o valor das ações. Para se deixarem atrair por esses empreendimentos de risco, os investidores – que quase invariavelmente fazem parte da elite política ou têm ligações com ela – exigiam o atrativo dos grandes lucros. Além disso, suas fortunas pessoais precisavam ser protegidas por meio do mecanismo conhecido como "responsabilidade limitada", que separava suas posses daquelas da pessoa jurídica corporativa.[12]

Na verdade, as formas corporativas não foram uma invenção da modernidade. Sem dúvida desempenharam um grande papel no ordenamento jurídico medieval, sobretudo durante a Renascença italiana, quando a organização político-econômica das cidades-Estado fundamentava-se nas guildas e facções corporativas, e não em pessoas isoladas. Contudo, a Companhia Holandesa das Índias Orientais representou não apenas uma mudança no tamanho e na força da forma corporativa, mas foi também o primeiro exemplo de uma estrutura de propriedade privada que reivindicava vantagens jurídicas mesmo sobre os Estados, graças à habilidade de seus advogados. A arma jurídica dessa primitiva entidade capitalista transnacional era o direito natural, que foi usado pela primeira vez de maneira extremamente criativa e transformado em direito internacional pelo gênio jurídico de Grotius, que durante toda sua vida prestou serviços como defensor jurídico e conselheiro muito bem remunerado à companhia.

Segundo Grotius, o mar era um bem comum; por sua natureza, não podia ser objeto de propriedade, permanecendo aberto a todos. Para uma "pessoa" jurídica engajada em transações comerciais internacionais, o acesso a esse bem comum era de importância vital, a tal ponto que sua defesa desse acesso se fundava no próprio direito natural de existir – a base jusnaturalista de qualquer outra modalidade de direito. Uma "pessoa" jurídica poderia rechaçar, inclusive pelo uso da violência, uma violação desse direito, caso seu direito fundamental à existência estivesse ameaçado. Com esse argumento, Grotius defendia com êxito o direito de seu cliente percorrer os bens comuns e cruzar terras e mares. Posteriormente, ele apresentou uma justificação jusnaturalista do direito de uma empresa adquirir propriedades privadas que não estavam em uso – tornando-se, sob essa ótica, *res nullius* – mesmo quando se encontrasse em território sob jurisdição estrangeira.

Grotius, que tinha vinte e poucos anos quando fez esse avanço extraordinariamente engenhoso, permitiu que a teoria do direito natural no Norte Europeu fosse além de qualquer controvérsia sobre o fato de os povos indígenas terem ou não direitos ou representação política. A despeito de qual fosse a solução desse problema, as pessoas físicas podiam adquirir propriedades com base no conceito de *res nullius*, sob qualquer tipo de jurisdição, de acordo com o direito natural que o direito positivo deve sempre respeitar. Para Grotius e seus clientes empresariais, esse princípio era particularmente importante devido às implicações para as possibilidades extrativistas de recursos minerais inexplorados.

Desde o começo, o conjunto de direitos naturais que autorizava a prática do comércio sem obrigações políticas para com outros governos criou um espaço de manobra muito favorável para as empresas privadas se aventurarem em atividades transnacionais. Argumentos jurídicos muito semelhantes foram criados pelas autoridades britânicas para proteger o direito de as empresas inglesas negociarem ópio na China ou abrir mercados na América Latina. E argumentos muito semelhantes constituem hoje a base da Organização Mundial do Comércio: nenhum poder público pode limitar o direito empresarial de percorrer o planeta para adquirir controle sobre os recursos humanos ou naturais.[13]

CAPÍTULO **5**

Da Máquina à Rede

O Pensamento Científico nos Séculos XIX e XX

A pesar do sucesso contínuo da mecânica de Newton durante os séculos XVIII e XIX, algumas pessoas exprimiam forte oposição à sua visão de mundo mecanicista. Além disso, vários avanços da ciência do século XIX – a teoria da evolução, a investigação dos fenômenos elétricos e magnéticos e a termodinâmica – evidenciaram as limitações do modelo newtoniano e abriram caminho para as revoluções científicas do século XX.

O MOVIMENTO ROMÂNTICO

Mesmo antes que os limites da mecânica newtoniana se tornassem evidentes aos cientistas, os românticos já vinham questionando essa abordagem exclusivamente mecanicista. O movimento romântico na arte, na literatura, na música, na filosofia, na ciência e no direito, que surgiu em fins do século XVIII, não aceitava a visão mecanicista da ciência newtoniana e da filosofia iluminista.[1] Os românticos não se opunham totalmente à ênfase iluminista na razão, mas argumentavam que o raciocínio científico deveria ser acompanhado pelo juízo estético, que oferecia um caminho complementar para o entendimento da natureza da realidade. Questionavam fundamentalmente o papel do mecanismo como paradigma científico dominante; substituíram o conceito de mecanismo pelo conceito de "orgânico", que passou a ser considerado como o princípio central para a interpretação da natureza.

William Blake (1757-1827), poeta e pintor místico que exerceu forte influência sobre o romantismo inglês, foi um crítico severo de Newton. Referia-se com desdém à tendência de reduzir todos os fenômenos às leis mecânicas subjacentes como uma "visão única" (*single vision*), condensando sua crítica nos célebres versos, "Que Deus nos proteja / Da visão única e do sono de Newton".

Da mesma maneira, os românticos alemães tinham amplo interesse pela filosofia, pela arte e pela ciência. Seus diálogos passavam rapidamente da poesia para a biologia, a estética, a história e a antropologia. Na biologia, o enfoque central era a natureza da forma orgânica. Johann Wofgang von Goethe (1749-1832), a figura central do movimento, cunhou o termo *morfologia* para o estudo da forma biológica; via a forma como um padrão de relações no interior de um todo organizado. O termo e sua concepção continuam na dianteira do pensamento sistêmico até hoje.

A concepção romântica da natureza como "uma grande totalidade harmônica", como afirmava Goethe, levou alguns cientistas daquele período a expandir sua busca da totalidade por todo o planeta e a ver a Terra como um todo integrado, um ser vivo. Ao fazê-lo, retomaram a antiga tradição que tinha começado com a concepção grega do mundo como um *kósmos* e florescera durante a Idade Média e a Renascença, até que a perspectiva medieval foi substituída pela imagem cartesiana do mundo como uma máquina. A concepção da Terra como um ser vivo, adormecida apenas por um período relativamente breve de tempo, havia renascido. As ideias da Terra viva, formuladas por Leonardo da Vinci no século XV e pelos cientistas românticos no XVIII, contêm alguns elementos-chave de nossa teoria contemporânea de Gaia, que a vê como um planeta vivo.

O PENSAMENTO EVOLUCIONISTA NAS CIÊNCIAS DA VIDA

Na virada do século XVIII para o XIX, sob a influência do movimento romântico, a preocupação fundamental dos biólogos era a questão da forma biológica; as questões de composição material eram secundárias. Essa ênfase era especialmente verdadeira para a escola francesa de anatomia comparativa, ou morfologia, cujo pioneiro foi Georges Cuvier (1769-1832), que criou um sistema de classificação zoológica baseada nas semelhanças das relações estruturais.

Um dos principais *insights* da biologia romântica foi o fato de as formas vivas da natureza externarem tipos orgânicos fundamentais, frequentemente chamados de "arquétipos", que estão sujeitos a variações graduais – uma teoria que, para Charles Darwin (1809-1882), tinha um papel basilar em sua concepção inicial da evolução. Esse novo modo de pensar foi muito além da imagem da máquina-do-mundo newtoniana, e viria a dominar todo o pensamento científico futuro.

O conceito de evolução – de mudança, crescimento e desenvolvimento graduais – surgiu primeiramente na geologia, onde estudos sistemáticos de fósseis levaram os cientistas à ideia de que o atual estado da Terra é o resultado de um desenvolvimento contínuo, causado pela ação de forças naturais no transcurso de imensos períodos de tempo. Essa ideia forneceu os antecedentes intelectuais da formulação mais precisa e influente do pensamento evolucionista: a teoria da evolução das espécies na biologia, de início formulada especulativamente por Jean-Baptiste Lamarck (1744-1829) e algumas décadas depois estabelecida por Darwin. O monumental *Sobre a Origem das Espécies* (1859), de Darwin, e a teoria da evolução, forçaram os cientistas a abandonar a concepção cartesiana do mundo como uma máquina que havia surgido plenamente construída das mãos de seu criador. Ao contrário, era preciso descrever o universo como um sistema incipiente, em contínua mutação, no qual estruturas complexas se desenvolveram a partir de formas mais simples.[2]

O PENSAMENTO EVOLUCIONISTA NA FÍSICA

Quando essa nova maneira de pensar foi formulada nas ciências da vida, os conceitos evolucionistas também estavam emergindo na física. Contudo, embora a evolução biológica tenha sido concebida como um movimento voltado para o aumento progressivo da ordem e da complexidade, a ideia de evolução na física surgiu para significar exatamente o contrário – um movimento voltado para uma desordem crescente.

A crise na física newtoniana foi desencadeada pela descoberta e investigação de fenômenos eletromagnéticos que implicavam um novo tipo de força que não podia ser apropriadamente descrita pelo modelo mecanicista. Michael Faraday (1791-1867) e, mais tarde, James Clerk Maxwell (1831-1879), não só estudaram os efeitos das forças eletromagnéticas como também fizeram dessas próprias forças o objeto primário de sua investigação. Ao substituírem o conceito de uma força pelo conceito muito mais sutil de um campo, eles foram os primeiros a ir além da física newtoniana, mostrando que os campos tinham sua própria realidade e podiam ser estudados sem qualquer referência a corpos materiais. A teoria de ambos, conhecida como "eletrodinâmica", culminou na descoberta de que a luz, na verdade, é um campo eletromagnético de rápida alternação que viaja pelo espaço em forma de ondas.

A aplicação da mecânica newtoniana ao estudo de fenômenos térmicos levou os físicos à formulação da termodinâmica, com base no reconhecimento de que o calor é uma energia gerada por movimentos complexos de átomos e moléculas. A termodinâmica foi formulada em termos de duas leis fundamentais. A primeira é a lei da conservação de energia, que postula que a energia total envolvida num processo é sempre conservada. A energia pode mudar de forma, mas nada dela se perde. A segunda lei da termodinâmica postula que, embora a energia total envolvida num processo seja sempre constante, a quantidade de energia útil diminui, dissipando-se em calor, atrito etc. A energia mecânica é dissipada em forma de calor e não pode ser totalmente recuperada. Em outras palavras, os processos físicos avançam em determinada direção, da ordem para a desordem; segundo a física clássica, o universo como um todo está progredindo rumo a uma desordem cada vez maior. Está perdendo força, tornando-se rarefeito e movendo-se com lentidão cada vez maior até parar de vez. Essa imagem sinistra da evolução cósmica contrastava fortemente com a ideia defendida pelos biólogos, para os quais a natureza viva evolui da desordem para a ordem, para estados de complexidade cada vez maior.

Em fins do século XIX, portanto, a mecânica newtoniana havia perdido seu papel de teoria fundamental dos fenômenos naturais e a imagem newtoniana do universo como uma máquina em perfeito funcionamento fora suplantada por duas concepções diametralmente opostas da mudança evolucionária – aquela de um mundo vivo, que caminha rumo a uma ordem e complexidade crescentes, e aquela de um motor desacelerando, um mundo de progressiva desordem.

Foi preciso mais de um século para que se resolvesse o paradoxo dessas concepções contraditórias sobre a evolução. Na década de 1970, Ilya Prigogine (1917-2003) entendeu que a segunda lei da termodinâmica se aplica a sistemas físicos isolados ou "fechados", ao passo que os sistemas biológicos estão sempre abertos a fluxos de energia e matéria (ou alimento). Na evolução biológica, a desordem geral continua aumentando, mas esse aumento não é uniforme. No mundo vivo, ordem e desordem são sempre criadas simultaneamente. Por exemplo, quando comemos uma cenoura, diminuímos sua estrutura, aumentando, assim, sua desordem; contudo, usamos seus componentes para manter, ou mesmo aumentar, a ordem do nosso próprio organismo. Como afirmou Prigogine, "Os organismos vivos são ilhas de ordem num oceano de desordem". Eles mantêm e até mesmo aumentam sua ordem à custa de maior desordem em seu meio ambiente.

A REVOLUÇÃO CONCEITUAL NA FÍSICA

No fim do século XIX, a teoria da eletrodinâmica de Maxwell e a teoria da evolução de Darwin haviam deixado muito para trás o modelo cartesiano/newtoniano, e indicavam que o universo é muito mais complexo do que tanto Descartes quanto Newton haviam imaginado. Ainda assim, as ideias básicas, subjacentes à física newtoniana, continuavam a ser consideradas corretas apesar de sua insuficiência para explicar todos os fenômenos naturais. Essa situação, porém, mudou radicalmente nas três primeiras décadas do século XX. Duas novas teorias da física – a teoria quântica e a teoria da relatividade

– demoliram todos os principais conceitos da visão de mundo cartesiana e da mecânica de Newton. Ideias como espaço e tempo absolutos, partículas sólidas elementares, uma substância material
fundamental, a natureza estritamente causal dos fenômenos físicos ou
uma descrição objetiva da natureza não podiam ser transpostas para
os novos domínios adentrados pela física do século XX.[3]

Talvez o maior choque tenha sido a descoberta de que, no nível
subatômico, o mundo não podia mais ser decomposto em unidades
independentes e elementares. Desde Newton, os físicos tinham acre-
ditado que todos os fenômenos físicos podiam ser reduzidos às propriedades de partículas materiais duras e sólidas. Todavia, quando
eles voltavam sua atenção dos objetos macroscópicos para os átomos
e as partículas subatômicas, a natureza não revelava nada que se as-
semelhasse a unidades estruturais isoladas. De fato, moléculas e átomos consistem em componentes menores – prótons, elétrons, *quarks* e
outros. Contudo, esses componentes não podem ser entendidos como
entidades isoladas, uma vez que devem ser definidos por meio de suas
inter-relações. Uma partícula subatômica é, em essência, um conjunto de relações que entram em contato com outras coisas, as quais são,
elas próprias, conjuntos de relações.

No formalismo matemático da mecânica quântica, essas relações
são expressas em termos de probabilidades, e as probabilidades são
determinadas pela dinâmica de todo o sistema. Enquanto na mecânica clássica as propriedades e o comportamento das partes determinam os do todo, a situação é invertida na mecânica quântica: é o todo
que determina o comportamento das partes. Essa mudança conceitual das partes para o todo representou um espetacular colapso do
mecanicismo cartesiano e do célebre método de pensamento analítico
de Descartes – o método que consiste em interpretar problemas complicados em termos de seus componentes.

À medida que os cientistas se tornavam cada vez mais conscientes do caráter meramente aproximativo das leis da física newtoniana, também iam parando de usar a expressão "lei da natureza". A lei da radiação de corpo negro (1900), de Max Planck (1858-1947), que deflagrou as revoluções conceituais da física quântica, talvez seja o último exemplo do uso desse termo. Em seguida, tivemos Einstein (1879-1955) e a *equivalência* entre massa e energia ($E = mc^2$), Niels Bohr (1885-1962) e seus *postulados* (seu modelo do átomo), o *princípio* de exclusão de Wolfgang Pauli (1900-1958) e o *princípio* de incerteza de Werner Heisenberg (1901-1976) – nenhum deles formulado em termos de "leis".

Um *insight* crítico de consequências muito abrangentes foi o fato de que o entrelaçamento universal revelado pela física quântica inclui o observador humano e sua consciência. Nunca podemos falar sobre a natureza sem falar, ao mesmo tempo, de nós mesmos. Nas palavras de Heisenberg, "O que observamos não é a natureza em si, mas a natureza exposta ao nosso método de indagação".[4] Como os gregos e outros povos antigos haviam compreendido, o todo é maior que o conjunto de suas partes. Todos os componentes do universo são interconectados, e as pessoas, por sua vez, são conectadas com o universo de maneira muito real.

O PENSAMENTO SISTÊMICO NAS CIÊNCIAS DA VIDA

Enquanto os físicos quânticos lutavam com a mudança conceitual das partes para o todo, uma mudança semelhante vinha ocorrendo nas ciências da vida. Na década de 1920, biólogos alemães elaboraram e aprimoraram as principais ideias dos biólogos românticos do século XVIII. Chamando sua nova disciplina de "biologia organísmica", eles afirmavam que os organismos vivos são totalidades integradas que não podem ser entendidas mediante o estudo exclusivo de suas partes.

Os biólogos organísmicos também travaram diálogos interdisciplinares com os psicólogos, que discutiam o processo de percepção em termos de padrões perceptivos integrados – totalidades organizadas integrais que revelavam qualidades ausentes em suas partes. Por exemplo, quando encontramos uma amiga e percebemos que ela parece triste, essa percepção de tristeza é informada por uma profusão de sutis expressões faciais, gestos, tom de voz e coisas do tipo, que nem mesmo seriamos capazes de classificar, mas que nosso cérebro unifica num único padrão perceptivo. Os psicólogos tomaram de empréstimo a palavra alemã *Gestalt*, que significa "forma orgânica", e usaram-na para designar esses padrões perceptivos integrados. Consequentemente, sua disciplina tornou-se conhecida como psicologia da Gestalt.

A terceira disciplina a contribuir com esses diálogos sobre a totalidade foi a nova ciência da ecologia, que surgiu da escola do "organicismo" (o estudo da natureza das formas orgânicas) durante o século XIX, quando os biólogos começaram a estudar comunidades de organismos. Enquanto os biólogos encontraram uma totalidade irredutível nos organismos e os psicólogos encontraram-na na percepção, os ecologistas foram encontrá-la em seus estudos sobre comunidades de animais e plantas nos ecossistemas. Eles perceberam que os membros das comunidades ecológicas são todos interligados e formam redes de relações, como redes alimentares, das quais o sucesso de toda a comunidade depende do sucesso de seus membros individuais, e o sucesso de cada membro, por sua vez, depende do sucesso da comunidade como um todo.

Desses diálogos interdisciplinares surgiu uma nova maneira de pensar que se tornou conhecida como "sistemas" ou pensamento "sistêmico".[5] O campo comum a esses estudos eram os sistemas vivos, o que incluía organismos individuais, partes de organismos e comunidades de organismos, como sistemas ou ecossistemas sociais. Portanto, os sistemas vivos têm um campo de ação de longo alcance e, por sua própria natureza, o pensamento sistêmico configura uma abordagem interdisciplinar, ou, melhor dizendo, "transdisciplinar".

Christian von Ehrenfels (1859-1932), psicólogo alemão da Gestalt, popularizou a afirmação de Aristóteles de que "o todo é maior que a soma de suas partes", e isso se tornou uma máxima comum entre os teóricos sistêmicos. Os sistemas vivos são totalidades integradas cujas propriedades não podem ser reduzidas àquelas das partes menores. Suas propriedades essenciais provêm das interações e relações entre as partes.

A mudança de foco, dos objetos para as relações, contradiz o tradicional empenho da cultura ocidental, com seu foco nas coisas que podem ser medidas e pesadas. As relações não podem ser medidas e pesadas; devem ser mapeadas. Toda essa mudança de ênfase – das partes para o todo, dos objetos para as relações, da mensuração para o mapeamento – faz parte da tensão entre o estudo da matéria (quantidade) e o estudo da forma (qualidade). A discussão sobre a matéria usa a linguagem da física e da química para descrever estruturas materiais, forças e os processos que delas resultam. A discussão da forma, por sua vez, implica um mapeamento abstrato de relações para descrever padrões de organização, como redes ou ciclos de retroalimentação.

REDES VIVAS

Os ecologistas descrevem os ecossistemas como comunidades de plantas, animais e micro-organismos unidos em redes através de relações alimentares. Eles introduziram a ideia de redes de alimentos e, em termos mais gerais, da rede da vida. As redes alimentares são redes de organismos, os organismos são redes de células e as células são redes de moléculas. Portanto, onde quer que a vida se nos apresente, vemos redes, e a rede tornou-se a metáfora principal de nossa época, assim como a máquina foi a metáfora principal durante trezentos anos depois de Descartes e Newton. Embora uma máquina seja adequadamente definida em termos de suas partes, uma rede é definida em termos de seus elos ou relações. Esse entendimento incorpora a mudança do pensamento mecanicista para o pensamento sistêmico.

À medida que o conceito de rede se tornou cada vez mais proeminente em ecologia, os pensadores sistêmicos começaram a usar modelos de rede em todos os níveis sistêmicos, considerando os organismos como redes de células, órgãos e sistemas de órgãos, assim como os ecossistemas são entendidos como redes de organismos individuais. Da mesma maneira, os fluxos de matéria e energia através dos ecossistemas eram percebidos como a continuação dos caminhos metabólicos através dos organismos. Esses dois aspectos dos sistemas vivos — redes e fluxos — são dois conceitos-chave da nova concepção sistêmica da vida que surgiu nas três últimas décadas.

SISTEMAS NÃO LINEARES

Os conceitos básicos do pensamento sistêmico foram desenvolvidos e depurados durante as décadas de 1920 e 1930. Depois, a década de 1940 testemunhou a formulação de teorias sistêmicas reais que integravam os conceitos sistêmicos em estruturas coerentes para descrever os princípios da organização dos sistemas vivos. Essas teorias sistêmicas clássicas englobam a teoria geral dos sistemas, desenvolvida pelo biólogo Ludwig von Bertalanffy (1901-1972), e a teoria da cibernética, que resultou de uma colaboração multidisciplinar entre matemáticos, neurocientistas, cientistas sócias e engenheiros.

A fase seguinte do pensamento sistêmico ocorreu nas décadas de 1970 e 1980, com o desenvolvimento de novos modelos e teorias de sistemas vivos que são muito superiores às teorias sistêmicas clássicas. A característica distintiva dessas novas teorias foi uma nova linguagem matemática que permitiu, pela primeira vez, que os cientistas lidassem matematicamente com a enorme complexidade dos sistemas vivos. A teoria do caos e a geometria fractal são ramos importantes dessa nova matemática, que é popularmente conhecida como teoria da complexidade.

A característica crucial da teoria da complexidade é o fato de ser uma matemática não linear. Seu nome técnico, por conseguinte, é dinâmica não linear. Até há pouco tempo, os cientistas tendiam a evitar as equações não lineares pelo fato de elas serem muito difíceis de resolver. Por exemplo, o fluxo suave da água de um rio em que não há obstáculos é descrito por uma equação linear. Porém, quando há uma rocha no rio, a água começa a redemoinhar e o rio fica turbulento. O movimento da água torna-se tão complicado que parece extremamente caótico, e esse movimento complexo pode ser descrito por equações não lineares.

Na década de 1970, os cientistas dispunham pela primeira vez de poderosos computadores de alta velocidade que podiam ajudá-los a lidar com essas equações não lineares. Ao fazê-lo, eles criaram um novo tipo de linguagem matemática, que revelou padrões muito surpreendentes sob o comportamento aparentemente caótico dos sistemas não lineares – ordem sob o caos aparente. Quando uma equação não linear é resolvida usando-se essas novas técnicas, o resultado não é uma fórmula, mas uma forma visual, um padrão traçado pelo computador. Os *atratores estranhos* da teoria do caos e os *fractais* da geometria fractal são exemplos desses padrões. São descrições visuais da dinâmica complexa de um sistema. A nova matemática da complexidade é essencialmente uma matemática de padrões e relações.

Nos últimos trinta anos, o grande interesse pelos fenômenos não lineares gerou uma série de novas e poderosas teorias que aumentaram muitíssimo nosso entendimento de muitas características fundamentais da vida. Em particular, duas teorias sistêmicas levaram a importantes avanços na compreensão das duas características fundamentais acima mencionadas, as redes e os fluxos.

A primeira delas é uma teoria das redes vivas, conhecida como teoria de autopoiese, desenvolvida por Humberto Maturana e Francisco Varela.[6] Segundo essa teoria, a característica definidora das redes vivas é o fato de gerarem a si mesmas, isto é, serem "autopoiéticas" – do grego *auto* ("por si próprio", "de si mesmo") e *poiein* ("fazer"). Por exemplo, todas as estruturas biológicas no interior de uma célula –proteínas, enzimas, DNA etc. – são continuamente produzidas, reparadas e regeneradas pela própria rede celular. Da mesma maneira, as células corporais de um organismo multicelular são continuamente regeneradas e recicladas pela rede metabólica do organismo. As redes vivas criam-se ou recriam-se continuamente mediante a transformação ou a substituição de seus componentes. Desse modo, passam por contínuas mudanças estruturais ao mesmo tempo que preservam seus padrões de organização em rede. Uma vez mais deparamos com a coexistência entre estabilidade e mudança – uma das características-chave da vida. O que permanece estável é o padrão de organização do sistema, a rede; o que muda continuamente é a estrutura do organismo.

A outra teoria sistêmica pioneira lida com o fluxo constante de energia e matéria que passa por essas redes vivas. É a teoria das estruturas dissipativas de Prigogine, que explica como os sistemas vivos conseguem manter a mesma estrutura geral a despeito de um fluxo geral e da mudança de componentes. Prigogine cunhou o termo "estrutura dissipativa" para enfatizar a estreita associação, de início paradoxal, entre estrutura e ordem, por um lado, e fluxo e mudança (dissipação), por outra; mais uma vez, a estabilidade e a mudança coexistem.[7]

A dinâmica das estruturas dissipativas inclui, especificamente, a emergência espontânea de novas formas de ordem. Embora os sistemas vivos quase sempre permaneçam num estado estável, há ocasiões em que encontram pontos de instabilidade, e nesses pontos pode ocorrer tanto uma desagregação como o surgimento espontâneo de novas formas de ordem. Essa emergência espontânea de ordem em pontos críticos de instabilidade, em geral designada simplesmente como "emergência", é um dos marcos distintivos da vida. Foi reconhecida como a origem dinâmica do desenvolvimento, da aprendizagem e da evolução. Em outras palavras, a criatividade – a geração de novas formas – é uma propriedade fundamental de todos os sistemas vivos.

REDES VIVAS NA ESFERA SOCIAL

Para expandir a compreensão sistêmica da vida até a esfera social e, em particular, até as leis humanas, podemos postular um modelo teórico segundo o qual a vida tem uma unidade fundamental e os diferentes sistemas vivos exibem padrões semelhantes de organização. A evolução avançou ao longo de bilhões de anos e, ao fazê-lo, nunca deixou de usar os mesmos padrões. À medida que a vida evolui, esses padrões tendem a se tornar cada vez mais complexos, mas nunca deixam de ser variações dos mesmos temas básicos. O padrão em rede, em particular, é um dos padrões básicos de organização em todos os sistemas vivos. Em todos os níveis, os componentes e processos dos sistemas vivos são interligados em redes. Portanto, expandir a concepção sistêmica da vida à esfera social significa aplicar à realidade social nosso conhecimento dos padrões e princípios de organização básicos da vida, e, especificamente, nossa compreensão das redes vivas.[8]

As redes sociais são redes de comunicação. Na esfera humana, isso significa que devemos considerar integralmente nosso mundo interior de consciência e cultura – de ideias, valores, conflitos, relações de poder etc. – para entender devidamente essas comunicações. Como as redes biológicas, as redes sociais são autogeradoras, mas o que elas geram é, sobretudo, de natureza não material. Cada comunicação cria pensamentos e significados, o que dá origem a novas comunicações, de tal modo que a rede inteira gera-se a si própria. À medida que as comunicações continuam numa rede social, elas formam múltiplos ciclos de retroalimentação que terminam por produzir um sistema compartilhado de crenças, explicações e valores, também conhecido como cultura, que é continuamente mantido por novas comunicações. Por meio dessa cultura, as pessoas adquirem identidades como membros da rede social e, dessa maneira, a rede gera sua própria fronteira.

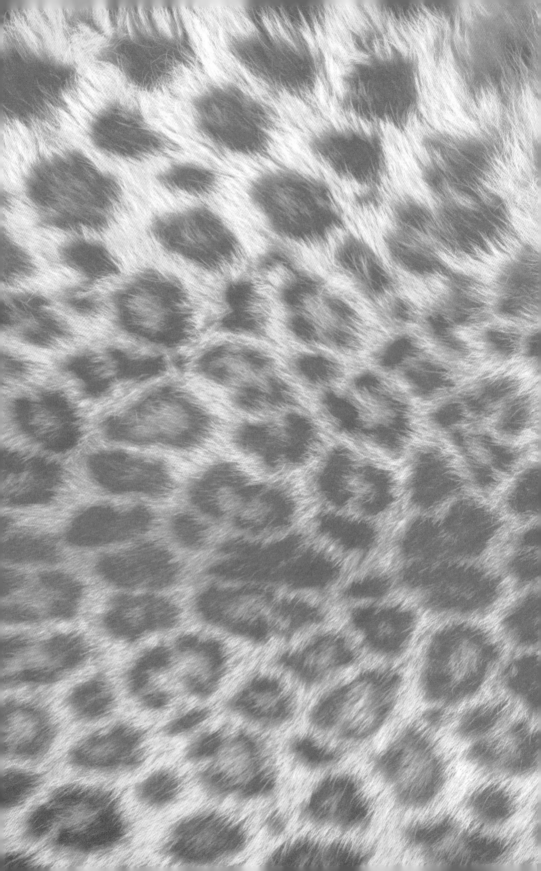

CAPÍTULO **6**

Teoria Mecânica do Direito

U ma vez mais, os avanços jurídicos que se seguiram ao triunfo do racionalismo jurídico cartesiano mostram notáveis paralelos com os avanços nas ciências naturais. O pensamento evolucionista e o romantismo haviam desacreditado a concepção mecanicista do direito natural como um sistema universal imutável de regras racionais erradicadas na razão humana. Não obstante, a crítica evolutiva e romântica não conseguiu desalojar a concepção mecanicista do direito de sua condição de corrente principal, e tampouco conseguiu pôr fim à sua influência sobre a visão e a prática do direito profissionalizado no Ocidente.

A resistência da abordagem mecanicista nas leis humanas deve-se ao fato de atender muito bem às necessidades do capitalismo do século XIX. A redução do sistema jurídico a um acordo entre a propriedade privada e a soberania de Estado foi um poderoso instrumento para dominar a natureza e a comunidade. A concepção de direito dominante ainda é a de um sistema objetivo, regido pelo Estado e com o poder de resolver conflitos entre indivíduos cujo objetivo é a extração de valor. Nunca mais tornou a surgir uma maneira de conceber o direito com base na comunidade. Ao contrário, de modo um tanto paradoxal, a evolução da teoria jurídica transformou os questionamentos da concepção mecanicista – tanto os românticos como os evolutivos – em componentes ideológicos do modelo predominante, ou seja, o do extrativismo capitalista. O resultado desse processo é a modalidade vigente de positivismo jurídico, que nos obriga a entender o direito como uma tecnologia irrefutável à qual só podemos ter acesso – se é que tanto – por meio dos profissionais. Uma visão sistêmica da natureza do direito como uma rede viva de comunidades que permitam a "emergência" de novas formas jurídicas, a fim de manter a sobrevivência de nosso planeta, é algo que ainda está por vir. Mesmo assim, algumas ideias desenvolvidas pelo pensamento romântico e evolucionista são importantes para nossa ecologia do direito (que já definimos anteriormente como um ordenamento jurídico compatível com os princípios básicos da ecologia e lhes atribui o devido merecimento).

O CÓDIGO NAPOLEÔNICO FRANCÊS E A TEORIA MECÂNICA DO DIREITO

No terreno jurídico, a visão de mundo cartesiana alcançou uma posição dominante na França graças ao triunfo da Revolução Francesa. Em linhas gerais, a racionalização do sistema jurídico francês, explorado por Jean Domat, corresponde à obra de William Blackstone na Inglaterra, quase um século depois. Ambas eram tentativas de dar uma forma racional aos elementos jurídicos extremamente desorganizados. O Código Civil Francês de 1804 (posteriormente conhecido como Código Napoleônico) tomou de empréstimo a Domat algumas doutrinas e ideias.

Como no caso de outros sistemas filosóficos da Europa Continental, a propriedade privada e a soberania de Estado são os elementos fundamentais do Código Napoleônico. Essa visão hierárquica do ordenamento jurídico, na qual o Estado soberano e o proprietário soberano mantêm uma relação consensual direta entre si, é o "absolutismo jurídico".[1] Algumas doutrinas fundamentais do Código são ideias cartesianas clássicas e individualistas, coerentes com a necessidade de transformar os bens comuns em capital. Entre essas ideias, encontramos a definição enfática de propriedade, a qual, segundo o Código, é o direito de desfrutar e dispor de uma coisa da maneira mais absoluta possível; a ideia do acordo contratual que vincula legalmente as partes; a noção de transferência de propriedade por anuência pura e simples; o princípio de culpabilidade por ato ilícito extracontratual, que protege os empresários da responsabilidade legal por danos sem culpa durante o processo de negociação; e a coexistência de pessoa física e jurídica, que protege a fortuna pessoal de investidores empresariais ao responsabilizar a empresa, e não eles. Por meio desses e de outros artifícios técnicos, Napoleão incorporou a concepção cartesiana ao Código. Por exemplo, o Artigo 5 do Código limita a atuação dos juízes à aplicação mecânica do Código à situação que lhes é proposta, uma concepção que Roscoe Pound (1870-1964), reitor da Faculdade de Direito de Harvard, chamou de "teoria mecânica do direito".[2] Presumia-se que o Código, concebido como pura expressão verbal da razão, fosse aplicado com muito pouca, ou quase nenhuma interpretação – seguindo cegamente a lógica cartesiana aplicada pelo judiciário, que é um dos ramos do Estado.

Por meio de conquista militar ou da reputação intelectual, o Código tornou-se a espinha dorsal da profissão do direito em todo o mundo.[3] Mas foi esse sucesso extraordinário do racionalismo, aliado à resistência política contra a modernização introduzida por Napoleão, que desencadeou a reação romântica, principalmente na Alemanha.

EVOLUÇÃO NO PENSAMENTO JURÍDICO

Vimos de que modo, por influência do movimento romântico, tanto o pensamento evolucionista quanto o holístico tiveram um extraordinário desenvolvimento na filosofia e na ciência. Na teoria do direito, uma ideia de evolução legal jurídica ganhou força em fins do século XVIII, em particular nos círculos jurídicos e filosóficos escoceses.[4] David Hume descreveu três leis fundamentais, decorrentes do fato mesmo de grupos de pessoas viverem juntas: "A estabilidade da posse, sua transferência por consentimento e o cumprimento das promessas". Essas disposições não provêm da razão, afirmou Hume, mas de uma percepção geral de interesse comum, na qual as pessoas se conscientizam gradualmente da necessidade de regulamentar sua conduta em conformidade com as normas. Toda norma, como a linguagem ou o reconhecimento do ouro como meio de troca, "surge aos poucos e adquire força no decurso de uma lenta progressão, bem como por nossa reiterada experiência dos inconvenientes de transgredi-la".[5]

Charles-Louis Montesquieu (1689-1755), um dos grandes filósofos políticos do Iluminismo, foi reconhecido como o pioneiro de uma ideia científica de evolução no direito que implicava um desenvolvimento da sociedade de uma etapa para a seguinte. Essa concepção é usada ainda hoje em muitos escritos sobre "subdesenvolvimento", de autoria de muitos pensadores conhecidos como "economistas desenvolvimentistas" (que estudam os processos econômicos nos países de baixa renda). Montesquieu comparou diversas sociedades para determinar os aspectos do direito que pudessem ser encontrados por toda parte, por maiores que fossem as diferenças dessas sociedades em termos de clima, costumes, geografia ou grau de desenvolvimento. Com esse método, ele poderia determinar cientificamente a natureza fundamental da propriedade privada para as sociedades mais avançadas.

Enquanto na ciência o pensamento evolucionista estivesse desferindo um duro golpe na visão mecanicista de Descartes, no direito ele vinha reforçando suas conclusões ao fortalecer cientificamente o tipo de individualismo possessivo de que o desenvolvimento capitalista necessitava. Os juristas providenciavam o sustentáculo da propriedade privada e da soberania de Estado com a ideia legitimadora da evolução jurídica como um processo de quatro etapas de desenvolvimento, baseado nos meios sociais de subsistência. Em teoria, uma sociedade se desenvolveria gradualmente, passando por quatro estágios: (1) o de caçadores-coletores; (2) o de sociedades nômades, baseadas no pastoreio e na atividade pecuária; (3) o de sociedades baseadas na agricultura e (4) o de sociedades baseadas no comércio. Essa ideia linear ainda é predominante no pensamento econômico. Por um lado, como a teoria de Darwin havia feito na ciência, essa teoria trouxe consigo uma crítica incipiente à ideia de um direito natural de natureza racional, universal e abstrata; por outro lado, porém, ela confirmava sua concepção individualista. Ao longo dessas etapas, as instituições legais – particularmente o governo e, de maneira ainda mais notável, a propriedade – evoluíram de ordenamentos mais simples para estruturas progressivamente mais complexas.[6]

ROMANTISMO JURÍDICO

Em vez de não dar crédito à concepção mecanicista do direito, o paradigma científico de Montesquieu terminou por fortalecer suas conclusões. Da mesma maneira, Friedrich Karl von Savigny (1779-1861), jurista do período romântico alemão, criticou o conceito abstrato de um ordenamento jurídico universal, mas terminou por fortalecer suas conclusões jurídicas mais importantes. Savigny, o jurista mais influente do século **XIX**, era conservador, talvez um aristocrata reacionário que temia a promulgação do Código Napoleônico, por ele considerado como um documento legal carente de sofisticação e elaboração acadêmica suficientes. Savigny fundamentava sua crítica em duas ideias. Primeiro, porque a lei varia de um lugar para outro, não pode ser vista como um ordenamento matemático abstrato do tipo newtoniano. Ao contrário, uma vez que reflete diferentes qualidades e ambições nacionais, deve ser produto do "espírito do povo" (*Volksgeist*), tornando as sociedades diferentes entre si, conforme as interpretam seus intelectuais e juristas. Fica claro que Savigny estava usando uma concepção da transformação histórica com forte matiz evolucionista como sua crítica fundamental do direito natural racionalista. O Código Napoleônico cartesiano, afirmava ele, não refletia nenhuma disposição de espírito além daquela dos franceses, os quais, por meio de sua Revolução, haviam-no transformado em seu direito.

Em segundo lugar, Savigny argumentava que o direito não pertencia ao Estado soberano, mas, como a cultura ou a linguagem, pertencia ao povo, que poderia expressá-lo através das obras de seus juristas acadêmicos. O direito deve respeitar o espírito de cada lugar e de cada período histórico. Qualquer codificação do direito era um ato autoritário do Estado, feita de cima para baixo em determinado momento histórico que necessariamente o tornava menos adaptável às circunstâncias históricas subsequentes. Devido a esse *insight*, que adquiriu grande fama ao ser exposto durante uma polêmica sobre a codificação, travada com Anton Friedrich Justus Thibaut (1772-1840), o romantismo de Savigny também é conhecido como historicismo jurídico. Enquanto as contribuições metodológicas de Savigny são sólidas e devolvem, potencialmente, certa natureza vital ao direito, a crítica romântica do mecanicismo no direito mostrou-se praticamente ineficaz quando os juristas românticos alemães se dividiram em dois campos ferozmente antagônicos.

Os seguidores mais intransigentes de Savigny acreditavam, de modo um tanto paradoxal, que o direito romano revelava o verdadeiro espírito do povo alemão, uma vez que suas leis ainda eram interpretadas e aplicadas nos tribunais.[7] Por outro lado, os "germanistas" achavam que o espírito do povo alemão, em sua forma costumeira, passara a opor-se ao direito romano depois da queda do Império. Esse direito era comunal, baseado não num sistema de direitos de propriedade individualistas e formalizados, mas, ao contrário, num sistema de propriedade fundiária adaptável às necessidades de comunidades muito unidas entre si.[8]

A riqueza do aprimoramento germânico mostra que, devido à onipresente aliança entre o capital e o direito, que serve irrestritamente à propriedade individual, a "comunidade" não deu origem a uma consciência jurídica capaz de refletir os valores de nossa época. Embora a concepção de Savigny acerca do "império da vontade individual" tenha triunfado como uma justificação ainda mais ampla dos direitos irrestritos de propriedade, talvez tivesse sido possível que a comunidade tradicionalmente coesa, nas mãos de juristas capazes de refletir as condições sociais em mutação, tivesse surgido aos poucos, com plenas condições de atender às necessidades de um ordenamento jurídico-ecológico.

A PROFISSIONALIZAÇÃO DO DIREITO

O legado do romantismo jurídico, longe de ser uma injeção desejável de cultura viva e organização política coletiva, foi mais um passo rumo à profissionalização do direito. Nos séculos XX e XXI, a transmissão do conhecimento jurídico de uma geração para a seguinte tornou-se exclusivamente uma questão de profissionalização acadêmico-jurídica. Esse processo marginalizou totalmente qualquer costume jurídico de baixo para cima, gerado pela comunidade, e isolou por completo o direito de sua própria ecologia. Hoje, a única opção disponível ainda é aquela que se verifica entre os interesses da propriedade privada e da soberania de Estado – um impiedoso constrangimento legal que nos impede de imaginar qualquer concepção alternativa. Na sociedade ocidental, a única escolha política legítima é entre mais ou menos Estado e mais ou menos propriedade. Progressivamente, o direito transformou-se numa tecnologia cuja finalidade consiste em sustentar esse constrangimento da organização política.

Apesar das promessas do pensamento romântico de Savigny, o pensamento jurídico alemão gerou uma filosofia do direito de conceitos ainda mais abstratos do que suas contrapartes jusnaturalistas. Os juristas alemães desenvolveram aquilo que o filósofo do direito Duncan Kennedy chamou de "consciência jurídica clássica": uma metodologia de aprendizagem jurídica formalista, dedutiva e altamente profissionalizada, baseada na liberdade irrestrita da vontade individual, que se espalhou pelo mundo.[9] Depois que a própria Alemanha codificou o direito privado, em 1900, os juristas do mundo inteiro concordaram que, nas sociedades avançadas, o direito era um sistema puro, ontologicamente separado e diferente da política, da moral, da justiça, da religião ou das normas culturais. O positivismo jurídico formalista, que sustenta que o direito tem uma estrutura essencialmente objetiva e é um sistema situado no domínio dos fatos, e não dos valores (que ficam a cargo do processo político), tornou-se o único cânone do direito ocidental.

Nos Estados Unidos, a educação jurídica profissional lançou raízes nas instituições acadêmicas. Christopher Columbus Langdell

(1826-1906), primeiro reitor da Faculdade de Direito de Harvard, dizia que o advogado era como um biólogo e que a jurisprudência dos tribunais era o material de laboratório com base no qual se poderiam inferir doutrinas gerais a ser aplicadas a causas subsequentes. O método de Langdell, conhecido como formalismo jurídico, juntamente com seu "método socrático" de instrução acadêmico-jurídica, difundiu-se pelos Estados Unidos, produzindo gerações inteiras de profissionais do direito alienados de qualquer conhecimento ecológico de seu objeto de estudo.[10] Nenhuma noção de contexto, histórico ou social, muito menos político, jamais fez parte do ensino acadêmico do direito (com a eventual exceção da inserção curricular, secundária e opcional, de algumas horas de direito comparativo, sociologia do direito ou história jurídica). Os estudantes leem os autos de causas passadas e as discutem abstratamente, desenvolvendo um jargão próprio e habilidades técnicas específicas para interpretar leis e decisões judiciais – habilidades que têm sido fundamentalmente as mesmas desde as mais remotas origens do direito romano.

Esse processo de profissionalização afastou o direito das comunidades, expropriando esse mais fundamental dos "bens comuns" – o controle exercido por uma comunidade sobre seu próprio ordenamento jurídico. Quando as leis são determinadas a distância, as comunidades perdem poder e as pessoas sentem-se pouco estimuladas a unir-se para mudar o mundo em que vivem. Embora essa expropriação tenha eventualmente produzido bons resultados quando comunidades locais demonstram atitudes excludentes – como na dessegregação do Sul dos Estados Unidos –, o mais comum é que ela seja letal para o meio ambiente e para a identidade comunitária em si. Por exemplo, as decisões sobre o uso do solo seguem a lógica de uma escolha entre propriedade privada e interesses governamentais. Os juristas do meio acadêmico retratam esses dois interesses como conflitantes, mas, na verdade, ambos obedecem à mesma lógica de extração de valor. Do mesmo modo, questões como o acesso à justiça, a reforma da responsabilidade civil, a disponibilidade de indenização punitiva – todas as quais exercem um tremendo impacto sobre o bem-estar das comunidades – são decididas por profissionais de diferentes competências processuais, em níveis totalmente apartados das próprias comunidades.[11]

A substância dessa escolha não mudou nem mesmo quando o movimento seguinte a predominar nos Estados Unidos, o "realismo jurídico" (que apresentava uma descrição do direito em ação, e não nos livros), questionou o formalismo jurídico muito duramente na esteira da Primeira Guerra Mundial a fim de haver-se com os desafios criados pela chamada "legalidade socialista" na ex-URSS. A urbanização em massa, a produção industrial, os esforços de guerra e as crises do entreguerras criaram novos problemas para os quais a resposta jurídica – mais Estado e menos propriedade privada – continuou totalmente dentro dos limites estabelecidos pela oposição entre direito privado (mercado) e direito público (Estado), tanto no bloco capitalista quanto no soviético. Essa oposição aumentou a distância entre o direito e a comunidade e, nos Estados Unidos, levou a uma maior profissionalização jurídica do processo político do poder legislativo. Os professores de direito das faculdades de elite também prestavam serviços às agências federais dos Estados Unidos. Portanto, começando com o *New Deal*, o raciocínio técnico-jurídico uniu-se ao poder político vigente para produzir uma forma específica de tecnocracia. As escolhas políticas progressistas, em vez de serem descritas como tais, ficavam ocultas por trás da perícia técnica dos advogados, da mesma maneira que, hoje, as escolhas políticas conservadoras ficam ocultas por trás da perícia dos economistas em busca do aumento do produto interno bruto ou da flexibilidade do mercado de trabalho.

O realismo jurídico causou uma forma particular de fusão entre juristas e cientistas sociais nas escolas norte-americanas de elite,[12] um encontro que estabeleceu as premissas daquilo que se conhece como análise econômica do direito, que se tornou a forma dominante de consciência jurídica mundial na sequência do colapso da União Soviética. A ideia realista de que a análise jurídica é uma "ciência social", e não uma "ciência natural", tornou-a subserviente à economia, a rainha absoluta das ciências sociais. Sob a influência de economistas de renome, a concepção natural do direito compartilhado pelos profissionais de direito desenvolveu-se aos poucos, passando de um conjunto de conceitos científicos positivos, dos quais se poderiam inferir regras, para uma espécie de engenharia social, um meio para se chegar a um fim, tendo em vista a eficiência de mercado. Segundo essa concepção, o processo político cria o direito positivo e reflete a luta de grupos de interesse concorrentes. Uma vez aprovada uma lei, os juristas, e só os juristas, adaptam-na às exigências do sistema jurídico e interpretam-na no contexto da criação de uma sociedade favorável ao mercado. Profissionalmente, esse processo separa os princípios e normas jurídicos das preferências e desejos políticos mutáveis, que introduzem ineficiência no sistema.[13] Nos termos dessa concepção, não há espaço para a comunidade conferir sentido ao direito, nem para variações locais significativas. Desse modo, a concepção teórica dominante reforça o mito da previsibilidade científica do direito como um pré-requisito para a organização eficiente da atividade comercial. Tendo em vista que as mesmas leis fundamentais do mercado regem a economia seja em Bombaim, Nova York ou Brazzaville, os investidores de toda parte devem estar preparados para encontrar sistemas jurídicos equivalentes, também favoráveis ao mercado. Essa concepção dominante transforma o direito de uma cultura (local) numa tecnologia (global).

CAPÍTULO **7**

A Armadilha Mecanicista

Apesar da mudança das metáforas na vanguarda da ciência – que passaram de "máquina" para "rede" –, a visão de mundo mecanicista da modernidade ainda predomina entre juristas e profissionais do direito, líderes políticos e executivos. Só nas duas últimas décadas, por exemplo, os teóricos organizacionais começaram a aplicar o pensamento sistêmico à administração das instituições humanas. A concepção mecanicista das organizações também continua muito difundida entre os empresários, que agem dentro dos constrangimentos institucionais criados pelo direito, que foi, ele próprio, transformado numa tecnologia e deixou de refletir especificamente a vontade das comunidades. Essa concepção cria um tipo de armadilha mecanicista na qual os agentes humanos não são mais capazes de controlar as ações de instituições jurídicas como, por exemplo, as empresas ou as burocracias governamentais, mesmo quando tais ações são nocivas às comunidades ou aos bens e recursos comuns do meio ambiente.

SISTEMAS TACANHOS DE INCENTIVOS

A voracidade da busca por resultados financeiros encontra uma chave para o sucesso na técnica jurídica da terceirização. A concepção jurídica dominante torna praticamente imperativo terceirizar a produção, de países ricos para países onde os trabalhadores e o meio ambiente são absurdamente explorados. Por exemplo, em abril de 2013, o colapso do edifício Rana Plaza em Bangladesh matou mais de 1.100 operários miseráveis, que haviam sido ameaçados de morte por armas de fogo e foram obrigados a ir trabalhar em fábricas para cumprir as obrigações contratuais com as mais famosas marcas do Ocidente, desde a Gap até a Benetton.[1] Por conta da estrutura jurídica da terceirização, as empresas que fazem fortuna com a exploração do trabalho formalmente empregado por diferentes empresas ficam isentas de responsabilidade por essas tragédias. Portanto, seus CEOs utilizam rotineiramente essas técnicas. Os CEOs e os órgãos deliberativos das empresas ficam longe de onde suas decisões resultarão em impactos dramáticos, e os estatutos sociais tornam essas decisões praticamente obrigatórias. Devido aos ciclos de retroalimentação juridicamente tendenciosos, o mais bondoso dos CEOs, ou o conselho jurídico mais humanitário irão sentir-se presos por suas obrigações legais com os acionistas – perseguir exaustivamente todas as oportunidades de negócios que, embora prometam lucros imediatos, são ecológica e socialmente devastadores.

Essas estruturas de tomada de decisões são dramaticamente tacanhas do ponto de vista social e ecológico. Por exemplo, nos primeiros anos deste século, em busca de benefícios fiscais e terra barata para construir uma nova sede corporativa, a Pfizer negociou com as autoridades locais sua transferência para a cidade empobrecida de New London, Connecticut. O negócio requeria uma controversa mudança na lei (em vigor) de desapropriações, em favor da gigantesca indústria farmacêutica e à custa dos pequenos proprietários locais, o que resultou em imensos custos sociais. A questão foi levada a exame à Suprema Corte. Na polêmica decisão 2005 *Kelo vs. City of New London*, a Suprema Corte levou em consideração que a promessa de novos empregos e impostos, oferecida pela Pfizer, era suficiente para estabelecer o interesse público na desapropriação. Contudo, poucos anos depois dessa decisão extremamente controversa, a Pfizer decidiu fechar a nova sede, demitindo 1.400 empregados e deixando para trás construções vazias e ruína social. Quarenta estados aprovaram leis anti-Kelo para diminuir o impacto da atitude que a Suprema Corte havia adotado em favor da Pfizer.

Em todo o mundo, há muitos exemplos semelhantes de empresas que se dedicam incansavelmente à defesa dos interesses de acionistas, trabalhando como máquinas juridicamente induzidas e exteriorizando os custos sociais. O comportamento empresarial, portanto, é ao mesmo tempo um problema cultural e jurídico. A transformação dos estatutos sociais para obrigar a administração a levar em consideração os verdadeiros custos de suas ações, fazendo uso do pensamento sistêmico, é um dos passos cruciais, necessários para levar a bom termo uma ecologia do direito.[2]

Da mesma maneira, coerções e incentivos institucionais legalmente induzidos tendem a determinar o comportamento dos políticos profissionais, que operam no breve período de tempo do ciclo eleitoral. Mesmo que um político tenha uma visão verdadeiramente ecológica e sistêmica, os resultados de qualquer plano de ação que ele pudesse converter em lei só seriam visíveis no médio ou no longo prazos. Contudo, os custos extras inferidos pelos seus eleitores (e, em particular, por seus doadores financeiros) se fariam sentir imediatamente na forma de obrigações ambientais e sociais, na exigência de atualização de tecnologias e assim por diante. Essa discrepância entre os breves ciclos eleitorais e os resultados de longo prazo explica a parca ajuda que os políticos tendem a oferecer aos movimentos ambientais. O medo de perder as eleições por indispor-se com a indústria petrolífera, por exemplo, explica por que o movimento ambientalista é deixado de lado em todas as lutas contra os oleodutos e por que os legisladores da Virgínia Ocidental não batem de frente com a indústria do carvão. Políticos norte-americanos famosos, como o democrata Jim Jontz (1951-2007) e o republicano Wayne Gilchrest, tiveram suas carreiras políticas prejudicadas quando dinheiro empresarial inundou os cofres de seus adversários, em retaliação por suas posições ambientalistas. Uma escola de pensamento conhecida como "teoria da escolha racional", popular entre juristas, economistas e cientistas políticos, defende a teoria de que os políticos passam a agir "irracionalmente" quando deixam de aumentar suas chances de reeleição. O economista James Buchanan chegou a ganhar um Prêmio Nobel por seu trabalho sobre essa teoria.[3] Portanto, um político consciente, que se alinha à defesa do meio ambiente ou dos pobres, é visto como irracional pelo conhecimento que hoje predomina nos meios acadêmicos. Disso tudo se infere que, para que a política representativa ajude o meio ambiente, as leis de financiamento de campanhas devem ser colocadas em sintonia com o pensamento ecológico de longo prazo.

Ainda mais onipresente entre economistas e políticos é o conceito de desenvolvimento econômico ilimitado, herdado de Adam Smith e outros. As empresas modernas são a concretização institucional dessa crença. O crescimento ilimitado não é uma condição natural das empresas. Ao contrário, é uma escolha política entronizada nos estatutos sociais. O resultante crescimento econômico de muitas empresas contribuiu para uma transferência da soberania dos governos para a propriedade empresarial, e para a consequente privatização de todas as formas de bens e recursos comuns. Hoje, muitas empresas são tão grandes e poderosas que, mais ainda que os políticos, elas conseguem determinar a lei e a política. São capazes de determinar o ambiente jurídico de seu próprio campo de ação, fazendo *lobby* para interferir diretamente nas decisões do poder legislativo ou investindo fortunas em advogados e processos judiciais. Por exemplo, a Lei Bayh-Dole, adotada pelos Estados Unidos em 1980 por pressão da indústria farmacêutica e posteriormente introduzida no mundo inteiro, autoriza as universidades a copatentear com os doadores empresariais os resultados de pesquisas financiadas pelo setor público. Desse modo, os benefícios sociais dessa propriedade intelectual comum transformam-se em bens privatizados, que visam ao lucro.[4] Assim também, por pressão corporativa, o direito europeu mudou recentemente quando passou a permitir que as empresas não divulguem o lugar onde produzem seus alimentos, o que, por sua vez, privou até os consumidores ecoalfabetizados da possibilidade de comprar produtos locais. (Ironicamente, a abolição do dever de informar sobre o local de origem ficou escondida em meio às inúmeras regulamentações incluídas nos detalhes sobre o potencial alergênico dos alimentos!)[5]

No conjunto, para os bens comuns as consequências da armadilha mecanicista foram terríveis. Além das questões ambientais, mais óbvias e diretas, como a poluição, o desflorestamento e o excesso de desenvolvimento, testemunhamos também a contínua privatização dos serviços de utilidade pública, prisões, escolas, departamentos acadêmicos, serviços públicos de radiodifusão, televisão e muitas outras infraestruturas. Hoje, as empresas controlam muitos desses bens que há pouco tempo eram públicos, e esse controle é exercido com verdadeira ferocidade extrativista.

Infelizmente, o grande público não é devidamente informado sobre esse problema, sobretudo porque a integridade da mídia, cada vez mais corporativista, é de natureza muito questionável. Do mesmo modo, o dinheiro empresarial, atuante na busca de interesses empresariais, põe em risco até a objetividade da pesquisa científica.[6] Doações e outros incentivos financeiros podem dominar universidades, do mesmo modo que o fazem com políticos. Esse processo não requer cientistas pessoalmente desonestos, mas pode ocorrer por conta de certos procedimentos na comunidade acadêmica, como, por exemplo, a seleção de docentes ou recomendações de publicação em jornais, periódicos, revistas especializadas ou setoriais etc. Tudo isso acontece em instituições deturpadas pela necessidade de atrair contribuições de empresas.

Interesses escusos forjaram esse estado de coisas.[7] Além disso, a falta de pensamento sistêmico torna muito difícil responsabilizar os tomadores de decisões pelas consequências de suas escolhas. Em sua maioria, as pessoas ou não entendem as consequências catastróficas da tomada de decisões tacanhas ou, quando o fazem, sentem-se totalmente indefesas, tendo em vista a inutilidade dos caminhos – votar nas eleições, por exemplo – que poderiam lhes conferir alguma influência.

A abordagem estritamente quantitativa e a redução da vida humana a unidades abstratas de trabalho, realizado por pessoas ou empresas em busca da valorização de seus serviços e produtos, é a forma atual da visão mecanicista de Descartes. Os economistas que participam da manutenção desse *status quo* intelectual tornam-se parte do sistema. Portanto, incentivos do setor privado e estruturas jurídicas que estimulam o comportamento empresarial tacanho e explorador determinam a estrutura institucional, jurídica e intelectual da atual ordem econômica extrativista que chamamos de armadinha mecanicista.[8]

CAPITALISMO GLOBAL

Na última década do século XX, era comum admitir que um novo mundo estava surgindo – um mundo moldado por novas tecnologias, novas estruturas sociais, uma nova economia e uma nova cultura. *Globalização* tornou-se o termo usado para resumir as extraordinárias mudanças e o novo dinamismo aparentemente irresistível, conforme o sentiam milhões de pessoas. Em poucos anos, habituamo-nos muito bem a muitas facetas da globalização.[9] Em todas as partes do mundo, contamos com redes de comunicações globais e com a internet; através de um grande número de mídias sociais, podemos permanecer em contato diário com amigos e pessoas que amamos, mesmo quando estejam dispersos pelo mundo.

Todavia, ao lado dessas características agradáveis da globalização, uma nova forma de capitalismo global emergiu na década de 1990, e seu impacto sobre nosso bem-estar tem sido muito mais problemático. Esse novo capitalismo global é profundamente diferente do capitalismo formado durante a Revolução Industrial, que era criticado por Karl Marx. Também é muito diferente do capitalismo baseado nas teorias de John Maynard Keynes (1883-1946), que pedia por um contrato social entre capital e trabalho e pela determinação centralizada dos ciclos comerciais das economias nacionais, que foi o modelo econômico dominante por várias décadas depois da Segunda Guerra Mundial.

A característica mais importante do capitalismo atual é o fato de ser global e não enfrentar, em nenhuma parte do mundo, uma alternativa que seja mais verdadeiramente eficaz e organizada. Os estados, circunscritos como são pelas fronteiras de suas jurisdições, não são fortes o bastante para impor limites aos deslocamentos globais das empresas extrativistas.[10] Com a aceitação da China comunista pela

Organização Mundial do Comércio em 2001, o mundo inteiro passou a ser governado essencialmente pelo mesmo conjunto de normas e instituições econômicas. Infelizmente, essas instituições são todas igualmente insustentáveis e extrativistas, tanto em suas tomadas de decisões privadas, pelas empresas, quanto por suas tomadas de decisões públicas e de curto prazo, pelos governos.

No centro do capitalismo global encontra-se uma rede de fluxos financeiros à qual o direito concede permissão para se desenvolver à margem de qualquer estrutura ética, como consequência de sua própria estrutura extrativista. Nessa nova economia, o capital funciona em tempo real. Seu movimento contínuo através das redes financeiras globais é facilitado por pretensas regras de livre-comércio, destinadas a sustentar o contínuo desenvolvimento empresarial. As empresas são implacáveis na busca desse desenvolvimento, promovendo um consumo excessivo e uma economia descartável cujo resultado é a intensidade energética demasiado elevada, o uso intensivo de recursos, o desperdício e a poluição, o esgotamento dos recursos naturais da Terra e, em última análise, o distanciamento entre as pessoas. Por exemplo, as vendas de grandes aparelhos de TV e outras invenções para o entretenimento doméstico estimulam as pessoas a ficar em casa e desestimulam outras atividades mais propícias à criação de comunidades.

Esse empenho sistemático de privatizar cada vez mais é extremamente eficiente no que se refere ao consumo de mercado e o aumento do PIB, mas o impacto da nova economia sobre o bem-estar humano tem sido negativo em sua maior parte. Análises de pensadores acadêmicos e líderes comunitários revelam uma infinidade de consequências interconectadas e nocivas da liberdade capitalista de extrativismo gerada pelo direito imobiliário, entre elas o aumento da desigualdade social e da exclusão social, o colapso da democracia e a deterioração mais rápida do ambiente natural, além da pobreza e da alienação crescentes.[11]

O novo capitalismo global, ainda legalmente amparado pela concepção mecanicista da propriedade como liberdade para ocupar recursos inexplorados, ameaçou e destruiu comunidades locais no mundo inteiro. Na busca malconduzida pela biotecnologia, violou a santidade da vida ao tentar transformar diversidade em monocultura, ecologia em engenharia, e a própria vida num bem de consumo. Enriqueceu uma elite global de especuladores financeiros, empresários e profissionais de alta tecnologia, a todos os quais se concede liberdade extrativista legalmente protegida. Essas pessoas vivenciaram uma acumulação inédita de riqueza, mas as consequências sociais e ambientais foram desastrosas.[12] Como vimos na crise financeira de 2008, o bem-estar financeiro das pessoas do mundo todo está correndo graves riscos. A estrutura jurídica mecanicista da modernidade – com seus esquemas de incentivos de curto prazo e sua defesa do crescimento empresarial ilimitado – é uma das principais forças motrizes da situação atual.

GOVERNOS FRACOS E EMPRESAS FORTES

Tendo em vista que a globalização econômica abalou praticamente todos os domínios de nossa vida sociocultural, não surpreende que também tenha exercido um considerável impacto sobre o direito. Hoje, o direito internacional não se limita aos Estados. Muitos outros temas entraram em cena, e a visão ainda predominante de um ordenamento jurídico internacional com Estados na condição de elementos estruturais deixou de refletir a realidade. Alguns dos novos atores são associações de Estados. Alguns deles têm pleno alcance global (por exemplo, as Nações Unidas ou a Organização Mundial do Comércio), enquanto outros são mais limitados em sua abrangência territorial (por exemplo, a União Europeia, o Tratado Norte-Americano de Livre Comércio ou o MERCOSUL).

O direito internacional vem reconhecendo gradualmente essas instituições como pessoas jurídicas sem introduzir qualquer mudança de mentalidade fundamental na disciplina.[13] Desde sua criação por Hugo Grotius, o direito internacional continua baseado em elementos estruturais cartesianos – pessoas jurídicas em concorrência mútua, no contexto de uma concepção do direito mecanicista e despolitizada – em vez de ser interpretado como uma genuína rede global de relações onde os verdadeiros segmentos de poder entre as comunidades e dentro delas tornam impossível a distinção entre direito e política. As empresas privadas, em geral mais fortes do que os governos, são livres para percorrer o mundo e não são responsáveis por violações dos direitos humanos internacionais, ao contrário dos limites jurídicos impostos aos governos e àqueles que os representam. Embora as empresas sejam, na prática, os atores mais poderosos do direito internacional, até mesmo capazes, de determinar seu conteúdo, a falta de uma visão ecológica do sistema jurídico faz com que se tornem invisíveis e as põe a salvo de responsabilidades, exatamente como a Companhia das Índias Orientais foi brilhantemente defendida por Grotius. O dinheiro empresarial determina o comportamento dos Estados, e frequentemente também das organizações não governamentais. Por exemplo, as empresas financiaram a disseminação do uso de organismos geneticamente modificados (OGM) na África e a erradicação de antigas práticas culturais criadoras de comunidades, como os sistemas de posse coletiva da terra ou a poligamia.

A expansão da privatização e do individualismo resulta de uma estrutura jurídica – o movimento "em pinça" da propriedade privada e da soberania de Estado – que não respeita os bens e recursos comuns e a comunidade. Três séculos de transformação dos bens comuns em capital enfraqueceram os Estados e o interesse público, permitindo a dominação por fortes agentes empresariais. Por conseguinte, as fronteiras dos Estados se tornaram permeáveis ao imenso e súbito movimento do capital, produzindo resultados sociais dramáticos, como quando o magnata húngaro George Soros arruinou, sozinho, várias moedas correntes europeias em 1992, ou quando uma especulação colossal produziu a crise dos "Tigres Asiáticos" em 1997.[14]

A outra consequência bem conhecida dessa correspondência de poder global entre as duas hastes da pinça é o "fenômeno da porta giratória", que permite que os líderes se movimentem aleatoriamente entre os setores privado e governamental, gerando acirrados conflitos de interesse. Nos Estados Unidos, um ícone dessa distorção é o ex-vice-presidente Dick Cheney, cujas relações com o complexo industrial-militar desempenharam um papel fundamental na deflagração da guerra do Iraque. Da mesma maneira, alguns membros da equipe econômica da administração George W. Bush transitaram livremente entre o Goldman Sachs e o setor público antes de irem trabalhar também na administração Obama. Na Europa, vários primeiros-ministros e ministros da economia foram ou passaram a ser funcionários do Goldman ou de outros bancos de investimento.

A tradição jurídica ocidental desenvolveu-se para proteger o agente econômico privado contra o Estado quando este estivesse forte e os proprietários estivessem fragilizados. Agora, produziu um enorme desequilíbrio constitucional, protegendo o privado contra o público, e não o público contra o privado. Esse desenvolvimento é o principal motivo pelo qual a privatização é globalmente colossal, enquanto a nacionalização deixou de ser uma opção. Só a propriedade privada, e não os negócios de propriedade comum, é legalmente protegida, e a apropriação governamental dos bens comuns não está sujeita às decisões judiciais, sendo puramente discricionárias.[15]

Atualmente é possível que, ainda mais do que as decisões governamentais, as decisões das empresas privadas desestruturem a vida de milhões de pessoas; contudo, só os governos podem ser legitimados em termos democráticos, enquanto as empresas só são discutidas em termos de eficiência econômica. Portanto, os CEOs podem lucrar em poucas horas o mesmo que seus empregados lucram num ano de trabalho; essa discrepância é socialmente inaceitável mesmo que eles trabalhem para empresas "privadas", porque essa desigualdade é o inimigo número um da comunidade. A atitude dominante, que distingue responsabilidade privada de responsabilidade social pública é, em si, produto do modo como entendemos o direito, e que precisamos mudar. Tendo em vista que qualquer modelo de uma concentração exclusiva de poder é inimigo dos bens pertencentes a uma comunidade e de um ordenamento jurídico ecologicamente sustentável, um sistema jurídico focado na regeneração dos bens e recursos comuns deve abordar essa questão daqueles que acumularam excessivamente, graças ao nosso sistema extrativista de propriedade, e deixaram muito pouco para os demais.

Os governos, porém, misturados como estão a redes globais de turbulentos fluxos financeiros, mostram-se cada vez menos capazes de controlar suas políticas econômicas nacionais. Eles não podem mais cumprir as promessas do tradicional Estado Assistencial, como assistência médica e educação gratuitas, benefícios para os desempregados etc. Estão travando uma batalha perdida contra uma economia criminal recém-globalizada – uma rede de poderosas organizações comprometida com uma vasta gama de atividades criminosas, do tráfico de drogas e comércio de armas para identificar o roubo e a pilhagem de bilhões de dólares. Em resultado, a autoridade e a legitimidade do governo vêm se tornando cada vez mais questionáveis.[16]

Além disso, o Estado está se desintegrando de dentro para fora por conta da corrupção do processo democrático. Particularmente nos Estados Unidos, os políticos dependem cada vez mais das empresas e outros grupos de lobistas para o financiamento das campanhas eleitorais, em troca de políticas que favoreçam seus interesses especiais. Esse "aparelhamento do Estado" é amplamente documentado e explica decisões cruciais, como a reforma do direito de responsabilidade civil no interesse das companhias de seguros ou, no setor do agronegócio, os subsídios injustos concedidos ao plantio de milho. Contudo, menos se sabe sobre o impacto do dinheiro empresarial sobre a atividade judicial, mesmo no nível da Suprema Corte dos Estados Unidos. Só nos dez últimos anos, essa corte da máxima importância protegeu os interesses de Hollywood, aumentando a duração dos direitos de propriedade intelectual; permitiu que grandes indústrias farmacêuticas se beneficiassem de subsídios fiscais locais para a instalação de suas fábricas; protegeu a indústria do petróleo das consequências dos danos ambientais por ela causados; e protegeu os interesses financeiros da responsabilidade pela crise de 2008.[17] Ao que tudo indica, ninguém pode controlar significativamente as relações secretas entre governos fracos e o poder do capital concentrado.

SEPARAÇÃO ENTRE CAPITAL E TRABALHO

Vimos também uma profusão de análises detalhadas do impacto sociocultural da estrutura do capitalismo global. Na verdade, a nova economia global transformou profundamente as relações sociais entre capital e trabalho.[18] No capitalismo global, o dinheiro, migrando para a realidade virtual das redes eletrônicas, tornou-se quase totalmente independente da produção e dos serviços. O capital é global em seu cerne, enquanto o trabalho geralmente é local. Assim, dinheiro e pessoas existem cada vez mais em espaços e tempos distintos: no espaço virtual dos fluxos financeiros e nos espaços locais e regionais concretos, onde as pessoas estão empregadas; no tempo instantâneo das comunicações eletrônicas e no tempo biológico da vida cotidiana. O poder econômico encontra-se nas redes financeiras globais de empresas extrativistas, que determinam o destino da maioria dos empregos, enquanto o trabalho permanece localmente coagido no mundo real, cada vez mais fragmentário e destituído de poder.

Disso tudo resulta que o global está distante e que o único campo possível de resistência organizada é o local. À medida que um número crescente de empresas se reestrutura em forma de redes descentralizadas de unidades menores (geralmente exploradas por meio de uma relação hierárquica com a empresa-matriz) que, por sua vez, estão ligadas a redes de fornecedores e subcontratantes, os trabalhadores são cada vez mais empregados mediante contratos individuais. Portanto, o trabalho está perdendo sua identidade coletiva e seu poder de negociação. Hoje, muitos trabalhadores – sindicalizados ou não – deixam de lutar por aumentos salariais ou melhores condições de serviço por medo de que seus empregos sejam levados para outro município ou mesmo para fora do país. De fato, na nova economia as tradicionais comunidades operárias praticamente desapareceram. A morte de comunidades vicejantes, como Detroit ou Flint, notavelmente descrita por Michael Moore em seu documentário *Roger & Me*, de 1989, é um exemplo trágico de uma tendência refletida por dados estatísticos que frequentemente fazem do ajuste keynesiano entre trabalho e capital uma doce lembrança do passado.

Esse terrível quadro de individualização e privação de poder não é resultado de alguma lei da natureza. Ao contrário, resulta do contexto jurídico extrativista implementado quando a necessidade era transformar os abundantes bens e recursos comuns em capital, que na época era demasiadamente escasso. Esse contexto jurídico se baseia numa concepção particular do direito de propriedade, baseado, por sua vez, na presumida liberdade de extrair recursos e explorar o trabalho.

PROPRIEDADE PRIVADA E EXCLUSÃO

A falta de uma alternativa à concepção mecanicista ficou clara nas sequelas da crise financeira de 2008, quando a única proposta que realmente foi aprovada, o Programa de Alívio aos Ativos Problemáticos (Troubled Asset Relief Program – TARP), nada mais era que uma gigantesca transferência de dinheiro público para instituições corporativas consideradas "demasiadamente grandes para quebrar". Os leitores que porventura considerem esse programa bem-sucedido, tendo em vista alguns sinais de "recuperação" na economia dos Estados Unidos, são exatamente aqueles que este livro está tentando fazer acordar do sonho utópico de que a retomada dos negócios segundo os modelos tradicionais, e o crescimento econômico, são possíveis ou desejáveis. Algumas propostas mais amplas, no espírito da regulamentação keynesiana e da intervenção do governo – controles governamentais genuínos, regulando-se pelos resgates financeiros, e financiamento dos gastos públicos por uma tributação crescente – foram derrotadas antes mesmo de serem experimentadas na prática. Os governos simplesmente não têm dentes para morder as empresas. O máximo que podem fazer é latir. Em fins da década de 1970 e começo da de 1980, Margaret Thatcher e Ronald Reagan haviam defendido a ideia de lidar com o fracasso do "excesso de Estado" por meio da desregulamentação do mercado; na esteira da crise de 2008, parecia a algumas pessoas bem-intencionadas que era preciso lidar com o fracasso da desregulamentação com mais intervenção estatal. Uma vez que esse jogo de soma zero entre mercado e Estado é parte do problema, e não parte da solução, não surpreende que os interesses públicos e privados tenham unido forças para proteger os regimes de remuneração dos CEOs contra o governo e potenciais reguladores globais.

A catastrófica derrocada econômica global foi provocada pelos banqueiros de Wall Street mediante uma combinação de avareza e incompetência, e pela fragilidade inerente ao sistema.[19] Na busca de aprovação para um plano de proporções gigantescas de socorro financeiro aos bancos, o presidente Obama, ainda novo na presidência, afirmou que só envolveria o governo sob a condição de que se fizessem cortes criteriosos nos bônus oferecidos aos CEOs. Contudo, menos de 24 horas depois de sua declaração, o presidente foi obrigado pelos poderes empresariais representados em sua equipe econômica – os mesmos banqueiros que haviam servido durante a presidência do presidente Bush – a retirar sua afirmação. Sem qualquer constrangimento aparente, Obama afirmou que, numa sociedade governada pelo estado de direito, os contratos já celebrados eram intocáveis. Em outras palavras, o presidente teve de se curvar às "leis naturais" do mercado.[20]

Até o momento, porém, nenhuma proteção legal desse tipo pode ser usada em favor dos bens e espaços comuns – recursos naturais e culturais das comunidades –, os quais podem ser privatizados, expropriados ou danificados sem contar com o socorro de uma justa indenização ou do devido processo legal. Infelizmente, como mostrou o movimento *Occupy* de 2011, uma alternativa genuína a um capitalismo de mercado que protege os interesses de 1% não pode ser encontrada num governo eleito pelo dinheiro desse 1%. Ainda precisamos desenvolver uma visão sistêmica do interesse público que tenha raízes numa robusta proteção legal aos bens e recursos comuns – em vez de uma confusão ideológica entre o interesse público e o governo.

A atual estrutura jurídica, baseada na concentração de poder e na exclusão, não ofereceu nenhuma solução alternativa à crise. Essa exclusão é outra característica intrínseca ao capitalismo global, uma consequência direta do fato de que sua estrutura em rede carece, deliberadamente, de qualquer estrutura ética. À medida que o fluxo de capital e informação interliga redes mundiais de direitos de propriedade individuais, nega-se subjetividade a todas as populações e territórios periféricos, que são reduzidos à condição de alvos do ganho financeiro. Como resultado, certos segmentos de sociedades, áreas de cidades, regiões e até países inteiros são economicamente vitimados como objetos de pilhagem. Não são reconhecidos como participantes, e suas opiniões são excluídas do debate.

O princípio unificador da exclusão social continua sendo a instituição da propriedade privada, a estrutura fundamental de nossa tradição jurídica ocidental. Com base numa visão mecanicista da relação entre os seres humanos e a natureza, o direito de propriedade talvez ainda seja a mais poderosa instituição de exclusão, individualização e acumulação competitiva. A placa "Entrada Proibida", onipresente nos Estados Unidos, é o símbolo do domínio soberano dos proprietários sobre sua propriedade. A propriedade privada da terra exclui muitas pessoas do acesso e fruição da natureza e nega a muitas outras o direito à sustentabilidade e à produção local de alimentos saudáveis e seguros. Até os animais são vistos como objetos de propriedade, e o fato de serem criaturas sensíveis é simplesmente esquecido em nome da indústria de produtos alimentícios.

A privatização tampouco é neutra no que diz respeito ao desenvolvimento dos espaços públicos. O transporte público sofre um processo de refreamento por conta da multiplicação de veículos particulares, com efeitos ecológicos e sociais negativos. Hoje, quando a maioria das pessoas tem seus próprios telefones celulares, os telefones públicos tornaram-se praticamente indisponíveis. A educação pública simplesmente não consegue mais suportar a concorrência dos agentes empresariais do setor privado, o que nos é demonstrado com clareza exemplar nos Estados Unidos, onde as universidades públicas tornaram-se irracionalmente caras e fazem propaganda e "estratégia de marca" como se fossem fábricas de sapatos.[21] Nos Estados Unidos, os preços escandalosos cobrados pelos serviços hospitalares são em grande parte decorrentes dos preços abusivos dos medicamentos. Atualmente, muitas pessoas declaram-se insolventes e chegam, inclusive, a engrossar a legião dos sem-teto por conta de dívidas médicas, o que talvez seja o aspecto mais imoral daquilo que o sociólogo Andy Ross recentemente chamou de "creditocracia".[22] Continua atuante um mecanismo jurídico e econômico pelo qual as pessoas permanecem sob o jugo da dívida, incapazes de pagar o que devem mesmo durante toda sua vida. A lei de falências, aprovada com o apoio das empresas, foi tão longe que chegou ao ponto de proibir a declaração de insolvência por conta de empréstimos estudantis, de modo que uma geração inteira precisa "usar seu Visa para pagar seu MasterCard", uma consequência da ideia individualista de que um jovem só estuda para beneficiar a si próprio (sempre concorrendo com outros para ter salários mais altos no futuro).

A estreita conexão estrutural entre propriedade privada e práticas insustentáveis de extrativismo de curto prazo explica a dificuldade de abandonar a armadilha mecanicista. O direito limita duramente nossa capacidade de levar em consideração o efeito de decisões econômicas atuais sobre as gerações futuras, ou os verdadeiros custos de atividades insustentáveis para a comunidade como um todo. Como discutimos, os mecanismos de responsabilidade inseridos nos estatutos sociais obrigam os empresários a lutar exaustivamente pelos resultados financeiros e pela melhor valorização para os acionistas. Além disso, o direito de propriedade protege até os comportamentos individualistas e egoístas mais irracionais. No direito, a crítica romântica do racionalismo cartesiano acusava-o de pressupor a existência de um indivíduo racional padrão, conceito que só fazia aumentar a predisposição individualista. Somente com muita relutância os sistemas jurídicos admitem a ideia de um abuso de direito, de modo que os proprietários de terras a montante de um rio podem privar de águas límpidas os proprietários de terras a jusante de qualquer curso d'água, pouco importando a disparidade social do uso de ambas. Da mesma maneira, os promotores imobiliários podem impedir que o sol chegue a construções vizinhas, ainda que o acesso à energia solar seja um interesse muito maior do ponto de vista ecológico. Em escala mais geral, a liberdade do proprietário torna lícitas práticas como o fraturamento hidráulico, que pode ameaçar a sobrevivência de uma comunidade por conta de uma busca de lucros incertos, sobretudo na forma de subsídios empresariais. Comportamentos sistemicamente irracionais (como a prática da monocultura para a produção de combustíveis, que consome uma quantidade de água e solo, para produzir um tanque de gasolina, igual à que seria necessária para manter a vida de uma pessoa durante um ano) são, todos, livres exercícios do poder dos proprietários e da liberdade de contrato.

Qualquer tentativa de pôr o interesse público acima da propriedade privada terá de arcar com um pesado ônus da prova, pois legiões de economistas, juristas e críticos correrão imediatamente para proteger a santidade da propriedade privada e a liberdade ilimitada do proprietário.[23] A regulamentação da propriedade privada é sempre a exceção na tradição jurídica ocidental, e a norma-padrão continua a ser a liberdade irrestrita. Acima de tudo, o direito de propriedade protege as empresas – instituições todo-poderosas e eternas que são estruturalmente incapazes de generosidade ou comportamento ético.

HIERARQUIA E CONCORRÊNCIA

Como vimos, a armadilha mecanicista nos dá uma visão do sistema legal como um conjunto de normas jurídicas preexistentes que, em abstrato, vincula todas as pessoas, tanto as fracas quanto as fortes. Essa ideologia leva as pessoas simples e obedientes a lei a pensar o direito quase como se este fosse um conjunto de instruções tendo em vista a criação de um instrumento potencialmente perigoso. A lei deve ser estritamente observada, por medo de uma explosão ou outro acidente. Ela também reflete a ideia de uma "teoria mecânica do direito", na qual o sistema jurídico é visto como uma máquina que aplica uma hierarquia de normas aos fatos concretos de uma situação, de maneira previsível e constante e sem nenhuma injeção de criatividade da parte de um intérprete.

Os profissionais do direito, no entanto, apesar de saberem que nenhum sistema jurídico realmente funciona dessa maneira, conservam essa ideia como um segredo para iniciados a fim de proteger sua área de influência. Desde o final do século XIX, o jurista francês François Gény (1861-1959) e muitos outros por ele influenciados já chamavam a atenção para o papel criativo do intérprete, que invariavelmente introduz seus próprios juízos de valor na aplicação da lei.[24] Um contemporâneo de Gény, o primeiro-ministro Giovanni Giolitti (1842-1928) – conservador de longa data – costumava dizer que "aos amigos, tudo; aos inimigos, a lei". As necessidades e complexidades da prática jurídica levaram alguns pensadores do direito a reconhecer o papel da subjetividade do intérprete bem antes de uma observação semelhante tenha sido feita na teoria quântica, embora essa observação tenha sido quando muito uma crítica parcial; nunca foi desenvolvida como uma crítica totalizadora ou uma mudança de paradigma no entendimento geral da natureza do direito.[25] A ideia de que os fracos e os fortes são igualmente regidos por regras abstratas ainda predomina como uma ideologia poderosa, apesar de tantas provas em contrário.

Segundo uma concepção jurídica mais realista, a última palavra no direito não pertence aos profissionais da área que ocupam o topo da pirâmide, como os membros da Suprema Corte. Ao contrário, pertence àqueles que ocupam a parte inferior, porque as decisões geralmente são tomadas por quem está mais próximo do conflito real, o intérprete que, na verdade, apreende (ou cria) o direito em ação na maioria dos casos. A imagem realista não é diferente da situação na física quântica, onde o conhecimento só tem por base a probabilidade, uma vez que o observador é quem determina o que ele pode observar. Nesse mesmo sentido, o conhecimento do direito só pode ser probabilístico, porque realmente não sabemos onde ele se encontra em qualquer momento dado, a não ser quando o apreendemos no contexto de uma decisão judicial. Portanto, o resultado de um conflito legal não é previsível com certeza (como afirma a concepção mecanicista) – mas tão somente provável, já que não somos capazes de dominar todos os fatores que determinam os preconceitos do intérprete.[26]

Com o tempo, essa observação exerceu impacto sobre a própria teoria das fontes do direito: as diferentes autoridades (Constituição, tratados internacionais, legislação infraconstitucional, precedentes judiciais e textos jurídicos) que advogados e juristas usam em seu raciocínio. A concorrência entre as fontes do direito, como uma alternativa à concepção hierárquica anterior, surgiu como a metáfora mais importante no final do século XX, quando, depois da queda da alternativa socialista, as teorias neoliberais do direito afirmaram, notoriamente, que o direito deveria ser pró-mercado.[27] O triunfo da economia sobre as ciências sociais, combinado com diversas ideias evolucionistas neodarwinistas, levaram os juristas a acreditar que o sistema jurídico evolui naturalmente rumo à eficiência econômica. Normas menos eficientes – aquelas que não estão em sintonia com aquilo que os agentes de mercado fariam se fossem livres para negociar uma solução entre eles próprios – são contestadas por meio de litígios e, em última análise, descartadas.

Desse modo, uma concepção *instrumental* do direito como ferramenta para tornar a organização social mais eficiente e produtiva adquiriu aceitação em todo o mundo como o ponto de vista consensual dos que veem o direito humano como uma tecnologia. Produziu uma mentalidade jurídica particularmente propensa a ver a concorrência, e não a hierarquia, como o modo pelo qual a máquina da justiça deve operar, separada das irracionalidades do processo político e das necessidades localizadas das comunidades: uma visão despolitizada e tecnocrática do direito. O triunfo final da ideia de um ordenamento espontâneo do mercado como o direito vigente numa sociedade livre fez da concorrência a metáfora dos sistemas jurídicos abertos – ou seja, sistemas jurídicos baseados na democracia de mercado, no Estado de direito e na comunicação global no mercado internacional.

Porém, ainda que essa concepção de concorrência deslegitime a hierarquia como uma forma recomendável de ordenamento social, ela também reflete uma abordagem reducionista das leis humanas, baseada, como de fato é, numa concepção segundo a qual os agentes individuais concorrem entre si em busca de um resultado: a criação de uma ordem jurídica mais favorável aos interesses individuais isolados. Assim, o Estado ou o proprietário privado ainda se encontra no centro de um ordenamento jurídico, ainda que atualmente o proprietário privado possa ser uma empresa transnacional de alcance global.

Hoje, pela primeira vez desde o nascimento do Estado moderno, o setor privado é mais forte do que o governo.[28] O resultado é uma máquina aparentemente irreversível que produz desigualdade e desastres ecológicos, seguindo a própria estrutura dos direitos de propriedade. A concepção mecanicista e abstrata do direito ajudou, progressivamente, a expropriar recursos dos 99% em favor do 1%. Nenhum ordenamento ecológico suportaria tamanho grau de desigualdade. Uma volta à burocracia governamental não é a solução. As tentativas de resolver os excessos de concorrência com uma nova hierarquia, como foi feito na esteira da crise global de 2008, por meio de socorro financeiro, não têm uso prático. Um movimento que vá de uma alternativa mecanicista para outra está simplesmente condenado a terminar em mais pilhagem e mais cursos de ação fracassados. Para resolver nossos problemas sistêmicos, precisamos de uma crítica total, que nos tire da armadilha mecanicista. Isso pode ser proporcionado por um entendimento ecológico do direito.

CAPÍTULO **8**

Do Capital aos Commons

A Transformação Ecológica no Direito

Devido ao extraordinário poder da armadilha mecanicista, uma evolução irresistível rumo à desordem e à destruição, conforme prediz a segunda lei da termodinâmica, parece inevitável nos assuntos humanos. Essa imagem sinistra do mundo como uma máquina que vai aos poucos deixando de funcionar na medida em que segue leis humanas imutáveis e mecânicas pode levar à perda da autonomia e ao desespero, a menos que nos demos conta de que, como as leis da natureza, as leis humanas não são necessariamente moldadas segundo a visão mecanicista que atualmente domina o entendimento comum. Portanto, para ir além do atual entendimento comum é preciso adotar uma estratégia de longo prazo que ponha a mudança sistêmica de paradigma na ordem do dia da política. Neste capítulo, discutiremos três objetivos estratégicos a ser perseguidos: desconectar o direito do poder e da violência; dar soberania à comunidade; e tornar a propriedade generativa.

DESCONECTAR O DIREITO DO PODER E DA VIOLÊNCIA

A mais importante solução estrutural para a disparada rumo à desordem final consiste em recuperar alguma harmonia entre as leis humanas e as leis da natureza, devolvendo o direito às redes de comunidades. Se as pessoas entendessem a natureza do direito como um bem comum em evolução, refletindo as condições e necessidades fundamentais locais, elas se preocupariam com a questão. Entenderiam que o direito é por demais importante para ficar nas mãos de interesses empresariais organizados.[1] Somos os criadores e os usuários do direito. Se estivermos *sozinhos* diante do direito, fatalmente sentiremos medo. *Juntos*, porém, nós *somos* o direito! Precisamos entender que o único poder real que temos enquanto indivíduos e comunidades consiste em escolher o modo como vemos o direito na comunidade. Nós o reconhecemos como justo e legítimo diante do objetivo maior de salvar a civilização? Decidimos agir de acordo com seus ditames ou não? Em que medida estamos dispostos a nos arriscar para evitar o que Hannah Arendt chamou de "a banalidade do mal"?[2] Não precisamos ser heróis – precisamos apenas desenvolver uma percepção ecológica da sociedade. Precisamos de uma visão que derrote o individualismo economicamente induzido, situando o direito no nível das redes sociais e das comunidades ecológicas. Precisamos, como sociedade, transpassar o véu ideológico de um sistema jurídico abstrato e mecânico, "de propriedade" do Estado e mantido a distância dos cidadãos pela cultura profissionalizada dos advogados das empresas.

Para conseguir essa autonomia, as comunidades humanas devem contestar a visão mecanicista que nos leva a perceber o direito como um sistema objetivo, dotado de existência independente dos seres humanos, baseado na concentração de poder e interpretado apenas em seus próprios termos, mediante um conhecimento artificial transmitido por profissionais. A concepção atual do direito como um ordenamento *a priori*, contra o qual toda atividade social pode ser julgada em abstrato como legal ou ilegal, é o contrário de uma visão holística do direito, que o vê como um processo – constantemente negociado – de estabelecimento de relações culturais, como requer o pensamento sistêmico.

Na concepção dos juristas evolucionistas e românticos, o direito reflete as necessidades sentidas por uma sociedade, o espírito do povo, muito mais do que as necessidades dos agentes de Estados ou empresas. Como já vimos, o capitalismo global apropriou-se dessa promissora concepção. Hoje, não devemos situar o espírito do povo nos antigos livros para profissionais de direito (quer sejam do direito romano, quer do *common law*); ao contrário, nossa procura deve se voltar para o bem-estar social gerado pelas boas práticas, desejos e visões dos 99%, a fim de protegê-los contra a expropriação empresarial ou governamental. Por exemplo, o conhecimento dos verdadeiros custos sociais decorrentes do ato de patentear resultados de pesquisas financiadas com recursos públicos, não só em termos de excluir as pessoas dos benefícios da pesquisa médica, mas também em termos da liberdade futura da pesquisa científica, pode inspirar as comunidades a resistir – não apenas nos *campi* universitários, mas também na grande maioria das comunidades. Os advogados de comunidades que têm plena consciência das consequências, no longo prazo, das leis que permitem o extrativismo, podem contestar a legitimidade substantiva da Lei Bayh-Dole ou de muitos outros produtos do direito mecanicista que opera de cima para baixo a mando das empresas. Da mesma maneira, o conhecimento dos verdadeiros custos da estrutura mecanicista de responsabilidade na terceirização contratual, como ficou explícito na tragédia do edifício Rana Plaza, pode desencadear uma resistência global semelhante, mediante o recurso a diferentes meios, como os boicotes a marcas globais extrativistas ou o desenvolvimento de novas doutrinas de responsabilidade. A consciência da natureza ideológica dos discursos dominantes sobre o direito permitirá que as comunidades encontrem soluções politicamente viáveis.

Uma vez que passe a fazer parte do entendimento comum, essa visão compartilhada do direito faria oposição aos interesses profissionais cujo lucro provém da separação entre o direito e seus criadores, usuários e intérpretes. Ela perceberia as pessoas não como abstrações individualizadas, mas, antes, como elementos de complexas redes de relações sociológicas e ecológicas baseadas na qualidade. Formularia leis humanas baseadas na qualidade, e estas, como as leis ecológicas da natureza, produziriam novos recursos e valores, em vez de espoliar os valores existentes.

Opondo-se a essa concepção, o entendimento comum predominante, baseado no profissionalismo jurídico e político, expropria a capacidade intrínseca de essas redes comuns criarem esse *corpus* de preceitos, regras e leis conhecidos como direito. Por exemplo, a ideia de que o setor privado é mais eficiente do que o setor governamental acabou sendo aceita em ambos os lados do espectro político. O direito de propriedade intelectual ajudou as empresas a extrair benefícios desse investimento ideológico, ao passo que os recursos culturais e naturais não patenteados (que geram outros recursos fora do mercado) não contam como parte do PIB. As alternativas à privatização baseadas nos bens e recursos comuns – como preços, concessões, bolsas de estudo para escritores ou produtores, ou financiamentos coletivos de projetos compartilhados – têm sido insuficientemente exploradas como alternativas aos regimes de propriedade intelectual. Apesar do número de denúncias[3] que sobre ele pesam, esse sistema paradoxal, que justifica a propriedade empresarial, excludente em essência, como meio para a geração de conhecimentos socialmente benéficos, continua a fazer parte da visão de mundo comum. Por conseguinte, as culturas antigas baseadas na difusão coletiva do conhecimento, como a cultura chinesa, são discriminadas por carecerem de um "Estado de direito" devido a sua relutância em fazer vigorar o direito de propriedade intelectual.[4] Fato ainda mais grave, as pessoas que resistem a esses "cercamentos do conhecimento" são consideradas piratas e processadas, em vez de reconhecidas como heróis dos 99%. (A tragédia de Aaron Swartz, que pôs fim à própria vida aos 27 anos de idade, durante sua luta em defesa dos bens e pessoas comuns, jamais deve ser esquecida.)[5]

Como vimos, o acúmulo histórico de conhecimento profissional, com raízes no pensamento mecanicista e servindo aos interesses do capital, determina a atual visão de mundo das pessoas comuns e das áreas públicas. Sem dúvida, não é nada fácil transformar uma visão de mundo tão solidamente estabelecida. Um primeiro passo necessário consiste em contestar a visão profissional estabelecida do ordenamento jurídico como algo separado de suas comunidades de usuários e criadores.

Um entendimento ecológico do direito, a única revolução possível por meio da cultura e do verdadeiro engajamento cívico, supera tanto a hierarquia quanto a concorrência como narrativas "corretas" da ordem jurídica. Esse entendimento busca apreender as complexas relações entre as partes e o todo – entre prerrogativas, deveres, direitos e poderes individuais, por um lado, e a lei, por outro – mediante o uso da metáfora da rede e da comunidade aberta, que compartilha um objetivo. Em última análise, precisamos de uma mudança de paradigma, uma crítica total que, em nome da remissão de Gaia, coloque a Terra viva uma vez mais no centro da perspectiva jurídica e faça o direito retornar para as mãos das comunidades ativas. A relação mecanicista entre indivíduos em concorrência no mercado ou na hierarquia estatal só pode ser superada pelo surgimento, de baixo para cima, de novas "leis naturais", contextualizadas e baseadas na comunidade, agora entendidas como princípios de ecologia que permitiram que a vida florescesse na Terra durante bilhões de anos.

Esse movimento, em vez de limitar a atuação humana em sua decisão de quais leis irão reger nossas organizações sociais, é simplesmente uma recusa das abordagens centradas quer no indivíduo, quer no Estado; uma recusa da lógica violenta de dominação e consumo que é intrínseca tanto à hierarquia quanto à concorrência; um reconhecimento generalizado de que os direitos público e privado, do modo como hoje são concebidos, representam falsas alternativas, uma vez que os dois são metáforas de exclusão e concentração de poder na busca pelo desenvolvimento. Precisamos de uma nova concepção de uma comunidade ecológica que negocie suas próprias leis num diálogo político verdadeiramente progressista, livre da bagagem ideológica da modernidade.

Quando um grupo de pessoas tem um propósito comum – a recuperação de uma fábrica abandonada, por exemplo, como ocorreu na Argentina depois de ficar inadimplente –, elas podem organizar-se autonomamente para buscar seus objetivos da melhor maneira possível. Dividem o trabalho de acordo com as aptidões; unem-se para estimular o pensamento criativo e gerar ideias inovadoras; avaliam propostas individuais; desenvolvem ideias coletivas de equidade interna; criam mecanismos para o debate das soluções; buscam a cooperação com colegas de trabalho em situações semelhantes; buscam o apoio de comunidades vizinhas e precisam desse apoio para que possam resistir ao poder do direito oficial.[6] Assim como a hierarquia, a concorrência tampouco apreende o conceito dessas organizações jurídicas. Essas comunidades disseminam o poder e praticam a inclusão por meio de um sistema jurídico interiorizado e autoaplicável, baseado num comunalismo de valores e intenções. Por outro lado, o direito mecanicista, baseado na concentração de poder, provou ser incapaz de qualquer reação que não seja o uso da violência, considerada legítima em seus próprios termos.

Em vez de permanecer alienados do direito que rege sua existência, os participantes desses empreendimentos são seus próprios legisladores e suas instâncias aplicadoras; ficam à margem de qualquer concentração de poder e/ou qualquer pretensão de monopólio sobre o uso da força. Em sua vida, superam qualquer distinção artificial entre uma esfera pública e uma esfera privada. A interpretação do direito é, aqui, um exercício não profissional de compartilhamento de significados coletivos. Quando não depende do poder e da violência, o direito é como a linguagem, a cultura ou as artes: torna-se um modo pelo qual uma coletividade se comunica e decide sobre si mesma. Assim como as dependências de uma fábrica abandonada são um bem comum que volta à vida, assim também o direito também volta a viver na experiência cotidiana desses trabalhadores, permitindo-lhes criar uma adaptabilidade ecológica e sustentável que atenda às necessidades e circunstâncias de sua luta.

Não há por que acreditar que a espécie humana, em uma luta coletiva por seu futuro, não possa organizar uma rede semelhante de ordenamentos jurídicos produtivos, uma grande rede de baixo para cima, formada por comunidades autônomas, políticas, sociais e econômicas que prosperem na produção e reprodução sociais fora da distinção ideológica entre o que é privado e o que é público. Não há por que acreditar que não possamos ir além da abstração a fim de dar sentido prático e político a um novo entendimento sistêmico que se traduza numa nova visão jurídica, a qual, por sua vez, nos permita sobreviver e prosperar.

DAR SOBERANIA À COMUNIDADE

A concepção dominante da modernidade é que a Revolução Científica despertou a humanidade da "Idade das Trevas", permitindo-lhe dominar tanto seu futuro quanto a natureza ao transformar os bens e recursos comuns em capital. O funesto resultado disso é que a maioria dos habitantes atuais das cidades encontra-se desligada da natureza e mergulhada no analfabetismo ecológico e na alienação. Pela primeira vez na história humana, mais da metade da população do mundo vive em áreas urbanas.[7] A maioria das crianças não vivencia as estações do ano, o que significa que não acompanha a transformação de plantas e animais (a não ser dos animais de estimação), e essas crianças nada sabem sobre a produção dos alimentos guardados na geladeira, pois a maior parte das pessoas não cultiva o que come. Os ocidentais passam a maior parte do tempo dentro de casa, quase nunca andam a pé e imaginam que a água sai da torneira por algum passe de mágica. Nas cidades dos países ricos, os moradores exercem seu "direito" de tomar longos banhos, mesmo durante graves períodos de seca em lugares como a Califórnia. Também gostam de deixar o ar-condicionado ligado o tempo todo no verão, as luzes acesas nos arranha-céus à noite e até manter ligado o motor de seus carrões esportivos, consumindo muito combustível, quando param para bater papo com um amigo ou esperam os filhos na frente da escola. Se alguém reclama desse tipo de coisa, as respostas serão sempre muito parecidas: "A gasolina é minha!", "Quem paga por minha água e energia elétrica sou eu!", ou "Vá cuidar da sua vida!" Esses hábitos de consumo, que muitas pessoas nem chegam a perceber, já causaram tragédias. A produção de energia do reator nuclear de Fukushima, no Japão, responsável por um desastre colossal em março de 2011, era tão baixa em termos relativos que o tanto de energia por ele produzido poderia ser facilmente poupado desligando-se as luzes de Tóquio à noite. (Cerca de cinquenta reatores nucleares no Japão produzem apenas 30% do consumo total de energia do país, o que significa que cada reator só produz cerca de 0,6% do total!)[8] Assumir os riscos de uma usina nuclear (cujos resíduos demoram 180 mil anos para deixar de oferecer perigo) a fim de usar um excesso de eletricidade na vida urbana de países ricos não se parece em nada com o comportamento racional esperado de uma espécie que afirma ter saído da "Idade das Trevas"! Todos esses comportamentos são exemplos de um individualismo patrimonial que, em vez de nos ter libertado das superstições medievais, produziu uma idolatria irracional por conta do egoísmo de um direito supostamente adquirido.

Parte da solução para essa alienação da natureza que atinge as populações urbanizadas talvez consista em criar e proteger, nas florestas e outros espaços naturais, áreas que proíbam a propriedade e a exclusão e permitam que as pessoas se reconectem com os bens e recursos comuns e com sua relação histórica com a natureza. Mesmo no mundo capitalista, já existem sistemas jurídicos cuja palavra de ordem, nesse contexto, passou a ser "Entrada Permitida". Por exemplo, o direito escandinavo de "livre circulação" proíbe que os proprietários expulsem as pessoas de suas terras. Embora os países escandinavos admitam, de fato, o direito de propriedade da terra, eles também consideram que, por razões de ecologia e saúde, é muito importante incentivar o amplo acesso à natureza. Consequentemente, os proprietários rurais, os donos de um jardim, de um parque privado ou de terras não cultivadas não têm o direito de interditá-los por meio de cercamentos.[9] Todos têm o direito de entrar nessas terras sem que nada lhes obstrua o caminho, e os proprietários são legalmente responsáveis pela garantia de acesso livre e seguro a sua propriedade privada. As pessoas têm, inclusive, o direito de acampar nas terras de alguém por um período moderado de tempo, e só não podem permanecer nas dependências imediatas da moradia do proprietário.

Na tradição jurídica ocidental, podemos interpretar várias outras estruturas de direitos de propriedade como uma permissão para sua ocupação direta, desde que se tomem os cuidados necessários para que o uso tenha caráter gerativo. Estruturas jurídicas como os fundos solidários fundiários (*community land trusts*) usados em várias cidades dos Estados Unidos e Europa para recuperar propriedades decadentes, podem ser empregadas para atribuir a uma comunidade direitos de propriedade sobre grandes áreas; as pessoas só são investidas de direitos exclusivos de propriedade no caso de algumas partes que recebem permissão para restaurar por si próprias. Elas devem residir no local e não podem vender ou alugar sua propriedade. Como membros da comunidade, participam da administração do fundo solidário. A comunidade, ideia que incorpora gerações futuras, é, portanto, a beneficiária do fundo, e os indivíduos podem ter direitos de uso exclusivo, com diferentes limitações sobre a possibilidade, ou não, de transferir partes dele. O fundo solidário fundiário é uma instituição de grande eficácia, uma vez que limita o impacto dos pagamentos de aluguéis por parte das pessoas de baixa renda.[10] Sua gestão é confiada a administradores fiduciários selecionados de diversas maneiras, geralmente em assembleias comunitárias. Do mesmo modo, a "doutrina do fundo público" tem limitado a capacidade do governo de permitir o uso de áreas selvagens ou outras áreas naturais,[11] e as fundações comunitárias podem executar papel semelhante, na tradição do *common law*, para proteger o patrimônio cultural e os bens culturais. Contudo, essas doutrinas ainda são exceções; nunca são tratadas como alternativas possíveis, plenamente desenvolvidas, ao direito de propriedade básico – ainda que o fato de um grupo de adolescentes

ter entrado recentemente com uma ação judicial no estado de Oregon*
deixe entrever a promessa de dar interpretação lata às leis de modo a
reconhecer o direito das futuras gerações a terem a atmosfera reconhecida como um fundo público comum.[12]

Em outros lugares, o direito de propriedade pode ser estruturado
de modo tal que os donos de propriedades ausentes percam seus direitos de propriedade para os ocupantes que a estejam cultivando.
Para agir dessa maneira, os governos locais podem autorizar prazos
muito curtos para o chamado usucapião de bem imóvel, ou permitir
que jovens agricultores organizados em cooperativas formulem uma
petição aos governos locais quando estiverem interessados em cultivar
trechos de terras que considerem desocupados. O governo local pode
então conceder uma escritura provisória que, depois de alguns anos,
poderá se transformar em propriedade.

A propriedade também pode ser atribuída a fundações que pro-
tejam os interesses das gerações futuras, ou a outras instituições jurídicas inovadoras, como aquelas usadas em algumas das fábricas
administradas pelos trabalhadores na Argentina, na Grécia, na
França, na Itália e na Turquia.[13] Nesses casos, como os trabalhadores
produzem de tudo, de alimentos orgânicos a azulejos, de sorvetes
sofisticados a materiais de construção, as estruturas de governança
vêm lutando para tornar-se mais inclusivas e sofisticadas do que nas
tradicionais assembleias cooperativas.[14] A tomada de decisões não se
limita aos trabalhadores, mas inclui comissões especiais que dão às
pessoas da comunidade, ou a amigos que ajudam a gerar os fundos
necessários, o direito de participar da assembleia.

O desenvolvimento de sistemas de posse caracterizados por sua
capacidade geradora e que favoreçam a produção sustentável em

---

* Contra os Estados Unidos e o setor dos combustíveis fósseis. (N.T.)

detrimento da extração de renda talvez seja o avanço mais importante no que se refere ao direito de propriedade. A transmutação de capital e tecnologia em bens e recursos comuns requer um ordenamento jurídico-ecológico baseado no respeito genuíno e num objetivo comum, que cada comunidade seria capaz de interpretar e aplicar segundo suas próprias tradições culturais, oportunidades comerciais e desejos compartilhados.

Na retórica da modernidade, a propriedade privada é um "domínio despótico" que dura "para sempre", a menos que o proprietário a transfira.[15] Quando um proprietário se desfaz de uma propriedade em favor de outro dono, o que era anteriormente um bem comum transforma-se, desse modo, em capital, como valor de troca. A propriedade individual que se transforma num recurso comum não gera capital. Isso só pode acontecer em circunstâncias extremamente excepcionais, pelo mecanismo de soberania de Estado. Por esse motivo, uma revisão radical da propriedade e de sua relação com a soberania de Estado será necessária se quisermos transformar o capital novamente em bens e recursos comuns e criar um ordenamento jurídico ecológico. Essa alternativa começa com o entendimento de que uma comunidade vive e se desenvolve num espaço comum, onde as ações de um membro afetam o bem-estar de todos os outros. Esse espaço é o cenário de vida e morte de uma comunidade e ele deve servir aos interesses de cada um de seus membros, regenerando a vida nele contida. Enquanto as instituições extrativistas transformam progressivamente a vida da comunidade em morte, primeiro socialmente e, mais tarde, fisicamente, as instituições geradoras produzem incentivos à regeneração.

Nas comunidades em que há comunicação direta entre os membros e onde todos têm conhecimento das leis, dos costumes e dos usos comunitários, o comportamento oportunista, extrativista e egoísta, ainda que sem dúvida não seja inexistente, é coletivamente monitorado.[16] As pessoas em busca de aprovação e reconhecimento social são incentivadas a reconhecer o espaço comum e cuidar dele. Um exemplo seria uma comunidade acadêmica de alto nível, onde se estimulasse cada estudioso a realizar trabalhos de grande utilidade social e prestígio acadêmico, o que aumentaria a reputação de todo o corpo docente; em outro exemplo, um pesquisador dedicaria seu trabalho a consultorias privadas cujo único objetivo seria obter lucros, ou se dedicaria a práticas comerciais que talvez lhe trouxessem grandes vantagens financeiras, ainda que pouco prestígio; em termos ecológicos, porém, para o grupo o resultado seria inexpressivo, quando não negativo.

Num ordenamento jurídico ecológico, o papel soberano cabe à comunidade e não ao indivíduo ou ao Estado. A comunidade soberana pode reconhecer a propriedade privada desde que ela seja produtiva e sirva a uma finalidade (um exemplo seria o uso de um fundo solidário fundiário por pessoas de baixa renda); inversamente, a comunidade deve ter o pleno poder de revogar qualquer propriedade privada que, por seu caráter extrativista, possa ser vista como nociva aos interesses públicos. Essa filosofia subjaz ao poder de expropriar em razão de não utilização, que é reconhecido com relutância por alguns sistemas jurídicos; é uma solução a ser expandida e investida de autoridade nas mãos de comunidades de usuários potenciais.

Soluções constitucionais inovadoras, como um júri dos bens e recursos comuns que possa decidir sobre o uso de propriedades decadentes, vêm surgindo para enfrentar a emergência habitacional induzida pela crise em alguns municípios italianos. Outra possibilidade, introduzida nos Estados Unidos para limitar a regulamentação, é o uso de cláusulas de caducidade. As cláusulas de limitação temporal para os direitos de propriedade individual, de modo que estes expirem e voltem a ser bens e recursos comuns numa data prevista ou quando da ocorrência de certos incidentes, são ajustes ideais no difícil conflito entre individualismo e comunidade. A comunidade viva, que é o verdadeiro soberano a reinar sobre o espaço comum, pode transferir uma parte desse espaço a um membro, ou membros, como uma propriedade privada, desde que a transferência seja, em si, produtiva. Assim também, um contrato social para concentrar o poder nas mãos de um líder só faz sentido na medida em que tal concentração sirva aos interesses de todos. Nesse sentido, qualquer disposição institucional relativa a um território deve permanecer condicionada ao objetivo vivo da comunidade ecológica, que implica todos os seres vivos e todos ainda por nascer. Quando esse objetivo é abandonado, o contexto institucional que a ele subjaz também deve ser abandonado, numa tentativa de criar uma nova ordem, mais legítima do ponto de visto ecológico.

A mesma condicionalidade, mais polêmica por implicar um desafio radical à autoridade constituída, é verdadeira no que diz respeito à soberania pública.[17] O Estado só é uma instituição legítima do ponto de vista ecológico quando for capaz de proteger a comunidade contra o uso extrativista da propriedade privada. Na verdade, as fronteiras entre a propriedade privada e os bens e recursos comuns são sempre negociadas por meio do Estado. Como os bens comuns são a expressão direta da comunidade soberana dentro de um território, um Estado legítimo não pode protegê-los menos intensamente do que protege a propriedade privada. Se a proteção que as instituições do Estado oferecem aos bens comuns for mais fraca do que aquela oferecida à propriedade privada (como é o caso no direito constitucional ocidental), então o próprio Estado carece de legitimidade. Nesse caso, a comunidade terá pela frente o dever coletivo de resistir ao extrativismo mediante um desafio direto aos arranjos de propriedade extrativistas.

Um dos modos pelos quais as comunidades de cidadãos podem se organizar consiste em celebrar pactos para compartilhar a proteção aos bens comuns com as autoridades municipais, o que lhes coloca à disposição um grande número de meios materiais para facilitar esses diferentes esforços. Uma rede europeia de comunidades locais foi criada para ligar o movimento pelos bens e recursos comuns na Espanha, na Itália, na Grécia, na Alemanha, na França e em vários outros países. A disposição de envolver-se com a política representativa fez surgir uma nova fase nos movimentos europeus, que são contrapartes do movimento *Occupy* nos Estados Unidos, o qual sempre relutou em buscar representatividade política. Os movimentos sociais europeus têm todos a mesma consciência sobre o que fazer se acabarem por ocupar as instituições politicas: o poder será descentralizado, voltando para as comunidades de menor escala e facilitando o surgimento de novas instituições ligadas aos bens e recursos comuns.

Na Espanha, uma organização política muito recente, *Podemos*, que se originou diretamente do Acampamento (*acampada*) de Protesto de Puerta del Sol, de 15 de maio de 2011, vê-se hoje diante da perspectiva de obter 27% do total de votos, o que a transformaria no principal partido espanhol antes das eleições políticas gerais de 2016. A organização *Podemos* desenvolveu-se em torno de uma agenda de lutas (*La Plataforma*) contra o meio milhão de execuções hipotecárias feitas por bancos espanhóis mediante práticas condenadas pelo Tribunal de Justiça Europeu. A Plataforma coletou um milhão e meio de assinaturas para apresentar ao Parlamento um projeto de lei baseado no conceito de "aluguel social", um mecanismo segundo o qual os inquilinos pagarão pelas unidades habitacionais hipotecadas e vazias proporcionalmente ao que podem dispender. Atualmente, na Espanha, três milhões e meio de apartamentos novos, porém desabitados, foram construídos devido à especulação alemã e francesa.

Na Grécia, uma coalizão independente de organizações políticas e sociais, conhecida como Syriza [Coalisão da Esquerda Radical], tornou-se o principal partido nas eleições de 2015. O Syriza nasceu no processo de resistência contra as políticas de austeridade do país e as consequentes privatizações em massa, forçadas pela Comissão Europeia, pelo Fundo Monetário Internacional e pelo Banco Central Europeu (a chamada "Troica"). Seu líder é o atual primeiro-ministro, e sua plataforma política, combatida pelos poderes estabelecidos, nasce de baixo para cima, num diálogo contínuo com as comunidades locais e os movimentos sociais.

A tática de buscar representação política não é uma contradição *per se* para as comunidades, ainda que a estrutura hierárquica dos partidos políticos e a natureza competitiva do processo eleitoral a tornem insuficiente enquanto estratégia. As comunidades ecológicas desenvolvem-se no entorno de um consenso negociado, e não pelo domínio da maioria (sobretudo se a maioria dos participantes for, de fato, uma pequena minoria, como na maior parte das eleições políticas ocidentais).

TORNAR A PROPRIEDADE GENERATIVA

Hoje, devemos entender os fundamentos legais de práticas generativas antigas e atuais para recuperarmos o domínio sobre um Estado de Direito mecanicista que produziu monstros privados que praticamente assumiram o controle dos próprios governos que os criaram. (Nos Estados Unidos, a decisão da Suprema Corte no caso *Citizens United vs. Federal Election Commission* também quase transferiu oficialmente o controle do processo eleitoral às empresas.) As antigas instituições dos *commons*, que forneciam água, madeira, produtos agrícolas, educação e moradia às comunidades, ainda estão vivas em nichos ecológicos na Europa e continuam a ser muito importantes em boa parte da África, do Sul da Ásia e da América Latina.[18] Tradicionalmente, essas instituições baseiam-se em intercâmbios de trabalho praticados por pessoas organizadas em grupos etários. Nos Alpes europeus, por exemplo, os pertencentes a determinada faixa etária derrubariam e fariam o replantio de árvores cuja madeira seria usada depois de duas gerações, quando não de três. Em alguns lugares, essas atividades coletivas, organizadas em contextos institucionais participativos, resultam num importante apoio econômico para a comunidade. A madeira que sustenta muitas construções em Veneza foi tão bem aclimatizada pela vizinha *Magnifica Comunità di Fiemme* (uma instituição baseada em bens e recursos comuns), perto de Trentino, que continua na lagoa do mar Adriático desde o século XVI. Antes da colonização, a Índia tinha criado, com grande sofisticação, redes de aquedutos e canais descentralizados que eram perfeitamente compatíveis com a ecologia local. Esse sistema fornecia água de qualidade tal para o consumo e a irrigação que nunca foi superado pelo sistema mecanicista de grandes represas e tubulações construídas pelos ingleses com a finalidade de manter sua economia extrativista; e este segundo sistema já foi responsável por muitos períodos de estiagem.

Mesmo hoje, quando surge uma necessidade comum a todos, as pessoas tendem a unir forças para administrar espaços recuperados, fábricas, teatros, jardins, mercados agrícolas ou instituições como os Bancos de Horas. Nessas instituições, que vêm se desenvolvendo rapidamente em muitos países, as pessoas tornam seu tempo disponível a outros para serem babás de crianças ou bebês, cuidar de idosos, fazer serviços domésticos, mudanças ou outras atividades parecidas e, desse modo, "depositando" períodos de tempo que depois elas poderão "sacar" quando houver necessidade. Muitas comunidades também criaram moedas locais para intercâmbios de serviços dentro da comunidade.[19]

Nos contextos urbanos, a necessidade de alimentos de qualidade tem levado à celebração de acordos com os agricultores para pagar em dinheiro pela produção de alimentos orgânicos, com uma pequena margem de lucro pelas horas trabalhadas, em troca de produtos da estação já prontos para o consumo, segundo suas necessidades específicas. Essas simples instituições coletivas são extremamente virtuosas quando vistas de uma perspectiva ecológica, uma vez que evitam tanto o desperdício consumista quanto a exploração dos agricultores pelo grande agronegócio. Na experiência italiana, os *Gruppi di Acquisto Solidale* (Grupos de Compra Solidária) não se limitam a produtos agrícolas, mas podem incluir também roupas feitas sob medida e diferentes tipos de manufatura artesanal de boa qualidade. A internet tem facilitado a formação dessas comunidades ecológicas nas grandes cidades europeias, e é provável que, no futuro, uma maior parcela de intercâmbios baseados na solidariedade e nas necessidades comuns consiga deixar para trás a lógica extrativista da agricultura moderna.

Essas alternativas emergentes, baseadas no reconhecimento de necessidades comuns, tanto materiais como espirituais, fazem-nos entender que os recursos necessários para satisfazer uma necessidade devem, eles próprios, ser entendidos como um bem comum e regidos pelos princípios de solidariedade necessários para que todos tenham suas necessidades atendidas e que a comunidade prospere. Essa atividade regulamentadora, conhecida como *commoning*, não apenas cuida dos *commons* existentes como também faz com que outros surjam, pois as pessoas trocam ideias e oportunidades quando se unem para fazer coisas.[20] As práticas comunalistas, herdadas de necessidades do passado e adaptadas às necessidades atuais, devem tornar-se as novas normas-padrão a ser mobilizadas sempre que a moderna estrutura propriedade-soberania não conseguir se mostrar produtiva e de interesse público. O direito ecológico é uma ponte para o futuro, baseado na experimentação e na aprendizagem por meio dos erros, tantos passados como presentes.

Embora a maior parte das práticas de comunalismo seja local, algumas necessidades, como aquelas atendidas pela cultura e pelo conhecimento, têm uma importante dimensão global. Como o conhecimento capaz de enfrentar os desafios atuais não pode ser tacanho e restrito, as redes sociais, poderosamente facilitadas pela internet, são de extrema importância. Além disso, no sistema político atual a tomada de decisões importantes é global, porque hoje os agentes políticos mais fortes são as empresas globais. Para tentar neutralizar sua influência, diferentes comunidades devem assumir seu papel político global mediante a formação de redes de relacionamentos ou de contatos úteis e, desse modo, criar os fundamentos de uma ordem jurídica internacional baseada em *commons* independentes e legalmente organizados.

Esse não é um conceito abstrato. No transcurso de sua luta contra os proprietários, uma fábrica recuperada e administrada pelos trabalhadores, por ser tecnicamente ilegal, enfrentará problemas de acesso a financiamentos, máquinas e instrumentos necessários, ou mesmo à infraestrutura pública. Ela também precisará de um mercado para escoar seus produtos. Talvez possa prosperar recorrendo a uma moeda alternativa, a um sistema bancário diferente, a acordos de solidariedade com outros *commons* de índole semelhante. Uma fábrica desse tipo estará ansiosa por formar redes de relacionamentos com outras organizações de cujas ideias compartilhe; e, por ter recebido solidariedade, tenderá a apoiar novas experiências de natureza parecida. Graças a essas redes de comunicação, uma economia alternativa irá aos poucos subtraindo espaços à lógica extrativista do capitalismo.

Um direito ecológico generativo dará sustentação a essa economia, uma rede do local para o global. Contudo, o sistema jurídico extrativista irá combatê-la através do uso de leis mecanicistas em forma de violência organizada. O governo espanhol, por exemplo, vem aprovando leis que proíbem as *acampadas* e a solidariedade com imigrantes e pobres, além de aumentar as sanções por motivo de ocupações – todos os tipos de atividades que seriam encorajadas por uma visão ecológica do direito. Até que as novas redes se tornem robustas o suficiente para gerar uma legislação ecológica local e global, as empresas transnacionais estarão à vontade em sua propagação da desordem jurídica internacional, do tipo letal que vivenciamos na crise de 2008. No contexto atual das instituições globais, é ingênuo acreditar que os governos tomem qualquer iniciativa que vise aos interesses do povo ou a sobrevivência de nosso planeta no longo prazo.

A jornalista de negócios Marjorie Kelly passou dez anos examinando empresas comunitárias e outras novas concepções de propriedade ao redor do mundo.[21] Ela conclui que "estamos hoje no começo de uma revolução na propriedade". Os exemplos que ela estudou abrangem atividades comerciais de propriedade de trabalhadores que operam lavanderias "verdes", instalam painéis solares e produzem alimentos em estufas de plantas, assim como a maior cadeia de lojas de departamentos do Reino Unido, integralmente pertencente a seus empregados; usinas eólicas na Dinamarca, operadas por "cooperativas de vento" criadas por pequenos investidores; fundos solidários fundiários em que as famílias individuais são donas de suas próprias casas e uma associação sem fins lucrativos que representa a comunidade é dona do terreno em que as casas estão, impedindo, assim, a especulação com o patrimônio investido em bens imóveis; uma indústria de laticínios orgânicos em Wisconsin, de propriedade de 1.700 famílias de pecuaristas; atividades profissionais de pesca marítima com cotas de pesca, que interromperam ou reverteram drásticas reduções das reservas de peixes; cooperativas e organizações não lucrativas na América Latina, nas quais se formou uma "economia solidária" para proteger as comunidades e os ecossistemas; servidões de conservação* cobrindo dezenas de milhões de acres que permitem que a terra seja usada e cultivada ao mesmo tempo que se encontra protegida do desenvolvimento; e incontáveis bancos comunitários, cooperativas de crédito e outras variedades de bancos de propriedade dos clientes, florescendo em meio à crise financeira.

O que todos esses modelos de propriedade têm em comum é o fato de criarem e manterem condições para o florescimento de comunidades humanas e ecológicas. Kelly refere-se a esse novo tipo de propriedade como "propriedade generativa",** contrastando-a com a "propriedade extrativista" do modelo de propriedade corporativista convencional, que tem como característica principal a máxima extração financeira. De fato, ela assinala que "nossa civilização da Era Industrial foi movida por dois processos de extrativismo: um, a

---

* No original, *conservation easement*, que também pode ser traduzido como "servidão ambiental". Trata-se de um acordo cujo objetivo é a proteção de determinada área de terras cujo proprietário concorde em impor uma limitação de uso, temporária ou perpétua, ao referido imóvel. (N.T.)

** Em seu livro *Owning Our Future: The Emerging Ownership Revolution*, Marjorie Kelly coloca o subtítulo *Journey to a Generative Economy*. Não usa, portanto, o termo *productive* para adjetivar *economy*. Por este motivo, nesta tradução *generative* foi sempre traduzido como *generativo*. Traduzido e publicado pela Editora Cultrix com o título: *Capitalismo Alternativo e o Futuro dos Negócios: Construindo uma Economia que Funcione para Todos* (N.T.)

extração de combustíveis fósseis da Terra; o outro, a extração da riqueza financeira da economia".[22] A propriedade generativa, por sua vez, serve às necessidades da vida, pois tem a tendência de ser socialmente justa e ecologicamente inserida na tessitura mesma de suas estruturas organizacionais, o que a torna sustentável. Ela gera bem-estar e riqueza genuína, viva, do tipo de que necessitamos para transformar o capital em *commons*, ou seja, em bens e recursos comuns.

CAPÍTULO **9**

Os Commons *como*
Instituição Jurídica

Uma revolução sistêmica no campo de ação social requer que as instituições jurídicas gerem incentivos para o comportamento ecologicamente sustentável das pessoas. Para reabilitar relações, essa nova estrutura institucional deve evitar a concentração de poder; deve, ao contrário, difundi-lo pela comunidade ecológica. Deve rejeitar a acumulação egoísta e qualquer exploração de recursos pertencentes a todos. Os *commons* começam a aparecer como uma instituição desse tipo.[1]

OS *COMMONS* E A RELAÇÃO COMUNALISTA

Não há nenhuma definição jurídica reconhecida dos *commons*. Contudo, os estudiosos do direito concordam, em grande parte, que os *commons* não são nem privados nem públicos. Tampouco eles são entendidos como um bem de consumo, como um objeto ou uma parte do espaço material ou imaterial que um proprietário, privado ou público, pode lançar no mercado para obter seu chamado valor de troca. Os *commons* são reconhecidos como tais por uma comunidade que se envolve em sua administração e proteção, não apenas em seu próprio interesse, mas também no das gerações futuras.

De fato, como afirmou Stefano Rodotà, um conhecido estudioso do direito de propriedade, os *commons* são o contrário da propriedade.[2] Além do mais, na filosofia do direito que hoje vem surgindo, a qual se reflete nas experiências contemporâneas de habitação colaborativa como se refletia na estruturação dos antigos povoados rurais, a chamada propriedade privada nada mais é que uma exceção à regra dos *commons*, consentida de acordo com necessidades variáveis. Por exemplo, quando os filhos crescerem e forem viver sua vida, a casa precisará de um quarto a menos. Se os pais idosos se mudarem para a casa de um filho, ela precisará de um quarto adicional para eles. Nesses casos, se a propriedade arrebatada aos *commons* (por exemplo, um mosteiro restaurado ou as moradias de um projeto de habitação colaborativa) for temporariamente privatizada e deixada aos cuidados e ao controle de uma pessoa, tal fato não resultará em acumulação. Quando esses espaços não forem mais necessários para uso privado, devem voltar à condição de *commons*, para que assim sejam cuidados e usados pela comunidade. Portanto, os *commons* não são o inimigo da propriedade individual, mas somente dos excessos de sua acumulação. Do mesmo modo, eles não são inimigos do governo e do Estado. Seu objetivo consiste apenas em limitar as excessivas concentrações de poder por meio de decisões diretamente tomadas pela comunidade mediante a correção de ciclos de *feedback*.[3] Esses *feedbacks* são importantes, mas as instituições políticas que se submetem a processos eleitorais em geral estão demasiadamente distantes dos locais impactados por suas decisões, e os políticos estão ocupados demais para decidir qualquer coisa de modo satisfatório.

Um *common* pode ser qualquer coisa que uma comunidade reconheça como capaz de satisfazer alguma necessidade verdadeiramente fundamental não contemplada pelas trocas de mercado. Além de espaços públicos físicos, isso também pode incluir organizações institucionais como, por exemplo, cooperativas ou grupos de pessoas ligadas por interesses comuns, fundos fiduciários cujos beneficiários sejam as gerações futuras, recursos econômicos de pequenas comunidades, mecanismos para o compartilhamento da água e muitos outros ajustes, tanto antigos quanto atuais. Seu valor decorre do acesso compartilhado à comunidade e das decisões tomadas coletivamente. Essas instituições de apoio aos *commons*, por meio de monitoramento, acompanhamento e manutenção recíprocos e em comunicação direta, tendem a neutralizar a motivação do lucro, a desigualdade e a visão de curto prazo.

As instituições ligadas aos *commons* funcionam por meio da capacitação jurídica direta de seus membros, na busca comum por um sentido ou tarefa generativa, e respondem a necessidades humanas reais de participação, segurança e sociabilidade. Trabalhando de baixo para cima, essas instituições têm o potencial de assumir o comando do sistema jurídico, representando uma rede capaz de conquistar o mundo não por meio da violência e da brutalidade, mas da cooperação e da parceria. Uma vez que os usuários e beneficiários dos *commons* (*commoners*) experimentam diferentes modelos de divisão do trabalho, excluída a exploração, as pessoas têm mais tempo livre para tentar convencer os outros de seus pontos de vista, organizar-se e fazer contato, o que permite que a rede cresça e assuma ainda mais fortemente o controle geral. O governo e a propriedade privada não desapareceriam necessariamente na ordem jurídico-ecológica, mas seriam limitados e controlados pelos usuários dos *commons*.

Na esfera pública, um espaço físico particular pode ou não ser definido como um *common*, dependendo de seu uso e sua (in)capacidade de satisfazer às necessidades de uma comunidade, tanto atuais quanto futuras. Por exemplo, embora uma estação ferroviária em desuso possa ser privatizada, transformada num *shopping center* e protegida por policiamento privado, ela também pode ser vista e protegida como um *common*, pois é capaz de oferecer abrigo aos sem-teto, um palco para artistas de rua ou um espaço para o ativismo político. Não importa que o documento legal definitivo da propriedade imóvel seja atribuído à esfera pública ou privada, a uma empresa ou um município; importa apenas saber se o espaço estimula um espírito de produtividade coletiva ou se é dirigido nos termos de um modelo de exclusão, obtenção de lucro e rentabilidade.

A distinção entre o público e o privado só serve para mascarar o fracasso da democracia atual. Em nossa condição de sociedade, situamos a democracia na esfera pública, onde a reduzimos às práticas eleitorais, e simplesmente não nos ocupamos da democracia na esfera privada. Sentimo-nos no direito de questionar a organização dessa esfera pública, mas aceitamos sem nenhum questionamento a estrutura quase ditatorial das empresas privadas modernas. Na verdade, as definições jurídicas atuais de privado e público decorrem da mesma lógica mecanicista e, como vimos, são aliadas históricas contra os *commons*, ao passo que a separação entre público e privado não faz nenhum sentido quando se discute a reivindicação radicalmente democrática dos *commons*. Uma instituição dos *commons* é ao mesmo tempo jurídica, política e econômica. A separação entre essas esferas, como hoje sabemos, não passa de um legado do pensamento mecanicista no alvorecer do capitalismo ocidental.

Ao proibir o processo extrativista para a obtenção de lucros, uma instituição dos *commons* libera uma quantia significativa de recursos para uso socioambiental (um exemplo típico seriam os pacotes de remuneração dos CEOs). Por conseguinte, administrar uma estação ferroviária como um *common* pode ser altamente sustentável. O componente de mercado da atividade pode sustentar com facilidade o componente não mercadológico: por exemplo, num fundo solidário fundiário, a renda proveniente de aluguéis pode sustentar moradias para famílias de baixa renda.

Hoje, o grave esgotamento de nossos recursos naturais e culturais torna imperativa a correção desse desequilíbrio de poder entre o setor público, o privado e o dos *commons*. A conformidade das leis humanas aos princípios ecológicos requer, no mínimo, o desenvolvimento saudável e legalmente protegido de um setor dos *commons*, bem como de instituições adjuntas. Precisamos partir dos aspectos básicos do pensamento ecológico e crítico, cultivando a diversidade, a capacidade de recuperação e as redes sociais capazes de mudar o mundo de baixo para cima. Podemos provar, na prática, não só que as instituições atinentes aos *commons* são desejáveis do ponto de vista moral, mas que também são economicamente sustentáveis. Governar o mundo como um grande espaço de bens e recursos comuns baseados na qualidade, e não como um reservatório ilimitado de recursos a serem extraídos, terminará por limitar drasticamente o campo de ação tanto do mundo empresarial, baseado na propriedade privada, quanto do setor governamental, baseado no poder e na violência do complexo industrial-militar.

A modernidade deslegitimou a maior parte das instituições florescentes dos *commons*, cujas raízes na experiência ocidental remontam aos primórdios do período medieval. Não apenas a floresta e o vilarejo nas regiões rurais, mas também as cooperativas de artesãos nas cidades – onde pintores, escultores, artesãos e tabeliões aprendiam seus ofícios durante longos anos de uma aprendizagem geralmente muito dura – eram, ao mesmo tempo, instituições jurídicas, políticas e econômicas em contextos históricos onde, como nos vilarejos rurais do Sul do planeta, as pessoas formam laços afetivos que terminam por se tornar, pela vida inteira, relações de reciprocidade e deveres coletivos para com a comunidade. Embora o humanismo talvez tenha contestado, com certa justiça, os aspectos opressivos da antiga ordem comunitária em nome da autodeterminação individual, o capitalismo jogou fora o bebê junto com a água do banho ao produzir a atual multidão solitária. (Ainda que a solidão possa muito bem fazer parte da condição humana, depois da análise sociológica seminal de David Riesman em 1950, é difícil argumentar que ela também não seja institucionalmente induzida.)[4]

A nostalgia pela velha ordem que já se foi há tempos não serve para nada. Tampouco tem algum proveito negar o progresso que em muitas áreas, como a medicina, o capitalismo trouxe para alguns. Embora atualmente muitas pessoas, sobretudo no Ocidente, sintam falta de uma comunidade, ninguém sente falta da qualidade de vida dos agricultores de subsistência da época pré-moderna. Fortes vínculos comunitários desenvolvem-se hoje em qualquer latitude entre os usuários e beneficiários dos *commons*, que desafiam o ordenamento jurídico estabelecido e arriscam-se a ser presos e a sofrer outras sanções em lutas coletivas de maior duração, a fim de proteger um território contra o fraturamento hidráulico ou impedir que um edifício público seja vendido. Esses vínculos podem proporcionar a necessária transformação, no século XXI, do *homo economicus* em *homo ecologicus*. A ruptura brutal com a consciência medieval que descrevemos acima impediu o desenvolvimento gradual de um sistema jurídico baseado nos *commons*, em que a teoria do direito poderia ter expurgado da comunidade seus aspectos menos desejáveis. Uma concepção jurídica de *Gemeinschaft* (comunidade) em oposição a *Gesellschaft* (sociedade) foi proposta por Ferdinand Tönnies no século XIX, mas não foi teorizada a fundo.[5] Contudo, outras concepções, como a de "soberania", ou mesmo "propriedade", tiveram seu rigor original abrandado por elaborações teóricas que refletem uma inquietação social. Por exemplo, várias doutrinas sobre a separação dos poderes limitaram o poder do soberano, que lhe era intrínseco, distribuindo-o por diferentes instituições políticas. Não há razão para acreditar que esse processo não pudesse ter acontecido nas comunidades.

No atual estado de coisas, recuperar os *commons* não é prioridade de juristas ou políticos, cuja perspectiva intelectual e institucional é enquadrada pela ideologia da modernidade. Esse processo está hoje nas mãos das pessoas comuns que, por opção ou necessidade, participam dos cuidados e da proteção de algo que reconhecem como um bem comum.

Ao assim proceder, essas pessoas participam de uma atividade que Elinor Ostrom, ganhadora do Prêmio Nobel de Economia, descreve como "*communing*".*[6] Assim como não há uma definição única de bem ou recurso comum (*common*) que se adapte a todas as situações, é impossível encontrar uma definição única de *commoning*, uma atividade que não se pode separar dos *commons* a não ser recorrendo à noção cartesiana de separação entre o sujeito e o objeto.

---

* "Comunitarismo" é uma tradução possível, mas perde-se o eco de "comuna" que há em *communing*. Esse termo também remete a "um grupo de famílias ou pessoas que vivem juntas e compartilham bens, haveres e responsabilidades", "qualquer pequeno grupo de pessoas com interesses e responsabilidades comuns" etc. Elinor Ostrom tem uma visão pessoal dessas questões, bem como sua própria análise e teoria das regras e procedimentos que regem a propriedade comum, o que pode ser encontrado em suas obras. Nesta tradução, o termo será mantido no original. (N.T.)

Aqui, podemos apenas apresentar alguns aspectos fundamentais do *commoning*, que, em graus variáveis, tendem a estar presentes onde quer que se faça essa experiência. Em qualquer lugar, o princípio organizacional básico do *commoning* é o de cuidado, dever, reciprocidade e participação. Diz respeito a passar muito tempo com outras pessoas, para que todas juntas possam cuidar de alguma coisa reconhecida como um *common*, e fazê-lo com grande atenção e paciência. É um processo em que as pessoas que compartilham um propósito coletivo institucionalizam sua vontade coletiva de manter alguma ordem e alguma estabilidade na busca de seus objetivos. Essas instituições comunitárias são extremamente virtuosas quando vistas de uma perspectiva ecológica, porque evitam o desperdício na forma de consumo e exploração. Ainda mais importante, esse processo de *commoning* não apenas se preocupa com os *commons* existentes, mas também gera novos *commons* sociais, pois as pessoas, quando fazem coisas em conjunto, trocam ideias e oportunidades. O *commoning* gera o conhecimento coletivo de que precisamos para resolver os problemas sistêmicos atuais. O *commoning* dentro de uma comunidade ética é uma opção, uma decisão individual compartilhada que provém da conscientização de que ou nos engajamos num estilo de vida ecologicamente compatível, ou estaremos explorando os outros usuários e beneficiários dos *commons* – os que estão vivos, os que ainda vão nascer e os que pertencem a outras espécies.[7]

RECUPERAR OS *COMMONS*

Os espaços comuns físicos e virtuais têm sido aniquilados pela lógica individualista e pelas instituições jurídicas do capital. As instituições de propriedade extrativista são responsáveis por esse estado de coisas.

Como um exemplo físico, mediante o recurso ao direito de propriedade, empresas globais dos Estados Unidos e outros países do Hemisfério Norte arrecadam o dinheiro de aposentados ricos, que investem em contratos de *time sharing* (tempo compartilhado ou intercâmbio de férias), e com ele corrompem autoridades locais que passam por graves crises de liquidez em todo o Hemisfério Sul, possibilitando-lhes construir condomínios feios e poluidores nas mais belas praias do mundo, que deveriam ser preservadas como um bem comum. Para administrar esses contratos relativos aos condomínios, os moradores locais são explorados de um modo que extrapola nossa imaginação, além de humilhados para oferecerem o máximo conforto possível aos turistas endinheirados.[8] Outro exemplo, no mundo virtual: os vínculos sociais entre as gerações tornaram-se precários devido à disponibilidade de tecnologia barata e falta de laços comunitários. As crianças acreditam que não têm nada a aprender com as gerações anteriores, cujo conhecimento acumulado parece estar facilmente disponível em um *tablet*.[9]

Para evitar esses desastres sociais e ecológicos, os *commons* anseiam por ser reconhecidos e protegidos pelo direito ecológico. Recuperar as instituições de poder compartilhado que foram devastadas pelo capitalismo e evitar as consequências letais de centenas de anos de violação dos princípios ecológicos – as verdadeiras "leis da natureza" – exigirá uma radical modificação global das leis extrativistas humanas. Como, porém, será possível dar conta de tarefa tão gigantesca?

Podemos começar pelo exame do modo como os cientistas tratam as bacias de lagos e mares comprometidos pela eutrofização – o crescimento excessivo de algas e plantas estimulado por altas concentrações de nutrientes. Um exemplo bem conhecido é a proliferação de algas – que se alimentam dos resíduos de fosfatos e nitratos originários da intensa agricultura química – que pode destruir o equilíbrio ecológico de um grande volume de água (um lago, por exemplo), comprometendo os ciclos de *feedback* a ponto de impossibilitar a regeneração do ecossistema.

Uma abordagem desse problema consiste em identificar o elemento corruptor e seu papel na deflagração de uma cadeira de resultados ecológicos negativos. Os ecologistas então começam por separar algumas áreas do lago do elemento contaminante, dando tempo aos processos naturais para se recuperarem por si próprios. Assim que uma pequena área volta a ficar saudável, a área de redes saudáveis renovadas pode ser progressivamente ampliada, até que o lago inteiro esteja recuperado. É possível obter resultados excepcionais com esse tipo de sistema ecológico progressivo, que pode ser implementado por via legal.

Usando um tratamento semelhante, poderíamos considerar as instituições jurídicas extrativistas da modernidade – o Estado soberano e a propriedade privada – como uma "proliferação de algas", ou como as percas do Nilo no Lago Victoria. A ecoalfabetização entre os juristas e o grande público permite-nos identificar os problemas e seus efeitos, enquanto o *ecodesign*, baseado numa profusão de experiências passadas e presentes, servirá para informar as soluções que propusermos, que devem ser vivenciadas na prática disseminada e na experimentação política.

Um curso d'água não se revitaliza num abrir e fechar de olhos e, do mesmo modo, o direito ecológico deve atuar por etapas, revitalizando o sistema global progressivamente, experimentando diversas modalidades de soluções institucionais de baixo para cima e fazendo alianças com o setor público ou o privado conforme se fizer necessário. Por exemplo, em certas circunstâncias seria aconselhável transformar um espaço comum (uma bela praia, por exemplo) num fundo fiduciário, que é uma instituição de propriedade privada, a fim de obter as garantias do devido processo legal que poderiam protegê-la contra a privatização governamental. Em outros casos, como os das empresas fornecedoras de água de Paris ou Nápoles, os últimos exemplos que apresentaremos no próximo capítulo, seria útil transformá-las numa empresa de propriedade pública, para evitar a fácil transferência de reservas para investidores privados.

Portanto, ao adotarmos essa abordagem não precisamos nos preocupar com as falhas do direito internacional, que é em si próprio uma estrutura extrativista necessitada de revitalização e conversão; embora pensemos globalmente, agimos localmente, onde pode ocorrer resistência física e cultural. Tampouco precisamos abordar todos os limites do processo político nacional, que faz com que as soluções pareçam impossíveis. Em vez disso, devemos trabalhar uma pessoa por vez, desenvolvendo um novo entendimento comum entre uma população ecológica e juridicamente alfabetizada, que tem consciência tanto das leis da natureza quanto da natureza do direito. Tal população, lutando para criar suas próprias instituições comuns a todos e protegê-las contra o espírito predatório tanto do setor privado quanto do público, constitui o ingrediente fundamental de uma recuperação de natureza comunalista.

Revitalizar os *commons*, desafiar a acumulação capitalista, reformular o direito de baixo para cima e, por fim, transformar a totalidade de nossa compreensão dos usos e costumes locais – para isso são necessários uma teoria robusta e um compromisso político inabalável e cotidiano por parte dos indivíduos. Estes devem reivindicar um papel ativo, capaz de levar à autonomia das relações. As melhores e mais bem-sucedidas práticas jurídicas atuais e antigas, capazes de implementar os valores de disseminação de poder, de justiça social e sustentabilidade ecológica, onde quer que se encontrem, devem ser discutidas, compreendidas, adaptadas a novas circunstâncias e aplicadas de modo tal que as vozes, os interesses e os rumos jurídicos dessas comunidades possam voltar a prevalecer. Vale a pena reafirmar: a diversidade da experiência humana é complexa, mas o princípio organizacional básico do *commoning*, em qualquer lugar, é o de cuidado, dever, reciprocidade e participação.

O EXEMPLO DA FUNDAÇÃO TEATRO VALLE *"BENNE COMUNE"*

Até uma sofisticada instituição de arte pode ser administrada como um bem comum. Em Roma, o belo e antigo Teatro Valle, uma joia dos primórdios da arquitetura do século XVIII, foi ocupado por uma multidão de artistas e trabalhadores da indústria de entretenimento que reagiam contra um projeto de privatização. Desde que o teatro foi declarado um bem comum, em junho de 2011, esse espaço ofereceu centenas de horas de entretenimento cultural, político e artístico, com base nas necessidades do público e sem dar qualquer satisfação ao poder estatal. Muitos artistas, às vezes de grande renome nacional e internacional, têm feito apresentações não motivadas pelo lucro, e os ocupantes mantêm o lugar aberto, em funcionamento e limpo. O espaço comum Valle, apesar de muita controvérsia sobre sua ilegalidade formal, já trabalha há mais de três anos de maneira totalmente participativa, aberta ao público e com o empenho consensual de todos.[10]

Na esteira desse sucesso, os ocupantes organizaram-se, dentro de um modelo alternativo de legalidade, como uma "fundação para os bens comuns" (*commons foundation*) que angariou 250 mil euros em dinheiro, apresentações artísticas e obras de arte, arrecadados nos dois primeiros anos de ocupação. Em termos funcionais, a *commons foundation* é um fundo fiduciário (*trust*) em benefício da cultura e das gerações futuras, com cerca de seis mil membros, uma assembleia permanente conhecida como a comuna (*la comune*) e um comitê geral de trabalhos em sistema de rotatividade. Não há voto majoritário, mas para tomar decisões é preciso que haja consenso, empregando-se para isso todo o tempo que for necessário. A participação exige que ninguém fique de fora das decisões importantes, concedendo-se a cada membro a necessária liberdade para expressar sua maneira de ver as coisas.

Desse modo, a fundação tornou-se uma manifestação e um fator facilitador da mais avançada experiência em modalidades alternativas à atual divisão entre público e privado que vigora no direito de propriedade. Essa experiência mostrou-se extremamente generativa em matéria de artes e cultura e inspirou experiências semelhantes em teatros e outros espaços ocupados em algumas cidades italianas, que hoje se encontram conectadas a uma rede de apoio organizada na qual se trava mais uma batalha para transformar a cultura num bem comum. Também atraiu atenção internacional: em Bruxelas, 2013, a Fundação Cultural Europeia concedeu o renomado prêmio Princesa Margriet ao Teatro Valle.

Como seu equivalente ecológico, essa solução para a "proliferação de algas" nas leis humanas continua a se disseminar por toda parte. Começando com o Valle, esse empenho sem vínculos com o poder legislativo para criar um sistema jurídico dos *commons*, legitimado por lutas reais, de baixo para cima, tornou-se um grupo itinerante de juristas que se encontram em lugares que sofreram devastação ecológica, entre eles o local de um megatúnel através dos Alpes (o Vale de Susa), uma ponte para a Sicília, imensos navios de cruzeiros entrando na laguna de Veneza, projetos de exploração de petróleo em alto-mar, descarte de resíduos tóxicos em Nápoles etc. Experiências semelhantes – desde ajudar estudantes a resistir a condições injustas de empréstimo na sequência do *Occupy Wall Street* até o já mencionado trabalho do Podemos, na Espanha, para dar proteção contra as execuções hipotecárias – estão começando a criar uma importante consciência popular sobre como o direito realmente funciona.

O aspecto mais importante desses esforços não é simplesmente obter alguma vitória judicial que possa gerar uma jurisprudência favorável. Ao contrário, consiste em criar um conhecimento jurídico difundido entre os protagonistas das lutas dos *commons* pelo pleno entendimento da natureza do direito numa democracia genuína, e na possibilidade de transformá-la por meio da resistência contra as violações das leis mais básicas da natureza. Com base nessas experiências, e em muitas outras documentadas na literatura internacional,[11] podemos esboçar o que um ordenamento ecológico *poderia* ser caso as diferentes práticas de *commoning* se conectassem entre si, adquirindo, assim, força e perspectiva. Esse exercício de imaginação, bem fundamentado em algumas práticas atuais, poderia tornar-se extremamente valioso como uma abordagem teórica das questões jurídicas que as comunidades sociais teriam de enfrentar para criar um ordenamento jurídico ecológico, e poderia inspirar outras que estão em busca de mudanças fundamentais.

Apesar de movimentos como o Teatro Valle, hoje os *commons* carecem de reconhecimento legal nos sistemas jurídicos ocidentais, devido ao desequilíbrio estrutural que favorece os interesses privados em detrimento do bem público.

Hoje, a estrutura jurídica favorita do capital é a sociedade anônima com fins lucrativos, uma máquina de acumulação perpétua. Uma forma jurídica adequada aos *commons* ainda não foi desenvolvida, embora algumas instituições constituídas como fundos ou associações pudessem ser (o que às vezes já acontece) usadas em defesa desses interesses. O reconhecimento legal que permite aos *commons* desfrutar da mesma proteção da propriedade privada e da mesma legitimidade do Estado soberano é um pré-requisito para a criação de uma ordem ecojurídica, e os *commoners* – aqueles que lutam pelos *commons* – devem estar dispostos a se organizar juridicamente. A Fundação Teatro Valle oferece um modelo muito interessante a ser explorado.

A EMERGÊNCIA DO DIREITO ECOLÓGICO A PARTIR DE COMUNIDADES AUTO-ORGANIZADAS

Um regime legal capaz de impor controle sobre nosso sistema desenfreado de exploração precisa surgir de uma ação comunitária auto--organizada, como a dos ocupantes do Teatro Valle, com base na ecoalfabetização, no *design* ecológico e numa consciência jurídica da necessidade de oferecer proteção aos *commons*. Essa ação deve ser não apenas local; deve conectar-se globalmente. A esta altura, é impossível conceber um sistema de aplicação global, de cima para baixo e ecologicamente correto. Seria ineficaz, porque os poderosos responsáveis pelas diretrizes políticas e os advogados empresariais, seus aliados, têm jurisdição global e estão determinados a manter o sistema existente. Por conseguinte, tentar encontrar um direito internacional "de cima para baixo", que proteja os *commons*, é o mesmo que pôr uma raposa para cuidar do galinheiro.

Uma ordem ecojurídica reconheceria a interconexão fundamental de nossos problemas globais e nos daria condições de encontrar soluções apropriadas e interdependentes que, em vez de fazer distinção entre o direito, a política e a economia nos níveis local, estatal, ou mesmo internacional, refletiria a reciprocidade dos problemas dos quais se ocupa. As soluções sistêmicas geralmente resolvem vários problemas ao mesmo tempo. Por exemplo, nossa agricultura usa grandes quantidades de produtos químicos e depende de uma utilização intensiva de energia para alimentar sua industrialização em grande escala; a transição rumo a uma agricultura sustentável, orgânica e de natureza comunitária reduziria dramaticamente nossa dependência energética, porque atualmente usamos (nos Estados Unidos) um quinto de nossos combustíveis fósseis para cultivar e processar alimentos. Uma transição desse porte teria um gigantesco efeito positivo sobre a saúde pública, uma vez que muitas doenças crônicas estão ligadas a nossa alimentação. E essa transição contribuiria significativamente para combater as mudanças climáticas, pois um solo orgânico é um solo rico em carbono, o que significa que extrai CO_2 da atmosfera e o fixa à matéria orgânica.[12]

Temos o conhecimento, as tecnologias e os meios financeiros para construir um futuro sustentável. O que precisamos agora é da capacidade de transformar a concepção sistêmica em leis humanas radicalmente novas, capazes de criar um sistema correto de incentivos que nos permita tomar a direção certa. O mais provável é que essas leis nasçam em comunidades auto-organizadas e criadas, passo a passo, de baixo para cima. Esse processo terminará por mudar as normas-padrão do sistema social corrente, de modo que o direito, mesmo não havendo lutas que introduzam algumas exceções a sua lógica extrativista, favoreça naturalmente os *commons* como hoje favorece a empresa.

O PRÓPRIO DIREITO COMO UM *COMMON*

Para transformar o direito em parte da solução de nossos problemas, temos de imaginar uma abordagem do direito afinada com o *design* ecológico. Precisamos de uma abordagem em pequena escala, de baixo para cima, cuja eficácia esteja em seu uso disseminado e sua coerência com as necessidades e as concepções das comunidades em geral. Precisamos começar a perceber o próprio direito como um *common*, um bem comum, o que requer o exercício da profissão de advogado em estrita simbiose com a comunidade para lutar contra o ordenamento jurídico extrativista. Para ser generativa, essa advocacia comunitária deve incorporar a prática da educação recíproca de advogados e *commoners*, para se ajudarem mutuamente a alcançar uma consciência ecojurídica. Isso inclui a participação direta dos membros da comunidade na preparação dos elementos para os processos judiciais, assim como a educação dos profissionais de direito para torná-los *commoners* do direito; essa combinação oferece serviços economicamente acessíveis, de grande valor ecojurídico. No movimento de protesto "No-TAV", no Vale de Susa,* um marco das lutas italianas em prol dos *commons*, uma equipe jurídica desse tipo participou das ações, que tiveram resultados extremamente satisfatórios tanto para os membros das comunidades quanto para o grupo de profissionais de direito.

Antes de pôr em prática essa abordagem jurídica é preciso entender que, na vida real do direito, a legitimidade não provém apenas de um processo político. Ao contrário, a mais importante fonte do direito é o laboratório da experiência na vida real. Os usos e valores compartilhados de uma comunidade, funcionais para determinada atividade social, com o tempo são institucionalizados como costumes ou práticas que visam à formação de laços de gratidão ou afeição entre as pessoas. Às vezes conhecidas como normas sociais, essa regras têm

---

* Na década de 1990, esse movimento protestou contra a construção de uma nova ferrovia para trens de alta velocidade (TAV) entre as cidades de Lyon e Turim, passando pelo Vale de Susa. (N.T.)

um grau de legitimidade muito mais antigo do que o nascimento do Estado moderno.

Na verdade, esse direito costumeiro foi a base do desenvolvimento do direito comercial, desde a Antiguidade e a Idade Média até nossa época. Tradicionalmente, os mercadores transpunham livremente os limites jurisdicionais das autoridades políticas em sua atividade comercial. Os comerciantes de Cartago vendiam seus produtos em uma grande variedade de lugares no Mediterrâneo, competindo com os romanos. Os mercadores árabes zarpavam para o Mar do Norte com grande constância e regularidade. Navios holandeses, portugueses e venezianos chegavam aos mais distantes mercados. Esses mercadores eram muito informais em suas relações mútuas. Em geral, um aperto de mão era suficiente para firmar um acordo, uma vez que esses negócios reiterados tinham por base a reputação.[13]

Com o tempo, um sistema complexo de direito mercantil costumeiro emergiu desses apertos de mão, estabelecendo princípios e regras de boa prática entre as partes e gerando, progressivamente, um direito transnacional costumeiro mais complexo, conhecido como *lex mercatoria*. A intervenção de cima para baixo dos Estados cada vez mais fortes e centralizados nesses costumes comerciais e leis autoaplicáveis sempre foi muito limitada; é muito limitada ainda hoje, quando as decisões de um sistema de arbitragem privada são reconhecidas e aplicadas pela maioria dos sistemas jurídicos sem nenhum questionamento.[14] Sem dúvida, esse ordenamento jurídico espontâneo é legítimo e respeitado pelos agentes econômicos envolvidos, mesmo na ausência de imposição por parte do Estado. Em outras palavras, a legitimidade provém da descentralização, do modo consensual como indivíduos e grupos se relacionam entre si. Curiosamente, o direito mercantil surgiu como um sistema separado e legítimo porque os mercadores tinham o conhecimento jurídico necessário para suas práticas, o que os tornava aptos a entender e autoaplicar suas leis muito bem por meio de suas guildas. Por exemplo, a bancarrota surgiu e deve seu nome ao costume de quebrar a *banca* (banco) onde o mercador insolvente vendia seus produtos nas feiras, para sinalizar que ele estava excluído dos negócios.

Da mesma maneira, a participação comunitária direta é crucial para o direito ecológico e pode se realizar por mecanismos institucionais relativamente simples, como os júris populares, para fiscalizar as decisões sobre investimentos, monitorar os custos socioambientais da produção ou defender as futuras gerações e o planeta em termos gerais. Essa supervisão teria o encargo de monitorar o que fosse produzido e como e para quem teria sido produzido, guiada pelos valores gêmeos da sustentabilidade ecológica e da justiça social. Essa modificação da economia é bastante viável, uma vez que, nela, as pessoas se transformam de consumidores em cidadãos. Poderíamos chamar esse modelo de "Estado de direito de cada um" – um sistema de controle efetivo das atividades econômicas individuais, no sentido de garantir a integridade ecológica e a justiça social.[15] O direito ecológico é exatamente esse tipo de sistema jurídico, capaz de considerar as leis humanas como parte de novas leis que favoreçam a natureza e interesses extra-humanos.

O *COMMONING* E A NOVA ORDEM ECOJURÍDICA

No decorrer destas páginas, enfatizamos que os *commons* devem ser o princípio organizador da nova ordem ecojurídica, do mesmo modo como a comunidade ecológica constitui o elemento fundamental da natureza. O comunalismo ou *commoning*, definido como a participação numa comunidade em vista da promoção do bem comum, produz o conhecimento coletivo de que precisamos para resolver os problemas sistêmicos de nosso tempo. Nenhuma estrutura hierárquica baseada na concentração de poder e na exclusão pode fazer isso. Por exemplo, pensemos na Wikipédia. Nenhuma outra enciclopédia seria capaz de agregar tanta inteligência e conhecimento coletivos. A união de muitos resulta em muito mais inteligência do que uma única pessoa poderia ter, por mais inteligente e culta que fosse. Infelizmente, a atual estrutura de poder dominante dificulta muito que se reconheçam os benefícios dos *commons*. É por isso que a visão crítica proveniente da verdadeira produção comunitária do saber e da experiência fora dos meios de comunicação dominantes é tão crucial.

A mídia capitalista não gosta de tornar públicos os êxitos das alternativas não capitalistas. Essa estratégia tão primária de silenciar é muito útil para dar aos cidadãos a impressão de que eles não têm nenhum poder para mudar as coisas. Embora a totalidade da civilização humana esteja neste momento à beira do desastre, devido ao persistente descaso com os princípios ecológicos, o capitalismo arregimentou para si próprio uma plêiade de especialistas e acadêmicos que produzem uma narrativa que transforma as pessoas, de uma entidade política para uma multidão de consumidores solitários, demasiadamente temerosos e ocupados para resistir.[16] A solução de desacelerar o crescimento da economia global, apesar de proposta por muitos, dificilmente chega ao discurso dominante da mídia. Por conseguinte, o processo político oficial nem representa nem sustenta soluções viáveis que estejam ao nosso alcance. Ao contrário, tanto a mídia que defende os interesses empresariais quanto os governos trabalham intensamente contra o reconhecimento do perigo. A capacidade do capitalismo de normalizar a dissensão e voltar ao modo habitual de fazer negócios é simplesmente espantosa. Por seu estímulo à acumulação individual de riqueza e poder, a propriedade e a soberania já chegaram a um ponto em que não podem mais deixar de defender unicamente seus próprios interesses.[17]

A comunidade é o lugar onde o reconhecimento desse estado de coisas pode acontecer e onde a resistência à autodefesa pode ser organizada. Algumas pessoas, sobretudo nos Estados Unidos, temem a comunidade e o comunitarismo porque os veem como uma ameaça a sua liberdade, ou mesmo como o risco de um opressivo comunismo de Estado. Contudo, situar os *commons* no centro do direito ecológico a fim de harmonizá-lo com a natureza e a comunidade não requer uma volta ao comunitarismo fechado da Idade Média, nem a certa autocracia comunista, como aquela frequentemente retratada pela mídia norte-americana. Ironicamente, esses temores raramente se manifestam no rosto do capitalismo corporativista, que se esconde por trás do fetichismo da livre escolha individual.[18] O fortalecimento dos laços comunitários é essencial para o desenvolvimento de uma organização política capaz de recuperar a qualidade das relações humanas, uma rede de objetivos coletivos em que o compartilhamento e a inclusão prevaleçam sobre o individualismo e a brutal motivação do lucro.

É verdade que os usuários e beneficiários dos *commons* monitoram-se uns aos outros, limitando a extração e a espoliação. Contudo, a comunidade também é a única circunstância em que as pessoas conferem poder umas às outras, compartilham conhecimentos e ideias e criam estratégias de resistência contra a intimidação das instituições capitalistas, tanto governamentais quanto empresariais. As comunidades ecológicas, o modelo do direito ecológico, não são nem podem ser fechadas. Dependem de energia e nutrientes de seu meio ambiente e de perturbações eventuais para sua evolução. Do mesmo modo, as comunidades sociais, em suas diferentes modalidades, reforçam-se mutuamente ao estabelecerem redes de contatos com outras comunidades que, em termos gerais, compartilham o mesmo objetivo de vida.[19] Uma comunidade pode ser generosa, hospitaleira e receptiva aos hóspedes. Também pode ser egoísta, fechada e intolerante. Isso também se aplica aos indivíduos de carne e osso, ao passo que as empresas são criadas exclusivamente para serem egoístas e míopes.[20] As instituições de direito ecológico precisam ter certeza de que a comunidade, assim como o indivíduo, adquira essas primeiras características, e não as segundas. A comunidade cujo funcionamento é totalmente intrínseco ao direito ecológico não separa o social do natural, pois compreende e nega a separação ideológica entre natureza e cultura, bem como a separação entre direito, política e economia. Do mesmo modo, a nova ordem ecojurídica deve permitir que a mediação coletiva volte a surgir, recuperando o direito como um instrumento coletivo de transformação política. Essa tomada participativa das decisões, tanto políticas como econômicas, é um aspecto crucial da necessidade de pôr o sistema jurídico não no centro da pessoa física ou jurídica, mas da "totalidade" – as comunidades, as redes e as dimensões qualitativas de relações, com acesso direto ao conhecimento, às leis e aos recursos, bem como a sua administração.

Um bom exemplo desse esquema de democracia econômica em que um de nós (Mattei) se envolveu pessoalmente é a transformação de uma empresa possuidora do sistema de abastecimento de água de Nápoles numa entidade institucional recém-criada, *Acqua Bene Comune* (a água como um bem comum). O objetivo dessa transformação era fazer com que o sistema hídrico de Nápoles passasse a ter como proprietários e administradores os trabalhadores e as pessoas, em benefício de toda a comunidade e das gerações futuras. Essa experiência foi o resultado de uma longa luta para proteger a água pública contra a privatização na Itália, que incluíu um referendo nacional em que 27 milhões de italianos votaram a favor de que a água fosse considerada como um *common*.[21]

Uma instituição igualmente intrépida nasceu como reação a práticas absurdas que se originaram de um acordo entre duas empresas multinacionais, Veolia e Suez, que separaram o mercado de água de Paris em dois, um para a *rive gauche* (margem esquerda) e um para a *rive droite* (margem direita) do Rio Sena. Um candidato vitorioso à Prefeitura de Paris, que fizera sua campanha em defesa da água como um bem comum, não só trouxe novamente ao debate a questão do sistema de suprimento de água como também desenvolveu um avançado sistema de governança baseado na cooperação das partes interessadas na recém-criada *Eau de Paris* (água de Paris).

Em poucas palavras, as duas instituições partem do pressuposto de que o sistema de suprimento de água deve ser administrado não para dar lucros, mas como um serviço à comunidade e uma garantia às futuras gerações. *Eau de Paris* e *Acqua Bene Comune* compartilham um objetivo ecológico e social vivo, que está registrado em suas leis orgânicas. Seus conselhos de administração estão legal e moralmente obrigados a orientar seu trabalho e suas diretrizes políticas por esse objetivo, bem como a manter distância de atividades lucrativas. A participação pública é garantida. Na lógica corporativa tradicional, o sucesso da atividade é quantitativamente avaliado pela margem de lucro do mercado. No mundo dos *commons*, não se pode usar o mercado como medida de sucesso, pois aqui a lógica do sucesso, coerente com o direito ecológico, é qualitativa. Em vez do mercado, o sucesso é avaliado pela participação dos acionistas na governança. O compartilhamento da responsabilidade coletiva confere uma legítima representação do controle coletivo tanto à atividade econômica pública quanto à privada. O controle assim proporcionado é qualitativo e baseado num esforço coletivo implacável, por trabalhadores, consumidores, ativistas ambientais e alguns membros eleitos da Câmara Municipal, para que possam entender e dirigir a administração de maneira coerente com as leis orgânicas das entidades. A forma corporativa tradicional, seja privada ou pública, destina-se a vender o máximo de água possível porque, se a água é igual a qualquer outro bem de consumo vendido num mercado monopolista, os lucros aumentarão com a quantidade do produto que for vendida. Por outro lado, se a água for tratada como um bem comum, o objetivo principal será economizá-la tanto quanto possível, investindo na ecoalfabetização da comunidade e reduzindo todo tipo de desperdício. O mercado não está bem preparado para monitorar o alcance desse objetivo empresarial vital de economizar água e diminuir sua venda.

Ainda temos um longo caminho pela frente para formular as estruturas jurídicas ideais para administrar como bens e recursos comuns a água, o transporte, a eliminação dos resíduos e outras atividades públicas, mas os exemplos de Nápoles e Paris dão a entender que essas tentativas, apesar de difíceis, têm condições de dar bons resultados.

A ÉTICA DA COMUNIDADE

Colocar os *commons* no centro do panorama legal produzirá efeitos sobre algumas de nossas liberdades extrativistas, as quais, como vimos, são atualmente fundadas em direitos de propriedade ilimitados e no Estado de direito. Contudo, levando-se em conta nossa situação ecológica de acelerada deterioração, é justo questionar em que medida as liberdades extrativistas devem ser protegidas. É injusto sacrificar os direitos dos ainda não nascidos e das vítimas de mudanças climáticas em nome do extrativismo desenfreado.

Aqueles a quem as razões ecológicas não conseguem convencer a abrir mão de práticas egoístas e da retórica a elas associadas talvez se deixem convencer por razões éticas fundamentais. É comum vermos isso, por exemplo, na discussão sobre comer carne. A carne na alimentação costumava ser algo excepcional. Só ocorria em determinadas circunstâncias e em muitas culturas é associada a algum sentido sagrado.[22] Muitas culturas e religiões também têm normas jurídicas sobre a ingestão de carne e a proibição de seu consumo excessivo. Além disso, fica cada vez mais claro que comer grandes quantidades de carne é ecologicamente insustentável, pois a pecuária intensiva resulta na disseminação de efeitos sobre a ecologia, as relações sociais e a saúde ao longo de toda a cadeia alimentar.

Hoje, porém, longe de limitar o consumo de carne, o capitalismo mercantilizou a ingestão de carne, como fez com outros aspectos culturais e qualitativos da experiência humana, tendo em vista a maior obtenção de lucros para as empresas. A lei da livre-iniciativa transformou os seres humanos em exterminadores implacáveis de animais sencientes.[23] Algumas pessoas tornam-se vegetarianas por motivos éticos associados à ideia de que criaturas sencientes e inteligentes são criadas em condições estarrecedoras e submetidas a sofrimentos inacreditáveis para satisfazerem nossa liberdade de escolha alimentícia. Outras o fazem por preocupações ambientais, uma vez que a produção de carne, sobretudo bovina, consome gigantescas quantidades de recursos naturais – antes de qualquer coisa, água e solo arável – ao mesmo tempo que provoca a emissão de quantidades enormes de metano, um poderoso gás de efeito estufa.

A maioria das pessoas, porém, por estar desconectada da natureza, considera a carne como nada mais que um item de sua dieta alimentar e simplesmente não questiona esse hábito insustentável. Seria inconcebível tentar uma redução da quantidade *per capita* de carne que cada pessoa consome com estratégias semelhantes àquelas usadas para o cigarro ou o álcool, registrando graficamente o sofrimento que advém desse hábito alimentar?

Portanto, um apelo à ética poderia ser uma maneira poderosa de levar muitos a se preocupar com os *commons*, assim como certas sociedades conseguem mobilizar a ética para fazer com que as pessoas lancem mão da autotutela de seus direitos sem a existência de nenhuma lei formalmente promulgada. Comportar-se com ética sempre significa comportar-se de uma maneira condizente com nossa comunidade. Há *sins* e *nãos* que decorrem do fato de se pertencer a uma família, uma comunidade profissional, uma nação ou uma tradição cultural. A ecoalfabetização nos diz que todos pertencemos a *oikos*, a "Morada da Terra" (a raiz grega da palavra "ecologia"), e, portanto, devemos nos comportar nos termos dessa perspectiva.

Um comportamento ético dentro da morada da Terra é um comportamento que respeite os princípios básicos da ecologia e, ao fazê-lo, contribui para manter a rede da vida. A prática do comunitarismo (*commoning*) numa comunidade ética é uma opção, uma decisão individual compartilhada que decorre do reconhecimento de que ou adotamos um estilo de vida ecologicamente compatível ou estaremos explorando os demais usuários e beneficiários dos *commons* – que são, vale a pena repetir, os nossos iguais que estão vivos, os que ainda vão nascer e os que pertencem a outras espécies.

CAPÍTULO **10**

A Revolução Ecojurídica

A Revolução Científica introduziu o conceito de natureza como uma máquina e a razão humana como superior aos processos naturais. A subsequente Revolução Industrial produziu grande "progresso" em termos de desenvolvimento tecnológico e eficiência de produção, e a transformação institucional de alguns *commons* em capital concentrado atendeu a uma necessidade social concreta de superar um modo brutal de subsistência. O capital concentrado significava indústria, desenvolvimento científico e artístico, medicina de maior qualidade e, em inúmeros casos, condições de vida mais higiênicas para muitos.

Contudo, a concentração de capital também exigia a mercantilização da terra. Para esse fim, a classe proprietária de terras aliou-se às instituições de governo para pôr fim à resistência das pessoas que viviam comunitariamente, com agricultura de subsistência e especialização limitada. Com a modernidade, seus processos de produção tradicionais foram transformados em produção e manufatura capitalistas de alimentos. Esse esforço contou com o auxílio de uma teoria que postulava um direito de propriedade ilimitado, baseado numa ideologia de liberdade, aperfeiçoamento e mão de obra produtiva, teoria essa fornecida por John Locke; e por uma teoria da ilimitada soberania de Estado, oferecida por Thomas Hobbes.[1]

O LADO SOMBRIO DO "PROGRESSO"

O ordenamento jurídico que hoje predomina serve às necessidades da acumulação de capital. Para tanto, separou-se progressivamente da política e da economia, as esferas em que o direito pode servir às necessidades humanas. Na esfera política, o ordenamento jurídico moderno assumiu a forma do constitucionalismo liberal que rege o mundo atual. Na esfera econômica, assumiu a forma de um capitalismo de mercado do *laissez-faire*, que só o Estado pode limitar. Como vimos no Capítulo 6, a concepção ocidental corrente das instituições sociais separa artificialmente os indivíduos entre si e de seus ecossistemas. As teorias simples da propriedade (Locke) e da soberania (Hobbes) são ideologicamente apresentadas como mutuamente opostas, mas na verdade são coerentes em sua estrutura (concentração e individualização do poder, por um lado, e exclusão, por outro) e finalidade (transformação dos *commons* em capital).

A ligação entre essas teorias destruiu gradualmente as instituições comunais que outrora proviam a subsistência e que eram coerentes com as exigências reprodutivas da natureza. Todavia, a narrativa de desenvolvimento, inovação, modernização e aperfeiçoamento convenceu até mesmo os perdedores nesses processos sociais de que a riqueza só é medida por meio do dinheiro, do valor de troca e da acumulação, deixando de lado qualquer valor humano não monetário. As pessoas foram convencidas de que vale a pena trabalhar arduamente, trocando seu tempo por salários que lhes permitam participar do processo de acumulação e consumo. Segundo essa concepção, por exemplo, o trabalho doméstico de cuidar de crianças e idosos, ou preparar o próprio alimento, fazer a própria roupa e erguer a própria moradia não tem nenhum valor como produção, não produz riqueza e não contribui para o PIB porque são atividades que acontecem à margem das trocas de mercado. Do mesmo modo, a única maneira reconhecida de atender às necessidades é adquirir bens e serviços no mercado.

Desde a época do movimento dos cercamentos, uma implacável propaganda sobre os triunfos da revolução científica e tecnológica levou os camponeses (geralmente descritos em termos ofensivos) a interiorizar a ideia de que seu estilo de vida é primitivo, brutal, inculto e inferior à vida nas cidades. Por outro lado, para a maioria dos moradores citadinos, em última análise a vida urbana é sinônimo de longas horas de trabalho em fábricas insalubres, horas de viagens diárias para trabalhos mal remunerados, sem benefícios, garantia de emprego ou seguro social. Legiões de camponeses acreditam que não têm nenhuma cultura, embora sejam os únicos membros da sociedade ainda capazes de fazer algo tão crucial quanto produzir alimentos de maneira ecologicamente sustentável, usando para isso seu domínio de conhecimentos coletivos muito antigos e sofisticados.

O resultado dessa ideologia é que hoje esses antigos saberes coletivos estão se acabando; vêm sendo substituídos por produtos industriais e, assim, os próprios meios de sobrevivência vêm sendo deixados nas mãos de um pequeno número de empresas globais. O crescente uso de tecnologia na agricultura tornou intensiva, na produção de alimentos, a necessidade de água e petróleo, transformou a vida no campo num modo de produção industrial (cada vez mais independente dos ciclos ecológicos) e nos levou a crer que o conhecimento, como a tecnologia, é cumulativo. Tendemos a acreditar que sempre sabemos mais do que antes, assim como cada geração de telefones celulares é uma progressão da anterior, embora na verdade estejamos perdendo enormes quantidades de conhecimentos locais sobre os processos naturais. Hoje, muitos agricultores só sabem como transformar petróleo em alimentos industriais com o uso de substâncias químicas, organismos geneticamente modificados (OGMs) e maquinaria pesada. Poucos conhecem as plantas locais, medicinais ou de outro tipo, os processos de hibridização de sementes ou o uso de sistemas naturais, específicos do local, para diminuir o impacto das pragas.

Nas sociedades ocidentais modernas, continua sendo difícil resistir a esse constructo ideológico, que acaba por se tornar uma profecia autorrealizadora. Nas décadas de 1950 e 1960, por exemplo, muitas moças italianas não queriam se casar com homens que não estivessem propensos a procurar emprego nas fábricas do Norte do país. Outras ficavam com vergonha de preparar sua própria massa, vendo nisso um sinal de pobreza, e passavam a comprar massas produzidas industrialmente. Projetos industriais ou de extração de energia em grande escala, financiados pelo Plano Marshall, que devastaram o belo litoral dos países europeus do Mediterrâneo, eram cobiçados por multidões que ansiavam por empregos nas indústrias e pelo progresso econômico. Vídeos mostrando antigas oliveiras sendo arrancadas por enormes tratores eram mostrados na TV, exaltando o poder do progresso, referindo-se ao fedor da poluição como "o cheiro da modernidade" e descrevendo o estilo de vida anterior como "a economia arcaica da oliveira".[2]

Na Itália, belos vilarejos nas montanhas, com sistemas de abastecimento hídrico incrivelmente sofisticados e casas seculares de pedra e madeira, construídas e mantidas coletivamente, foram abandonados pelos moradores em busca de empregos nas indústrias. Hoje, ninguém mais procura um sapateiro. Um pequeno número de empresas concentra cada vez mais os oligopólios na propriedade e nos sistemas de distribuição de água, combustível, sementes e outros produtos de primeira necessidade. Poucos sabem até mesmo como construir uma estrutura simples como um galpão, e a maioria de nós ficaria com uma aparência nada agradável se tivesse de fazer as próprias roupas. Segundo a retórica dominante, "o mercado" nos liberta desses trabalhos domésticos por meio da eficiente divisão do trabalho. Contudo, para fazer essa opção pelo mercado é preciso ter dinheiro. Na verdade, uma pessoa que decidiu usar o mercado é menos livre se não houver alternativa. Examinemos, por exemplo, o caso de uma pessoa que mora numa cidade dos Estados Unidos onde é muito difícil comprar legumes frescos, onde a assistência pública à infância é muito cara e a renda da pessoa em questão é insuficiente para arcar com essas despesas. Em tal situação é possível que, num sistema econômico centralizado, o valor da autoprodução de alimentos, a feitura da roupa e os cuidados pessoais com os filhos fossem maiores que um salário no Walmart. Em nossa condição de sociedade ultraurbanizada, estamos viciados em mecanismos de mercado cuja única virtude é tornar os hambúrgueres baratos do McDonald's – fortemente subsidiados pelo meio ambiente e pela saúde pública – acessíveis a muitos.

O lado sombrio de nossa tentativa de dominar e explorar a natureza tornou-se agora por demais evidente. As formas harmoniosas da arquitetura pré-moderna e a beleza e singularidade dos produtos artesanais, tudo baseado em séculos de transmissão de conhecimentos, foram substituídas por artefatos de plástico, industrialmente produzidos e subsidiados pelo meio ambiente. Quanto dura um guarda-roupa IKEA, comparado com aqueles que nossos artesãos produziam? Será que fica realmente mais barato se levarmos em conta sua durabilidade e a quantidade de exploração natural e humana que sua produção implica, inclusive o número de artesãos que têm de abandonar seus negócios devido a esse modo de produção industrial? Na verdade não é mais barato, nem socialmente nem do ponto de vista individual. Nos países industrializados, porém, os 99% não têm condições de comprar qualidade, e o 1% pode *optar livremente* por obter maiores lucros graças a artefatos que, além de subsidiados pelo meio ambiente, têm muito pouca durabilidade.

A maior parte das aptidões artesanais e agrícolas perdeu-se como resultado do empenho consciente de tornar cada indivíduo dependente da produção em grande escala. Essa produção, por sua vez, requer uma tremenda concentração de capital que, então, requer mais apropriação dos *commons*, num ciclo cada vez mais destrutivo.

A transformação do território de um lugar de vida e relacionamentos com nossos semelhantes e com a natureza, em uma terra mercantilizada, disponível para o "desenvolvimento", resultou numa paisagem morta pelo uso predatório de monoculturas, postos de gasolina e *shopping centers*. Como se isso não bastasse, esse acordo institucional e a ideologia que lhe dá sustentação passaram a ser vistos como "senso comum". Quem, atualmente, consegue imaginar um tipo diferente de ordenamento econômico ou social? Em pouquíssimo tempo, instituições generativas, baseadas em relações coletivas de longo prazo, foram ejetadas do ordenamento jurídico oficial e praticamente deixaram de ser assunto público.

Criar leis para a exclusão e a concentração de poder foi a chave para transformar tantos os bens comuns físicos quanto os culturais em propriedade privada e capital, ambos concentrados em poucas mãos poderosas, privadas ou públicas. Hoje, porém, o mundo é profundamente diferente daquele em que Locke, Hobbes, Hugo Grotius, Jean Domat, Blackstone e Adam Smith faziam suas reflexões. Ele viveram num mundo cheio de *commons* e com muito pouco capital, mas hoje temos muito capital e praticamente não há *commons* remanescentes. Ainda assim, continuamos a usar as mesmas instituições extrativistas que foram tão bem-sucedidas em criar esse estado de coisas em pouco mais de três séculos. Agora, nossa necessidade premente consiste em transformar nosso colossal excedente de capital em *commons*, e simplesmente não temos como fazer isso aplicando a velha lógica extrativista do desenvolvimento quantitativo.

O sistema institucional mecanicista incorpora um conflito entre o pensamento linear e os processos de produção capitalista, por um lado, e os padrões não lineares da biosfera, por outro – as redes e os ciclos ecológicos que constituem a rede da vida.[3] Embora essa rede global, natural e extremamente não linear contenha incontáveis ciclos de *feedback* por meio dos quais o planeta equilibra e regula a si próprio, nosso atual sistema econômico é alimentado pelo materialismo e por uma estrutura jurídica que não reconhece nenhum limite e é sustentada por ideias jurídicas como a liberdade individual de acumular propriedade.

No Capítulo 3, mencionamos a quantidade exorbitante de violência empregada para impor o "movimento em pinça" dos direitos de propriedade e da soberania durante a fase inicial da acumulação de capital por meio de cercamentos e da colonização. As revoltas e guerras camponesas que caracterizaram os séculos XV e XVI foram reprimidas tanto com violência quanto com ideologia. Por exemplo, Martinho Lutero condenava ferozmente os participantes das revoltas e justificava abertamente o assassinato deles, chamando-os de "cães raivosos".[4] Hoje, a resistência das pessoas que estão cada vez mais cientes da falsa consciência da narrativa dominante é esmagada por uma estratégia física e ideológica correspondente. Nos países ocidentais, tem aumentado o número de ativistas processados por acusações de terrorismo. Os governos europeus estão seguindo a liderança da Inglaterra e dos Estados Unidos, introduzindo leis progressivamente mais duras e reprimindo os protestos com prisões e processos criminais.

Na França, um jovem que se manifestava contra a construção de um dique foi morto em novembro de 2014 por forças policiais cada vez mais militarizadas.[5] A violência da lei, que se volta fundamentalmente contra as minorias destituídas de quase tudo, é aterradora. As instituições devem ter um objetivo. Embora a tarefa dos militares seja lidar com um inimigo, numa democracia a função da polícia deveria ser a de dar proteção aos cidadãos. A confusão desses papéis no trato com o ativismo ecológico daqueles que lutam por um mundo diferente é, de fato, um sinistro sinal de nossos tempos.

Contudo, quando a opressão leva à catástrofe, e quando um sistema só pode se justificar por meio da violência armada, as condições para uma revolução não demoram a surgir.

ECOALFABETIZAÇÃO – A BASE CONCEITUAL DA REVOLUÇÃO ECOJURÍDICA

Porque nós, seres humanos, só temos um planeta, nossa pegada ecológica deve ser igual a um planeta – isto é, só devemos consumir uma fração de nossa riqueza comum, permitindo que todos os outros cidadãos do mundo façam o mesmo; ao mesmo tempo, temos de conservar as condições apropriadas à sustentação e reprodução da vida.[6] Hoje, porém, nossa pegada ecológica global é de 1,5 planeta, o que significa que precisaríamos de um planeta e meio para sustentar nosso estilo de vida global. Todo ano, em algum momento do mês de agosto, começamos a depender de recursos que não podem ser reproduzidos, acelerando, assim, a aproximação do ponto de irreversibilidade. Na verdade, a pegada é de apenas 1,5 porque, em nosso mundo, muitas pessoas vivem muito abaixo do padrão de um planeta, devido a sua pobreza material. Atualmente, a pegada dos norte-americanos é de quase cinco planetas e a dos europeus é superior a três planetas. Se todas as pessoas do mundo vivessem como aquelas dos Estados Unidos, a "terra da liberdade", precisaríamos de cinco planetas para sobreviver!

Em outras épocas, é muito provável que as pessoas ignorassem essa tendência; eram incapazes de ter uma perspectiva geral do mundo e seus objetivos eram muito diferentes dos nossos. Hoje, porém, o conhecimento fundamental dos processos e padrões de organização da natureza não ficam mais restritos a ecologistas e filósofos acadêmicos. Já ficou perfeitamente claro que entender os princípios ecológicos fundamentais e viver de acordo com eles é crucial para nossa sobrevivência no planeta. Também não cabe dúvida nenhuma de que o capitalismo não admite uma transformação que requer, necessariamente, mais compartilhamento e menos consumo, uma situação que só pode ocorrer de modo satisfatório em comunidades em que todos os membros compartilham dos mesmos ideais. A concepção de um mundo tão novo assim requer nada menos que uma revolução cultural capaz de transformar a cultura, tirando o indivíduo extrativista do lugar central e introduzindo aí a comunidade generativa. Devemos estar prontos para fazer com que isso aconteça.

Em nossa época, o objetivo comum a todos deve ser o uso das leis humanas (em consonância com a natureza) para criar e investir no potencial das comunidades sustentáveis – ambientes sociais, culturais e físicos nos quais possamos concretizar nossos projetos de vida e nossas aspirações, sem com isso comprometer as oportunidades das gerações vindouras. Há muitas diferenças entre ecossistemas e comunidades humanas. Por exemplo, um ecossistema não tem autoconsciência. Também não tem língua, consciência e cultura, razões pelas quais não tem justiça ou democracia – mas tampouco tem ganância ou desonestidade. A sabedoria da natureza deve tornar-se uma parte central do direito humano, mas as leis humanas são normas de conduta para uma comunidade e sua preocupação central diz respeito aos valores humanos. Portanto, não podemos aprender nada sobre os valores e imperfeições humanos a partir de um estudo dos ecossistemas, e não é suficiente dizer que devemos imitar a ecologia. Todavia, podemos e devemos aprender com os ecossistemas a viver de maneira sustentável, o que requer que tornemos nossos diferentes valores humanos compatíveis com o valor fundamental de manter a vida na Terra.

Vale a pena repetir: o que é sustentado numa comunidade sustentável não é o desenvolvimento econômico ou a vantagem competitiva, mas toda a rede da vida da qual depende nossa sobrevivência no longo prazo. Em outras palavras, uma comunidade sustentável é planejada de modo tal que seu modo de vida, suas atividades comerciais, sua economia, suas estruturas físicas e suas tecnologias não interfiram na capacidade de manutenção da vida, intrínseca à natureza, mas que, ao contrário, facilitem sua força generativa. Essa transformação requer a desistência de alguns aspectos do culto da liberdade individualista que se tornou dominante com o Iluminismo, uma consequência da cooptação do humanismo pelo capital.

Precisamos reformular urgentemente nossas leis humanas, tanto em matéria de coerções externas quanto como uma transformação interna do atual DNA institucional de governos e empresas. O máximo possível da tremenda quantidade de capital acumulado pelo extrativismo precisa ser devolvido aos *commons*. Para transformar as leis, devemos também nos transformar de modo a entender sua natureza, bem como o imenso poder que, em nossa condição de comunidade, temos sobre o direito. Precisamos ter consciência de que as leis existem na medida em que são obedecidas, e que as criamos tendo em vista a escolha que buscamos, como comunidade, entre obediência e desobediência. Da mesma maneira que a desobediência de Rosa Parks foi necessária para mudar o *status* da segregação, tornando-o ilegal, uma resistência semelhante faz-se necessária para mudar as leis e práticas extrativistas, tornando-as ilegais.[7]

É evidente que o primeiro passo na estrada que nos levará à sustentabilidade deve ser o entendimento de como a natureza sustenta a vida. Isso implica uma nova compreensão ecológica da vida, assim como o novo tipo de pensamento sistêmico que até aqui discutimos. Durante bilhões de anos, os ecossistemas da Terra desenvolveram certos princípios de organização para manter a rede da vida. Esses princípios organizacionais, ou princípios ecológicos, são o equivalente atual daquilo que se costumava chamar de "leis da natureza". Talvez sejam mais sutis, e são formulados em termos qualitativos – em termos de padrões de relações e processos –, mas são tão inflexíveis quanto a lei da gravidade de Newton.

O conhecimento desses princípios de ecologia é conhecido como "alfabetização ecológica" ou "ecoalfabetização".[8] Nas próximas décadas, a sobrevivência da humanidade vai depender de nossa ecoalfabetização e nossa capacidade de viver segundo os ditames desta. Por esse motivo, a ecoalfabetização deve tornar-se uma habilidade crucial para políticos, líderes empresariais e profissionais de todas as esferas, sobretudo na teoria do direito, e deveria ser a parte mais importante da educação em todos os níveis, inclusive na continuidade da educação e na formação de profissionais. Nossos filhos, nossos alunos e nossos líderes políticos e empresariais devem compreender os fatos inegáveis da vida: por exemplo, que os resíduos de uma espécie são alimento para outra espécie; que a matéria se recicla continuamente por meio da rede da vida; que a energia que impulsiona os ciclos ecológicos provém do sol; que a diversidade garante a rápida capacidade de recuperação; que a vida não se espalhou pelo planeta como consequência da luta entre grupos, mas graças à criação de redes de contatos.

Todos os princípios ecológicos são estreitamente interligados, isto é, são aspectos diferentes de um único padrão fundamental de organização cujo trabalho consiste em criar e sustentar as comunidades ao longo de bilhões de anos de evolução. Nenhum organismo individual pode existir isoladamente. Os animais dependem da fotossíntese das plantas para suas necessidades energéticas; as plantas dependem do dióxido de carbono produzido pelos animais, bem como do nitrogênio fixado por bactérias em suas raízes; e, em atuação conjunta, plantas, animais e micro-organismos regulam toda a biosfera e mantêm as condições necessárias à vida.

Esta é, portanto, a grande lição que precisamos permitir que a natureza nos ensine: a sustentabilidade não é uma propriedade individual, mas uma propriedade de toda uma rede de relações, e sempre diz respeito a toda uma comunidade. Uma comunidade humana sustentável interage com outras comunidades – seres humanos e não humanos – de maneira que cada uma possa viver e se desenvolver de acordo com sua natureza. Sustentabilidade não significa que as coisas não mudam. Trata-se de um processo dinâmico de coevolução, e não de um estado estático.

Sem dúvida, as crenças jurídicas e científicas profundamente arraigadas, sobretudo aquelas fortemente apoiadas pela cultura industrial dominante, demoram muito a desaparecer por terem se apoderado da mente de pessoas que, em grande parte, se comportam de uma determinada maneira e não questionam seriamente o *status quo*, quer por medo, quer pelo fato de o sistema parecer funcionar em seu benefício. É preciso um longo processo e a passagem de uma geração a outra para que ocorram mudanças nas crenças já sedimentadas; e é nesse ponto que a educação se torna fundamental. O ensino da ecoalfabetização nas escolas atuais significa que nas faculdades de direito de amanhã haverá alunos ecoalfabetizados, até chegarmos a ter profissionais de direito ecoalfabetizados que ocuparão posições de grande influência em toda a sociedade.

DESIGN ECOLÓGICO — APRENDER COM A SABEDORIA DA NATUREZA

Depois da aquisição da alfabetização ecológica, o passo seguinte no caminho que levará à revolução ecojurídica é o *design* ecológico ou *ecodesign* — a reformulação radical de nossas tecnologias e instituições sociais a fim de transpor o atual hiato entre o *design* humano e os sistemas sustentáveis da natureza. De um ponto de vista ecológico, *design* é o que dá forma a fluxos de energia e matéria para finalidades humanas. *Ecodesign*, nas palavras de David Orr, "é a cuidadosa compatibilização de nossos objetivos humanos com os padrões e fluxos maiores do mundo natural".[9] Os princípios do *ecodesign* refletem os princípios organizacionais que a natureza desenvolveu para manter a rede da vida, acalentando um sentimento de comunidade em vez de separar as pessoas da natureza e torná-las ecologicamente analfabetas. As práticas de *ecodesign* requerem uma mudança fundamental de nossa atitude para com a natureza, quando começaremos a descobrir, como diz a *ecodesigner* Janine Benyus, "não (...) o que podemos *extrair* da natureza, mas (...) o que podemos *aprender* com ela".[10]

Nos últimos anos, houve um aumento dramático das práticas e projetos de *design* ecológico.[11] Por exemplo, estamos testemunhando um renascimento mundial da agricultura orgânica, na qual os agricultores usam tecnologias baseadas em conhecimentos ecológicos, e não mais na química ou na engenharia genética, a fim de aumentar as colheitas, controlar as pragas e aumentar a fertilidade do solo. Estamos presenciando a união de indústrias dos mais diversos setores, formando conglomerados ecológicos nos quais os resíduos de qualquer organização são recursos para outras. Os adeptos e profissionais do *design* ecológico defendem a mudança de uma economia voltada para o produto para uma economia "de serviço e fluxo", em que as matérias-primas industriais e os componentes técnicos circulem continuamente entre fabricantes e usuários. A arquitetura verde é um campo florescente. Hoje temos edifícios projetados para produzir mais energia do que usam, não emitir resíduos e monitorar seu próprio desempenho. Nos transportes, temos veículos elétricos e híbridos com economia de combustível de duas a três vezes maior que a dos carros tradicionais; e o avanço das células de combustíveis a hidrogênio promete inaugurar uma nova era na produção de energia.

Todas as tecnologias e projetos de *ecodesign* incorporam os princípios ecológicos básicos, o que os leva a compartilhar algumas características em comum. Eles tendem a ser projetos em pequena escala com grande diversidade, eficientes em termos energéticos, não poluidores, voltados para a comunidade e de uso intensivo de mão de obra, criando uma grande quantidade de empregos.

DIREITO ECOLÓGICO JÁ!

Hoje dispomos do conhecimento, das tecnologias e dos meios financeiros para transformar o capital em bens comuns. As leis humanas, porém, servindo aos imperativos da produção capitalista, nos atraem para a direção contrária. O que precisamos, então, é de coragem e liderança política em todos os níveis da sociedade para podermos desafiar o insustentável *status quo*. A dimensão jurídica dessa vontade política é extremamente importante e requer uma profunda transformação de nosso entendimento da natureza do direito. Requer o desenvolvimento de alguns princípios jurídicos de orientação ecológica que possam começar a traduzir a visão de mundo ecológica em teoria e prática institucionais. Esses princípios podem ajudar as comunidades a decidir entre prestar obediência ao direito atual ou exercer o direito de resistência, em benefício de sua sobrevivência e a das gerações futuras, evitando ao mesmo tempo a desordem e os comportamentos individualistas, por mais bem-intencionados que pareçam ser.

Precisamos de uma nova narrativa que torne o comportamento ecológico atraente, e de um novo sistema jurídico criado por uma ampla disseminação da resistência e de redes de relacionamentos comunitários. Um sistema jurídico baseado em princípios que sejam o extremo oposto da irresponsável transformação extrativista dos *commons* em capital que temos testemunhado ao longo dos três últimos séculos. No centro dessa narrativa deve haver uma passagem da quantidade para a qualidade, e a sabedoria, ensinada pela natureza, segundo a qual o bem-estar não depende de consumir mais do que é necessário. Traduzido em categorias sociais, isso significa que a liberdade é uma condição de ser que é desfrutada nos relacionamentos, e nada tem a ver com a acumulação de bens – a despeito do magistral constructo ideológico de Locke.

O contrário do *status quo* atual de extrativismo capitalista requer uma ênfase na geração e reprodução social, que resulte em valores como o altruísmo e a cooperação, em lugar da defesa dos próprios direitos e da competição individualista. O *commoning* – o hábito de juntar-se a outras pessoas a fim de cuidar de alguma coisa identificada como um bem ou recurso comum, e de fazê-lo com grande atenção e paciência – torna a existência mais significativa e divertida do que quando vivemos para lutar e nos estressar na tentativa incessante de acumular poder contra alguém. Há um sem-número de oportunidades para todos prosperarem em comunidades horizontais, no contexto de uma economia do "suficiente" e não do "mais".

Quando possível, devemos redescobrir e admirar a produção própria de alimentos, artefatos e roupas. Isso não significa, sem dúvida, que não deve haver nenhuma divisão do trabalho no futuro. Contudo, precisamos reconhecer que aqueles de nós que conseguem autoproduzir ficam livres da dependência do mercado. É importante entender que o sistema de fabricação de celebridades e o culto aos magnatas dos negócios é uma construção ideológica para transformar os gananciosos – que comem muito mais do que a parte que lhes cabe no bufê da vida – em membros respeitáveis da sociedade, em vez de companhias indesejáveis.

Um futuro humano sustentável requer uma quantidade significativa de pensamento crítico e uma teoria do direito conceitualmente fundamentada na ecoalfabetização. Um *design* ecológico do direito não será abstrato nem de cima para baixo; na verdade, deverá provir das necessidades concretas de todos e das diferentes experiências comunitárias que já se encontram em atividade. Esse ordenamento ecojurídico, produzido por pessoas ecoalfabetizadas, é capaz de desenvolver princípios práticos opostos àqueles que transformaram a maior parte dos *commons* em capital; portanto, é capaz de transformar uma quantidade progressivamente crescente de nosso capital novamente em *commons*. Esse ordenamento deve fomentar uma difusão de poder e de democracia participativa, em lugar de uma concentração de poder e sigilo; inclusão, justiça distributiva e compartilhamento, em lugar de exclusão, desigualdade e egoísmo.

Em tal sistema, os juristas traduziriam o conhecimento ecológico atual – adquirido na participação nas lutas sociais, mas também na ecologia conservacionista, na ciência do clima, na ecologia humana e em outros campos científicos afins – em diretrizes políticas e interpretações normativas do direito. A comunidade ecológica, e não o ser humano individual, deve estar no cerne do direito ecológico, pois a mais importante "lei da natureza" é aquela segundo a qual o todo não é a simples agregação de suas partes.

Para realizar isso, precisamos parar de perceber o direito como um sistema fechado de normas profissionalmente elaboradas e organizadas em torno de um princípio de soberania política. Além de ser extremamente estreita e doutrinária, essa ideia também se baseia no mesmo padrão de exclusão e concentração de poder contra o qual o pensamento ecológico trava sua luta. Segundo a visão dominante, as pessoas são excluídas do direito por advogados profissionais. O poder está concentrado nas mãos de grupos profissionais que, historicamente, têm conseguido afirmar a utilidade social e a natureza indispensável de seus conhecimentos relativos a essa área do saber. Na tradição jurídica ocidental, como já discutimos em capítulos anteriores deste livro, os profissionais do direito são apenas um desses grupos mais importantes. Assim como os escribas do Antigo Egito eram os únicos capazes de fazer a contagem da quantidade de cereais armazenados pelas instituições centralizadas do governo, os profissionais do direito e os cientistas compartilham uma estratégia de poder baseada no conhecimento. Os profissionais do direito normalmente usam essa estratégia para reivindicar o monopólio do conhecimento de um sistema jurídico que está "lá fora", na jurisprudência e nos códigos legais.

As pessoas ecoalfabetizadas, cientes da necessidade de mudanças, não devem aceitar a atual exclusão do direito com base no poder.

Como todos os *commons*, como a linguagem ou a cultura, o direito pertence a seus usuários. Por conseguinte, o conhecimento jurídico deve ser compartilhado e disseminado, a fim de beneficiar-se da inteligência coletiva. Isso não implica a falta de espaço para o profissionalismo jurídico na criação do direito ecológico. Significa apenas que o conhecimento jurídico deve fazer parte do esforço coletivo de redesenhar a sociedade, criando instituições jurídicas generativas para substituir as de natureza extrativista, que vêm dominando o último quarto de milênio.

Esse desconcertante empenho coletivo só pode ser bem-sucedido se diferentes tipos de conhecimento e cultura passarem a existir, renunciando a uma prática de exclusão estreitamente associada ao estado de coisas que precisamos mudar. Na verdade, já faz tempo que os pensadores do direito vêm ampliando a perspectiva de sua disciplina. Muitos estudos, em campos como antropologia jurídica, direito comparativo, direito e sociedade e história do direito vêm se opondo à visão estreita do sistema jurídico como algo estritamente objetivo e imutável. Todas essas disciplinas enfatizaram que o direito existe dentro de uma cultura jurídica, simultaneamente profissional e popular, às vezes chamada de "vernáculo", que determina e influencia o processo legislativo oficial.

Contudo, muitas abordagens dominantes em nossas instituições jurídicas globais, como a análise econômica do direito ou a teoria da escolha racional, têm ido na direção contrária. Seu objetivo consiste em transformar gradualmente o direito numa mera tecnologia, estreitando, assim, o enquadramento e dando-lhe a forma de um artefato universal objetivo, incapaz de respeitar as variações culturais locais. A fusão ideológica da concepção newtoniana da ciência com a concepção estreita e objetiva do direito entendido como tecnologia – tudo isso de mistura com a teoria econômica dominante e com a determinação de criar a ilusão de desenvolvimento e progresso infinitos, assim como uma crença irracional na tecnologia – são elementos que contribuem, sem dúvida, para a formação de uma poderosa ideologia. Mas é exatamente essa ideologia, inscrita nas estruturas institucionais correntes, que o pensamento sistêmico e a ecoalfabetização rejeitam, e que hoje precisamos superar, tanto política como culturalmente.

Recuperar a consciência de que o sistema jurídico é um bem de propriedade coletiva – isto é, abordar o sistema jurídico como um bem e recurso comum (*common*) – é uma parte crucial da estratégia de, finalmente, pôr as leis humanas em sintonia com a natureza e a comunidade. O direito não é um sistema morto de princípios e normas escritos em livros que só os iniciados são capazes de entender. Ao contrário, tem presença viva e é uma expressão de nosso comportamento ético e social, formado pelas obrigações que temos uns para com os outros e para com os *commons*. Se vier a ser percebido como tal por toda a comunidade, poderá tornar-se novamente ativo e generativo. Desse modo, o direito é uma expressão da "totalidade" – algo muitíssimo diferente do conjunto de suas partes, mas produzido por uma relação entre elas, sem exploração e abuso.

PRÁTICAS ECOJURÍDICAS

A Fundação Teatro Valle e as empresas fornecedoras de água de Nápoles e Paris, comentadas no capítulo anterior, são exemplos de práticas ecojurídicas baseadas na participação. Na América Latina, importantes traços do direito ecológico podem ser encontrados nos direitos constitucionais assegurados à natureza ou a Pachamama ("Mãe Terra") no Equador, na Bolívia e na Venezuela.[12] Essas Constituições, amplamente discutidas com as comunidades durante sua elaboração, em assembleias de camponeses e outros fóruns participativos, terminaram com a introdução da ideia de direitos da natureza, que os povos, por meio das instituições do Estado e de práticas coletivas de cuidados especiais, têm o dever de proteger. Como se fez com a empresa na América do Norte, em certos países da América Latina atribuíram-se direitos às entidades não humanas. No momento, essas declarações constitucionais talvez sejam mais simbólicas do que operantes; ainda assim, são significativas porque refletem e traduzem para a linguagem constitucional escrita o entendimento dos povos nativos, quando se lhes permite que participem. Durante centenas de anos, essas mesmas comunidades viveram coletivamente na natureza, sua Mãe Terra, sem nenhum conhecimento de direitos individualistas de propriedade.

Embora a transformação ainda esteja num estágio muito incipiente, alguma coisa está mudando na mentalidade dos juristas, tornando alguns deles sensíveis à subjetividade não humana, como indicam acontecimentos recentes na Alemanha. Uma vez mais, a transformação tem a ver com o direito de propriedade. O direito de propriedade alemão retirou os animais domésticos da lista de "objetos de propriedade" de seu Código Civil.[13] Outros sistemas jurídicos europeus fizeram o mesmo no caso dos animais selvagens, que não podem mais ser comprados para fins de recreação, pois passaram a ser considerados como propriedade do Estado. Nos Estados Unidos e outros países, especialistas e intelectuais em geral estão trabalhando duro para conceber formas de custódia e administração de bens ou valores de terceiros para as gerações futuras, para garantir estatuto jurídico às árvores ou mesmo para constituir porta-vozes das futuras gerações, ou um mecanismo institucional semelhante para proteger os *commons* que estiverem na iminência de ser alijados da lógica de mercado. Uma vez mais, o passado nos oferece exemplos fascinantes.

A construção das catedrais era um esforço coletivo de três, até mesmo quatro gerações. Para diminuir o risco de que as autoridades no poder suspendessem o esforço comum, o que equivaleria a um enorme desperdício de recursos, os tabeliões medievais criaram instituições jurídicas conhecidas como "Fundações para as Catedrais", vinculando propriedades e recursos públicos a serem usados exclusivamente para esse fim; essa prática foi uma sofisticada instituição dos *commons*.

Em uma nova ordem ecojurídica, o que hoje é exceção irá transformar-se em regra. O DNA generativo de toda pessoa ecojurídica será claramente explicitado nos estatutos de uma instituição dos *commons*, como já aconteceu nas empresas fornecedoras de água de Nápoles e Paris. Os mecanismos para fomentar o respeito pelos estatutos generativos serão baseados na participação pública ecologicamente alfabetizada e não nos resultados financeiros dos mercados, como acontece hoje. O mercado pode monitorar com sucesso a obtenção de lucros, mas estará mal preparado para calcular a pegada ecológica de cada instituição. Reduzir o impacto catastrófico das atividades extrativistas e do excessivo desenvolvimento econômico, ao mesmo tempo que se acumula integridade ecológica e justiça social, requer o uso do conhecimento da vida comunitária para poder controlar, preventivamente, os projetos e práticas econômicos capazes de pôr em risco o futuro — o que deve ser feito mediante um grande número de instituições participativas sofisticadas, o que atualmente só acontece como exceção.

Não será mais possível fazer negócios como de costume. As empresas automobilísticas devem ter o direito de produzir qualquer tipo de veículo utilitário esportivo para uso urbano, pouco importando a irracionalidade de suas dimensões? O 1% do topo da pirâmide social deve manter a liberdade irrestrita de voar em aviões particulares, simplesmente porque podem arcar com o custo desse grande luxo? Para começo de conversa, esse tipo de aeronave deve continuar a ser produzido? As empresas devem manter a intensiva criação de gado agora, quando conhecemos o impacto devastador do consumo excessivo de carne? Deve-se permitir que um navio pesqueiro se lance ao mar em busca de qualquer tipo de peixe, independentemente das estações? E o que dizer dos governos de países pobres que vendem belas ilhas mediterrâneas a magnatas, forçando a retirada de todos os seus habitantes, como aconteceu recentemente nas ilhas Poveglia e Budelli?

É verdade que a concepção atual do direito permite a introdução excepcional de regulamentações ambientais que limitem as decisões relativas à propriedade e à demarcação de terras. O direito ecológico, porém, ao colocar os *commons* no centro da vida política e social, simplesmente transforma a exceção em regra. Profissionais do direito, políticos e pessoas ecologicamente alfabetizados vão considerar totalmente razoável inverter a relação entre a regra e a exceção; o ônus da prova de aceitabilidade social de determinado sistema de propriedade será invertido. Nenhum usuário dos *commons* perceberá o limite do uso da propriedade privada de aeronaves como uma limitação da livre propriedade do 1%. Ao contrário, a posse de tal aeronave será vista como uma limitação inaceitável da liberdade comunitária de ter uma sobrevivência feliz e reproduzir-se neste planeta. Afinal, quando os Estados Unidos foram fundados era natural possuir escravos, como hoje é natural pilotar um jatinho particular desde que você tenha condições de adquiri-lo.

A propriedade não será protegida se servir a propósitos antissociais, como a acumulação de renda resultante de investimentos públicos. Da mesma maneira, as entidades corporativas não terão permissão para operar se não servirem à comunidade em que residem. Como dissemos, as estruturas jurídicas atuais permitem que as empresas se formem e vivam para sempre, com seus interesses protegidos pelo direito de propriedade, sendo este fundamentado em uma visão de mundo mecanicista e extrativista. Em muitos casos, o mais famoso dos quais é, até o momento, o Tratado Norte-Americano de Livre Comércio ou NAFTA (e também na futura Parceria Transpacífica), os direitos de propriedade sobre investimentos extrativistas são protegidos por lei contra as tentativas governamentais de proteger a segurança do meio ambiente ou os padrões sociais assegurados aos trabalhadores em seus territórios.[14] Hoje, devido a seu poder, as empresas conseguem comprar vida eterna para si próprias. Podem investir na criação de um meio ambiente jurídico que seja injustamente favorável a elas, determinar os resultados das eleições para determinados cargos e gastar muito mais dinheiro do que seus adversários nos processos judiciais.

O direito ecológico não considerará as empresas, que são a face atual do capital acumulado, como pessoas, porque, ao contrário de todas as outras criaturas, elas são imortais.[15] Nos Estados Unidos, por exemplo, a ideia de que os interesses econômicos podem ser constituídos em forma de empresa comercial, seja qual for o objetivo desta, é bastante recente e remonta a fins do século XIX. Antes disso, as vantagens legais da constituição da empresa só eram garantidas para fins específicos, e seu tempo era limitado. Uma vez alcançado o objetivo de uma empresa, como aconteceu quando a ponte do rio Charles foi concluída, a empresa dissolvia-se tão naturalmente como as pessoas morrem. No direito ecológico, as vantagens da constituição de empresa comercial são limitadas e submetidas a certas condições, como, por exemplo, cuidar do meio ambiente e respeitar as comunidades. O direito ecológico limitará o alcance, a duração e o tamanho das empresas, inscrevendo esses limites em seus estatutos e organizando sistemas de júris para verificar se esses limites estão sendo respeitados pelos gestores.[16]

Não só a propriedade e o direito empresarial, mas também o direito contratual, no núcleo mais profundo do sistema jurídico, serão modificados no ordenamento jurídico ecológico. Os contratos legais que não forem coerentes com a sustentabilidade de longo prazo, como muitos dos acordos atuais de financiamento de projetos para a construção de megainfraestruturas, serão considerados ilegais e judicialmente inexigíveis. A liberdade contratual, como a blindagem da responsabilidade limitada para investimentos empresariais, foi uma das mais poderosas instituições criadas pelos profissionais do direito no alvorecer da modernidade, para facilitar a transformação dos *commons* em capital. Na responsabilidade civil, os conceitos de dolo e culpa, ao permitir que os danos permaneçam onde eles incidem a menos que sejam o resultado de um comportamento "irracional", tinha a mesma função. O direito ecológico não se dará por satisfeito em introduzir algumas exceções externas a tais princípios, mas, se necessário, mudará a própria essência dos princípios a fim de criar incentivos gerais para transformar o excesso de capital hoje existente, devolvendo-o aos *commons* em situação de risco.

Essas modificações são cruciais para eliminar a atual estrutura equivocada de incentivos, herdada por um sistema jurídico criado para fins extrativistas e não generativos. As mudanças institucionais também darão garantia às decisões em benefício da natureza, uma complexa rede vital a que a atual estrutura jurídica não pode servir, uma vez que só serve, na melhor das hipóteses, aos interesses do ser humano. No sistema jurídico ecológico, alguém defenderá a causa das futuras gerações e do planeta como um todo, assim como hoje o procurador-geral defende os interesses do "Estado" ou o advogado empresarial defende a "empresa". Um instrumento para concretizar esse objetivo é ampliar as normas relativas a quem tem "legitimidade ativa" para propor uma ação judicial, uma expressão jurídica que significa que certa pessoa tem interesse suficiente num assunto para solicitar que o mesmo seja resolvido judicialmente. Uma tentativa de introduzir a legitimidade ativa "difusa" (isto é, permitir que toda e qualquer pessoa tenha legitimidade para mover uma determinada ação judicial) como norma de proteção aos *commons* foi feita na Itália pela Comissão Rodotà em 2007. Essa comissão, cuja tarefa era a reforma do direito de propriedade, gerou grande parte dos movimentos italianos dos *commons*. A legitimidade ativa difusa cumprirá nosso dever de assegurar aos animais, às plantas e aos ainda não nascidos o acesso à justiça ecológica.[17] Nos Estados Unidos, a questão de os adolescentes poderem ou não processar os governos pelos cuidados insuficientes com o meio ambiente, tendo em vista os interesses das gerações futuras, foi contestada judicialmente sem sucesso durante um bom tempo, mas agora parece que, pelo menos no Oregon, um tribunal está disposto a dar esse passo crucial na direção do direito ecológico.[18]

CONCLUSÃO: UMA VISÃO E UM PLANO

A atual estrutura de concentração de poder não reconhecerá nenhuma dessas mudanças, as quais, em última análise, descentralizam o poder das comunidades em pequena escala que estejam em harmonia com as leis da ecologia. Como as mudanças estruturais não acontecem por concessão, a sobrevivência da civilização requer uma revolução que passe de um direito mecanicista "preexistente", baseado no profissionalismo jurídico, no capital, na propriedade privada e na soberania de Estado, para uma ecologia do direito fundada sobre relações sociais e naturais, bem como na propriedade comunitária. Para que tal revolução aconteça, um diálogo entre o direito e a ecologia faz-se necessário. Somente o início desse novo diálogo pode produzir uma maneira coerente e clara de refletir sobre esse processo.

Neste livro, apresentamos muitas instituições alternativas que já estão caminhando nessa direção, trabalhando para criar comunidades ecologicamente inspiradas e baseando-se num entendimento da natureza e da comunidade como redes, não como máquinas. Fábricas reabertas e reconvertidas por trabalhadores na esteira de crises; espaços públicos ocupados e disponibilizados para produções artísticas; cooperativas de artesãos; agricultura sustentável – estes são alguns exemplos entre muitos outros. Ao examinarmos todo esse empenho, vemos os princípios básicos do direito ecológico já em ação e as características do direito que queremos alcançar.

Ainda teremos leis que servem à comunidade ecológica em vez de imitar a teoria econômica e servir ao *homo oeconomicus* supostamente racional. Essa nova consciência jurídico-ecológica – a verdadeira revolução ecojurídica – irá efetuar-se assim que os 99% compreenderem que podem tomar suas leis nas próprias mãos e, com elas, seu futuro.

Como disse o grande jurista Oliver Wendell Holmes numa frase famosa, "A vida do direito não é lógica; é uma experiência". Se cada luta criar novas formas institucionais, se as diversas práticas de *commoning* aprenderem umas com as outras e se os *commoners* aproveitarem todas as possibilidades de impacto político propiciadas pelas condições locais, a revolução ecológica chegará antes do que imaginamos. A ecologia nos mostra que às vezes é preciso provocar um incêndio para recuperar toda uma floresta doente. O sistema jurídico atual, ao institucionalizar o extrativismo e devorar nosso futuro, é como madeira podre, na qual é muito difícil pôr fogo. Qualquer estratégia única está condenada ao fracasso, como acontece quando tentamos fazer uma fogueira com apenas um palito de fósforo. **Muitas** tentativas diferentes de começar uma fogueira, por insignificantes que possam parecer, serão bem-sucedidas se todos unirem forças tendo em vista um objetivo comum, e bem definido, de emancipação em relação à concepção mecanicista do direito. A insurreição sem uma visão de futuro não passa de um tumulto desesperado − facilmente considerado ilegítimo e violentamente reprimido com base no direito atual. O direito ecológico está pronto *desde já* para oferecer uma visão e um projeto de futuro aos 99%.

Notas

INTRODUÇÃO

1. A descrição mais famosa e eloquente desse estado de coisas continua sendo a de Perkins (2004).
2. Ver, por exemplo, Klein (2014).
3. Ver Meiksins Wood (2012).
4. Ver Capra e Luisi (2014).
5. Essa perspectiva é de inspiração de Nader (2005).
6. Ver Grossi (2010).
7. *Ibid.*
8. Ver Merchant (1990).
9. Ver Polanyi (1949).
10. Ver Foucault (1975).
11. Ver Meiksins Wood (2012), 267ss.
12. Ver Hertz (2001).

13. Para a confirmação desta afirmação em todo seu brilhantismo e elegância, ver Robbins (1998).

14. Ver Galbraith (1958).

15. Ver http://www.nrdc.org/water/drinking/bw/chap2.asp.

16. Para dados recentes sobre a catástrofe ecológica, ver Brown (2009).

17. Sobre a tragédia dos *commons*, ver Hardin (1968). A crítica clássica é a de Ostrom (1990).

18. Ver Dicker (2013).

19. Ver, neste sentido, Hawken (2010).

CAPÍTULO 1. CIÊNCIA E DIREITO

1. Ver Hart (2012).

2. Ver Pound (1910).

3. Ver Dawson (1983).

4. Ver Van Caenegem (1993).

5. Ver Dworkin (2013).

6. Ver Oakley (2005).

7. Ver Berman (1985).

8. Ver Plucknett (2001).

9. Ver Kuhn (1996).

10. Ver Barron *et al.* (2002).

11. Ver Dawson (1983).

12. Ver Twining (2009).

13. Ver em Cardozo (1921) a quase lendária "confissão" do papel criativo do judiciário.

14. Ver Mattei e Nader (2008).

15. Ver Meadows (1972); Brown (1981); World Commission on Environment and Development [Comissão Mundial sobre Meio Ambiente e Desenvolvimento] (1987).

CAPÍTULO 2. DO KÓSMOS À MÁQUINA

1. Ver Capra (2007, 2013).
2. Ver Meiksins Wood (2012).
3. Ver Daston e Stolleis (2008).
4. Citado em Rodis-Lewis (1978).
5. Ver Daston e Stolleis (2008).

CAPÍTULO 3. DOS *COMMONS* AO CAPITAL

1. Ver Grossi (2010).
2. Ver Lupoi (2006)
3. Ver Garnsey (2007).
4. Ver Watson (1995).
5. Ver Watson (1968).
6. Ver Honoré (1962).
7. Ver Buckland (1963).
8. Ver Wieacker (1995).
9. Ver Levy (1951).
10. Ver Buckland (1936).
11. Ver a magistral reinterpretação de Linebaugh (2008).
12. Ver Marx ([1867] 1992). A teoria da chamada acumulação primitiva é desenvolvida no vol. 1, parte 8, capítulo 26.
13. Ver Linebaugh (2008).
14. Ver Tigar (2005).
15. More ([1523] 2010), pp. 10-1.
16. Ver Baker (2002).
17. Ver Foucault (1975).
18. A obra magistral e volumosa do historiador do direito Paolo Grossi (2010) faz justiça a esse estado de coisas.
19. Ver Foucault (1975).

20. Ver Mattei (2011).

21. Ver Baker (2002).

22. Ver Milsom (1985).

23. Ver Merchant (1990).

24. Ver Gordley (1990).

25. Gordley (2013).

26. Sobre o desenvolvimento e as transformações da teoria jurídica acadêmica no continente europeu, ver a discussão recente e profunda em Gordley (2013).

27. Ver Meiksins Wood (2012), p. 119ss.

28. Ver Haakonssen (1996).

29. Ver Mattei e Nader (2008).

30. Ver *The Political Theory of Possessive Individualism: From Hobbes to Locke* (1962), obra clássica de Macpherson.

31. Ver Cassi (2007).

32. Ver Grossi (2006).

CAPÍTULO 4. A GRANDE TRANSFORMAÇÃO E O LEGADO DA MODERNIDADE

1. Ver Mattei e Nader (2008).

2. Meiksins Wood (2012) enfatiza particularmente esta questão ao longo de sua obra magistral.

3. Ver Meiksins Wood (2012).

4. Ver Mattei e Nader (2008).

5. Ver Galeano (1973).

6. Ver Friedman (2010).

7. Ver Ellis (2002).

8. Ver Ely (2008).

9. Ver Blaug (1996).

10. Ver Lucarelli e Lunghini (2012).

11. Mofid e Szeghi (2010).

12. Ver Roy (2012).

13. Ver Hertz (2001).

CAPÍTULO 5. DA MÁQUINA À REDE

1. Ver Richards (2002); Berlin (2013).

2. Ver Eiseley (1961).

3. Ver Capra (1975).

4. Citado em Capra (1975), p. 140.

5. Ver Capra (1996).

6. Maturana e Varela (1987); ver também Capra (1996).

7. Prigogine e Stengers (1984); ver também Capra (1996).

8. Ver Capra (2002).

CAPÍTULO 6. TEORIA MECÂNICA DO DIREITO

1. Ver Grossii (2010).

2. Ver Pound (2012).

3. Ver Swartz (1998).

4. Ver Stein (2009).

5. Hume ([1740] 2000), 490.

6. Um método semelhante é notoriamente usado por Engels (1972).

7. Ver Whitman (1990).

8. Ver Levy (1951).

9. Ver Kennedy (2006).

10. Uma discussão animada e muito acessível pode ser encontrada em Gilmore (2014).

11. Ver Nader (2005).

12. Ver Gilmore (2014).

13. Ver Posner (2014).

CAPÍTULO 7. A ARMADILHA MECANICISTA

1. Ver Siegle (2014).

2. Ver Kelly (2001); Stout (2012).

3. Ver Buchanan e Tullock (2004).

4. Ver Bollier (2014).

5. A norma 1169/2011, sobre informações de segurança alimentar aos consumidores, entrou em vigor em 13-12-2014. Ver http://ec.europa. eu/food/food/labellingnutrition/nutritionlabel/index_en.htm.

6. Ver Nader (2014).

7. Ver Noble (2013).

8. Sobre a necessidade de uma crítica total desse estado de coisas, ver Unger (1976).

9. Ver, por exemplo, Held e McGrew (2003).

10. Ver Hardt e Negri (2000).

11. Ver Castells (1996); Mander (2012); Mander e Goldsmith (1996); Piketty (2014).

12. Ver Klein (2007).

13. Ver Reimann (2013).

14. Ver Mallaby (2010).

15. Ver Mattei (2011).

16. Ver Castells (1998); Klein (2007).

17. *Eldred vs. Ashcroft*, 533 U.S. 916 (2003); *Kelo vs. City of New London*, 454 U.S. 469 (2005); *Kiobel vs. Royal Dutch Petroleum*, 133 S. Ct. 1659 (2013); *American Express vs. Italian Colors Restaurant*, 133 S. Ct. 594 (2013).

18. Ver Castells (1996).

19. Ver Croft (2008).

20. Ver Kuttner (2010).

21. Ver Noble (2013).

22. Ver Ross (2013).

23. Uma relação desses argumentos ideológicos pode ser encontrada em Dietze (1995).

24. Ver Gordley (2013).

25. Ver Unger (1976).

26. Ver Llewellyn (2012).

27. Ver Mattei (1997).

28. Ver Hertz (2001).

CAPÍTULO 8. DO CAPITAL AOS *COMMONS*

1. Ver Nader (2005).

2. Arendt (2006).

3. Ver Boyle (2003).

4. Ver Alford (1995).

5. Sobre o papel dos "marginais" no processo de civilização do sistema jurídico, ver Penalver e Katyal (2010).

6. Ver Magnani (2009).

7. United Nations, "World's Population Increasingly Urban with More Than Half Living in Urban Areas", 10 de julho de 2014, http://www. un.org/en/development/desa/news/population/world-urbaniza-tion-prospects-2014.html.

8. Ver World Nuclear Association, "Nuclear Power in Japan", http:// www.world-nuclear-org/info/Country-Profiles/Countries-G-N/ Japan/.

9. Para um estudo comparativo fundamental, ver Valguarnera (2004).

10. Ver Halper (2012).

11. Ver Wildlife Society (2010).

12. Ver Zeller (2015).

13. Para uma grande variedade de casos, ver Gonzales e Philips (2014).

14. Ver o importante livro recém-lançado de Wrights (2014).

15. Ver Mattei (2000).

16. Ver Nader (1990).

17. Ver Hardt e Negri (2009).

18. Ver Grossi (1975).

19. Ver Collum *et al.* (2012).

20. Para um soberbo conjunto de iniciativas, ver Bollier e Helfrich (2012).

21. Kelly (2012).

22. *Ibid.*, p. 11.

CAPÍTULO 9. OS *COMMONS* COMO INSTITUIÇÃO JURÍDICA

1. Para uma discussão recente e muito acessível, ver Bollier (2014).

2. Ver Rodotà (2013).

3. Para uma discussão do *common* como uma estrutura institucional compatível com o capitalismo, ver Barnes (2006).

4. Ver Riesman (2001).

5. Ver Tönnies (2001).

6. Ver Ostrom (1990)

7. Para uma discussão brilhante e honesta, ver Rowe (2013).

8. Para um documentário brilhante, que apresenta uma análise sistêmica do turismo de massa, ver Black (2001).

9. Uma análise profunda do impacto social do individualismo de mercado pode ser encontrada em Bauman (2001).

10. Ver Giardini, Mattei e Spregelburd (2012).

11. Ver Bollier e Helfrich (2012).

12. Ver Paul Hepperly, "Organic Farming Sequesters Atmospheric Carbon and Nutrients in the Soil", The Rodale Institute, http://www.strauscom.com/rodale-whitepaper/.

13. Ver Grossi (2006).

14. Ver Dezalay e Garth (1998).

15. Ver Mattei e Nader (2008).

16. Ver Klein (2014).

17. Ver Debord (2014).

18. Ver Grande (2015).

19. Ver Bauman (2001).

20. Um paralelo extraordinariamente interessante entre a empresa e o sociopata é apresentado no documentário *The Corporation*, baseado em Balkan (2003).

21. Ver Bailey e Mattei (2013).

22. Ver Shurtleff e Aoyagi (2014).

23. Ver Russi (2013).

CAPÍTULO 10. A REVOLUÇÃO ECOJURÍDICA

1. Ver Macpherson (1962).

2. Ver o belo documentário baseado em materiais do Arquivo Nacional de Cinema das Empresas de Ivrea, *La zuppa del demonio* (*A Sopa do Diabo*) (2014), dirigido por Davide Ferrario.

3. Ver Capra e Luisi (2014).

4. Ver Meiksins Wood (2012).

5. Ver Fardeau e Williamson (2014).

6. Para dados atualizados, ver Global Footprint Network, www.footprint-network.org.

7. Ver Mattei e Nader (2008).

8. Ver Orr (1992); Capra (1993, 1996).

9. Orr (2002), p. 27.

10. Benyus (1997), p. 2.

11. Ver, por exemplo, Hawken, Lovins e Lovins (1999).

12. Ver May e Daly (2014).

13. Código Civil, Seção 90a, *Bundesgesetzblatt* (Gazeta Jurídica Federal), 2 de janeiro de 2002, emendado pela última vez em 1º de outubro de 2013.

14. Sobre o objetivo atual de transpor esse modelo para a Trans-Pacific Partnership, ver o breve vídeo de Robert Reich, http://billmoyers.com/2015/02/09/rober-reich-worst-trade-deal-youve-never-heard/.

15. Nos Estados Unidos, uma famosa decisão da Suprema Corte (*Citizens United vs. Federal Election Commission*, 558 U.S. 310) conscientizou o grande público desse problema.

16. Ver Horwitz (1994).

17. Ver Bailey, Farrell e Mattei (2014).

18. Ver Zeller (2015).

Glossário de Termos Científicos e Jurídicos

absolutismo jurídico (também *modernidade jurídica*). Ordem jurídica que triunfou a partir da Revolução Francesa e tem por base o princípio da propriedade como um direito individual, garantido pelo poder do Estado (*soberania de Estado*).

atomismo (também *reducionismo*). Concepção da realidade baseada na crença de que o todo é a soma algébrica das partes que o compõem.

bens e recursos comuns. Ver *commons.*

ciclos de feedback. Disposição circular de elementos que apresentam uma relação causal entre si, em que cada elemento exerce um efeito sobre o seguinte até que o último "retroalimenta" o efeito no primeiro elemento do ciclo.

ciência. Um conjunto organizado de conhecimentos adquiridos por meio de um método específico conhecido como método científico.

commoning. A atividade social e política de cuidar e desfrutar de alguma coisa identificada como um bem ou recurso comum.

commons. Concentração comum de recursos naturais e/ou culturais (instituições comunais, pequenas entidades político-administrativas), aberta a todos os membros da sociedade.

comunalismo. Ver *commoning.*

descritivo. Termo usado para descrever como uma coisa é, ou de que modo foi feita; opõe-se a *normativo.*

direito natural. Na teoria do direito, escola de pensamento para a qual as leis só devem ser obrigatórias quando compatíveis com algum princípio validador de natureza superior (Deus ou a razão humana). Também chamada *jusnaturalismo.*

direito. Estrutura conceitual que abstrai um conjunto de princípios e normas mais ou menos coerentes a partir da realidade das relações humanas.

*ecoalfabetização (*ou *alfabetização ecológica).* Conhecimento dos princípios básicos de organização que os ecossistemas desenvolveram para sustentar a vida.

*ecologia do direito (*também *ordem ecojurídica).* Ordenamento jurídico cujo objetivo é promover as comunidades ecológicas e humanas e que vê o direito como algo que mantém uma relação de interdependência com a política, a economia, a justiça etc.

ecologia. 1. Ciência das relações entre os membros de uma comunidade ecológica e seu meio ambiente. 2. Padrão de relações que define o contexto de determinado fenômeno.

Estado de Direito. Tradição ocidental segundo a qual uma sociedade pode ser governada de acordo com normas formais que também vinculam aqueles que têm poder para criá-las ou interpretá-las.

holismo. Concepção da realidade segundo a qual o todo não pode ser reduzido ao conjunto de suas partes.

individualismo. Concepção política baseada na ideia de que o indivíduo constitui a preocupação central da vida ou da organização social.

jurista. Um erudito que se dedica ao estudo e ao ensino do direito.

jus. Ver *lei.*

jusnaturalismo. Ver *direito natural*

lei natural. Uma breve e concisa formulação ou equação que sintetiza uma teoria científica.

lei. Norma concreta que rege o comportamento humano e é respaldada pelas instituições.

lex. Ver *lei.*

modernidade. Visões de mundo e práticas da era moderna, caracterizada pelo racionalismo, individualismo, profissionalismo e crença na inevitabilidade do progresso.

normativo. Termo usado para descrever o modo como alguma coisa deveria ser, ou como se deveria fazê-la; opõe-se a *descritivo* (como uma coisa é, ou de que modo foi feita).

pensamento sistêmico. Pensamento que se dá em termos de relações, padrões e contextos.

positivismo jurídico. 1. Escola de pensamento segundo a qual a lei extrai sua força vinculante de um soberano, independentemente de ela ser justa, equitativa ou mesmo racional. 2. Concepção do direito como uma entidade pura, separada da política, da religião, da economia ou da moral.

racionalismo jurídico. Versão do direito natural ou jusnaturalismo, originária da Holanda posterior à Reforma Protestante, segundo a qual o mais elevado princípio que legitima a lei não é Deus, mas a razão humana.

reducionismo. Ver *atomismo*.

sistema jurídico. Combinação sistemática de leis específicas num todo, de acordo com princípios racionais.

soberania. Poder irrestrito de escolha no que diz respeito à propriedade ou a questões politicas.

sustentabilidade. Característica de uma comunidade concebida de tal modo que seu estilo de vida não estorva a capacidade inerente da natureza de sustentar a vida.

Teoria do direito (também *filosofia do direito*). Investigação teórica dos fenômenos jurídicos.

Bibliografia

Alford, W. 1995. *To Steal a Book Is an Elegant Offense: Intellectual Property Laws in Chinese Civilization*. Stanford, Califórnia: Stanton University Press.

Arendt, Hannah. 2006. *Eichman in Jerusalem: A Report on the Banality of Evil*. Nova York: Penguin Books. Publicado em 1963.

Bailey, S., G. Farrell e U. Mattei. 2004. *Protecting Future Generations through Commons*. Trends in Social Cohesion 26. Estrasburgo: Council of Europe.

Bailey, S., e U. Mattei. 2013. "Social Movements as Constituent Power: The Italian Struggle for the Commons." *Indiana Journal of Global Legal Studies* 20:930.

Baker, J. H. 2002. *An Introduction to English Legal History*. 4ª ed. Londres: Butterworth Lexis Nexis.

Balkan, J. 2003. *The Corporation: The Pathological Pursuit of Profit and Power*. Nova York: Free Press.

Barnes, P. 2006. *Capitalism 3.0: A Guide to Reclaiming the Commons*. São Francisco: Berrett-Koehler.

Barron, Anne, e outros. 2002. *Introduction to Jurisprudence and Legal Theory: Commentary and Materials*. Oxford: Oxford University Press.

Bauman, Z. 2001. *Community: Seeking Security in an Unsecure World*. Boston: Polity Press.

Benyus, Janine. 1997. *Biomimicry*. Nova York: Morrow.

Berlin, I. 2013. *The Roots of Romanticism*. Princeton, N.J.: Princeton University Press.

Berman, H. 1985. *Law and Revolution: The Formation of the Western Legal Tradition*. Cambridge, Mass.: Harvard University Press.

Black, Stephanie, produtora e diretora. 2001: *Life and Debt* (documentário). Tuff Gong Pictures.

Blaug, M. 1996. *Economic Theory in Retrospect*. 5ª ed. Cambridge: Cambridge University Press.

Bollier, D. 2014. *Think Like a Commoner: A Short Introduction to the Life of the Commons*. Gabriola Island, Canadá: New Society Publishers.

Bollier, D., e S. Helfrich, orgs. 2012. *The Wealth of the Commons: A World beyond Market and State*. The Commons Strategies Group. Amherst, Mass.: Levellers Press.

Boyle, J. 2003. "The Second Enclosure Movement and the Construction of the Public Domain." *Law and Contemporary Problems* 66:33.

Bollier, D., e S. Helfrich, orgs. 2012. *The Wealth of the Commons: A World beyond Market and State*. The Commons Strategies Group. Amherst, Mass.: Leveller Press.

Brown, Lester. 1981. *Buiding a Sustainable Society*. Nova York: Norton.

_____. 2009. *Plan B. Mobilizing to Save Civilization*. Nova York: Earth Policy Institute, Norton.

Buchanan, James, e Gordon Tullock. 2004. *The Calculus of Consent: Logical Foundations of Constitutional Democracy*. Indianapolis, Ind.: Liberty Fund.

Buckland, W. W. 1936. *Roman Law and the Common Law: A Comparison in Outline*. Cambridge: Cambridge University Press.

_____. 1963. *A Textbook of Roman Law: From Augustus to Justinian*. 3ª ed. revista por Peter Stein, Cambridge: Cambridge University Press.

Capra, Fritjof. 1975. *The Tao of Physics*. Boston: Shambhala. [*O Tao da Física*, publicado pela Editora Cultrix, São Paulo, ed. revista, 2011.]

_____, org. 1993. *Guide to Ecoliteracy*. Berkeley, Califórnia: Center for Ecoliteracy.

_____. *The Hidden Connections*. Nova York: Doubleday. [*As Conexões Ocultas*, publicado pela Editora Cultrix, São Paulo, 2002.]

_____. *The Science of Leonardo*. Nova York: Doubleday. [*A Ciência de Leonardo da Vinci*, publicado pela Editora Cultrix, São Paulo, 2008.]

_____. *Learning from Leonardo*. San Francisco: Berrett-Koehler.

Capra, Fritjof, e Pier Luigi Luisi. 2014. *The Systems Views of Life: A Unifying Vision*. Cambridge: Cambridge University Press.

Cardoso, Benjamin Nathan. 1921. *The Nature of the Judicial Process*. New Haven, Conn.: Yale University Press.

Cassi, A. A. 2007. *Ultramar: L'invenzione europea del Nuovo Mondo* [Terras Ultramar: A Invenção Europeia do Novo Mundo]. Bari e Roma: Laterza.

Castells, Manuel. 1996. *The Information Age*. Vol. 1: *The Rise of the Network Society*. Malden, Mass.: Blackwell.

_____.1998. *The Information Age*. Vol. 3: *End of Millenium*. Malden, Mass.: Blackwell.

Collum, Ed, e outros. 2012. *Equal Time, Equal Value: Community Currencies and Time Banking in the US*. Farnham, UK: Ashgate.

Daston, Lorraine, e Michael Stolleis, orgs. 2008. *Natural Law and Laws of Nature in Early Modern Europe*. Farnham, UK: Ashgate.

Dawson, J. P. 1983. *The Oracles of the Law*. Ann Arbor: University of Michigan.

Debord, G. 2014. *The Society of the Spectacle*. Berkeley, Califórnia: Bureau of Public Secrets.

Dezalay, I., e B. Garth. 1998. *Dealing in Virtue: International Commercial Arbitration and the Construction of a Transnational Legal Order*. Chicago: University of Chicago Press.

Dicker, Georges. 2013. *Descartes: An Analytical and Historical Introduction*. 2ª ed. Oxford: Oxford University Press.

Dietze, G. 1995. *In Defense of Property*. Lanham, Md.: University Press of America.

Dworkin, R. 2013. *Taking Rights Seriously*. Londres: Bloomsbury Academic.

Eiseley, Loren. 1961. *Darwin's Century: Evolution and the Man Who Discovered It*. Nova York: Anchor Books.

Ellis, J. J. 2002. *Founding Brothers: The Revolutionary Generation*. Londres: Vintage Books.

Ely, J. W. 2008. *The Guardian of Every Other Right: A Constitutional History of Property Rights*. 3ª ed. Oxford: Oxford University Press.

Engels, Friedrich. 1972. *The Origin of the Family, Private Property and the State*. Nova York: International Books.

Fardeau, Jean-Marie, e Hugh Williamson. 2014. "Letter to the French Minister of Interior: Regarding the Death of Rémi Fraisse and the Use of Force during Demonstrations." Human Rights Watch. 19 de novembro.

Foucault, Michel. 1975. *Discipline and Punish: The Birth of the Prison*. Londres: Vintage Books.

Friedman, L. M. 2010. *A History of American Law*. Ed. rev. Nova York e Toronto: Simon & Schuster.

Galbraith, John Kenneth. 1958. *The Affluent Society*. Nova York e Toronto: Mentor Books.

Galeano, E. 1973. *Open Veins of Latin America: Five Centuries of Pillage of a Continent*. Nova York: Monthly Review Press.

Garnsey, P. 2007. *Thinking about Property: From Antiquity to the Age of Revolution*. Cambridge: Cambridge University Press.

Giardini, Federica, Ugo Mattei e Rafael Spregelburd. 2012. *Teatro Valle occupato: La rivolta culturale dei beni comuni* [Teatro Valle ocupado: A revolta cultural do *commons*]. Roma: DeriveApprodi.

Gilmore, G. 2014. *The Ages of American Law*. 2ª ed. New Haven, Connectcut.: Yale University Press.

Gonzales, V., e R. Philips. 2014. *Cooperatives and Community Development*. Abingdon, Reino Unido: Routledge.

Gordley, James. 1990. *The Philosophical Origins of Modern Contract Doctrine*. Oxford: Oxford University Press.

_____. 2013. *The Jurists: A Critical History*. Oxford: Oxford University Press.

Grande, E. 2015. "I Do It for Myself!: The Dark Side of Women's Rights." Em *Humanitarianism Inc.*, org. por A. De Lauri. Londres: I.B. Tauris.

Grossi, Paolo. 1975. *Un altro modo di possedere* [Outra maneira de possuir]. Milão: Giuffré.

_____. 2006. *L'ordine giuridico medievale* [O ordenamento jurídico medieval.] Bari e Roma: Laterza.

_____. 2010. *A History of European Law*. Malden, Mass.: Blackwell-Wiley.

Haakonssen, Knud. 1996. *Natural Law and Moral Philosophy: From Grotius to the Scottish Enlightenment*. Cambridge, UK: Cambridge University Press.

Hardin, Garrett. 1968. "The Tragedy of the Commons." *Science* 162, nº 3859: 1243-1248.

Hardt, Michael, e Antonio Negri. 2000. *Empire*. Cambridge, Mass.: Harvard University Press.

_____. 2009. *Commonwealth*. Cambridge, Mass.: Harvard University Press.

Harper, D. 2012. *The Community Land Trust: Affordable Access to Land and Housisng*. Nova York: UN-Habitat.

Hart, H.L.A. 2012. *The Concept of Law*. 3ª ed. Oxford: Clarendon Press.

Hawken, Paul. 2010. *The Ecology of Commerce: A Declaration of Sustainability*. Ed. rev. Nova York: Harper Business, 2010.

Hawken, Paul, Amory Lovins e Hunter Lovins. 1999. *Natural Capitalism*. Nova York: Little, Brown.

Held, David, e Anthony McGrew. 2003. *The Global Transformations Reader*. 2ª ed. Hoboken, N.J.: Wiley.

Hertz, Noreena. 2001. *The Silent Takeover: Global Capitalism and the Death of Democracy*. Nova York: Harper Business.

Honoré, Toni. 1962. *Gaius*. Oxford: Clarendon Press.

Horwitz, Morton. 1994. *The Transformation of American Law, 1870-1960*. Nova York: Oxford University Press.

Hume, David. (1740) 2000. *Treatise of Human Nature*. Oxford: Oxford Philosophical Press.

Kelly, Marjorie. 2001. *The Divine Right of Capital: Dethroning the Corporate Aristocracy*. San Francisco: Berrett-Koehler.

Kelly, Marjorie. 2012. *Owning Our Future: The Emerging Ownership Revolution.* São Francisco: Berrett-Koehler. [*Capitalismo Alternativo e o Futuro dos Negócios: Construindo uma Economia que Funcione para Todos*, publicado pela Editora Cultrix, São Paulo, 2016.]

Kennedy, D. 2006. "Three Globalizations of Law and Legal Thought, 1850-2000." Em *The New Law and Economic Development*, D. Trubeck e A. Santos (orgs.). Nova York: Cambridge University Press.

Klein, Naomi. 2007. *The Shock Doctrine: The Rise of Disaster Capitalism.* Nova York: Metropolitan Books.

_____. 2014. *This Changes Everything.* Nova York: Simon & Schuster.

Kroft, Steve. 2008. "The Bet that Blew Up Wall Street." CBS *Sixty Minutes*, 16 de outubro.

Kuhn, Thomas S. 1996. *The Structure of Scientific Revolutions.* Chicago: University of Chicago Press.

Kuttner, Robert. 2010. *A Presidency in Peril: The Inside Story of Obama's Promise, Wall Street's Power, and the Struggle to Control Our Economic Future.* Chelsea, Reino Unido: Green Publishng.

Levy, Ernst. 1951. *West Roman Vulgar Law: The Law of Property.* Memoirs of the American Philosophical Society 29. Filadélfia: American Philosophical Society.

Linebaugh, Peter. 2008. *The Magna Carta Manifesto: Liberties and Commons for All.* Berkeley: University of California Press.

Llewellyn, Karl. 2012. *The Bramble Bush: On Our Law and Its Study.* Nova Orleans: Quid Pro Books.

Lucarelli, Stefano, e Giorgio Lunghini, 2012. *The Resistible Rise of Mainstream Economics: The Dominant Territory and the Alternative Economic Theories.* Bérgamo, Itália: Bergamo University Press.

Lupoi, Maurizio. 2006. *The Origins of the European Legal Order*. Tradução inglesa por Adrian Belton. Cambridge, Reino Unido: Cambridge University Press.

Macpherson, C.B. 1962. *The Political Theory of Possessive Individualism: Hobbes to Locke*. Oxford: Clarendon Press.

Magnani, Esteban. 2009. *The Silent Change: Recovered Businesses in Argentina*. Buenos Aires: Teseo.

Mallaby, Sebastian. 2010. *More Money Than God: Hedge Funds and the Making of a New Elite*. Londres: Bloomsbury.

Mander, Jerry. 2012. *The Capitalism Papers*. Berkeley, Califórnia: Counterpoint.

Mander, Jerry, e Edward Goldsmith (orgs.). 1996. *The Case Against the Global Economy*. São Francisco: Sierra Club Books.

Marx, Karl. (1867) 1992. *Capital: A Critique of Political Economy*. Vol. 1. Londres: Penguin Classics.

Mattei, Ugo. 1997. *Comparative Law and Economics*. Ann Arbor: University of Michigan Press.

_____. 2000. *Basic Principles of Property Law: A Comparative Legal and Economic Introduction*. Westport, Conn.: Greenwood.

_____. 2011. *Beni Comuni: Un manifesto* [Bens Comuns: Um manifesto]. 9ª ed. Roma: Laterza. (tradução espanhola: *Bienes comunes: Um manifesto*, Madri, Editorial Trotta, 2013).

Mattei, Ugo, e Laura Nader. 2008. *Plunder: When the Rule of Law Is Illegal*. Malden, Mass.: Blackwell.

Maturana, Humberto, e Francisco Varela. 1987. *The Tree of Knowledge*. Boston: Shambhala.

May, J.R., e E. Daly. 2014. *Environmental Constitutionalism*. Cambridge, Reino Unido: Cambridge University Press.

Meadows, Donella, e outros. 1972. *The Limits to Growth*. Nova York: Universe Books.

Meiksins Wood, Ellen. 2012. *Liberty and Property: A Social History of Western Political Thought from the Renaissance to Enlightenment*. Londres e Nova York: Verso.

Merchant, Carolyn. 1990. *The Death of Nature: Women, Ecology, and the Scientific Revolution*. San Francisco: Harper.

Milsom, S.F.C. 1985. *Studies in the History of the Common Law*. Londres: Hambledon Press.

Mofid, Kamran, e Steve Szeghi. 2010. "Economics in Crisis: What Do We Tell the Students?" Share the World's Resources, www.stwr.org.

Morus, Thomas (1523) 2010. *Utopia*. Red Wing, Minn.: Cricket House Books.

Nader, Laura. 1990. *Harmony Ideology: Justice and Control in a Zapotec Mountain Village*. Stanford, Calif.: Stanford University Press.

_____. 2005. *The Life of Law: Anthropological Projects*. Berkeley: University of California Press.

_____. 2014. *Naked Science: Anthropological Inquiry into Boundaries, Power, and Knowledge*. Londres e Nova York: Routledge.

Noble, David F. 2013. *America by Design: Science, Technology, and the Rise of Corporate Capitalism*. Nova York: Knopf.

Oakley, Francis. 2005. *Natural Law, Laws of Nature, Natural Rights: Continuity and Discontinuity in the History of Ideas*. Nova York: Continuum.

Orr, David. 1992. *Ecological Literacy*. Albany: State University of New York Press.

_____. 2002. *The Nature of Design*. Nova York: Oxford University Press.

Ostrom, Elinor. 1990. *Governing the Commons: The Evolution of Institutions for Collective Action*. Cambridge: Cambridge University Press.

Penalver, Eduardo M., e Sonia K. Katyal. 2010. *Property Outlaws: How Pirates, Squatters, and Protesters Improve the Law of Ownership*. New Haven, Conn.: Yale University Press.

Perkins, John. 2004. *Confessions of an Economic Hit Man*. San Francisco: Berrett-Koehler.

Piketty, Thomas. 2014. *Capital in the Twenty-First Century*. Traduzido do original francês [*Le Capital au XXIe siècle*] por Arthur Goldhammer. Cambridge: Cambridge University Press.

Plucknett, T. F. T. 2001. *A Concise History of the Common Law*. 5ª ed. Union, N. J.: The Law Book Exchange.

Polanyi, Karl. 1949. *The Great Transformation: The Political and Economic Origins of Our Time*. Boston: Beacon.

Posner, Richard A. 2014. *Economic Analysis of Law*. 9ª ed. Nova York: Wolters Kluwer.

Pound, Roscoe. 1910. "Law in Books and Law in Action: Historical Cases of Divergence between Nominal and Actual Law." *American Law Review* 44:12-36.

_____. 2012. *Mechanical Jurisprudence*. General Books. Originalmente publicado em *Columbia Law Review* 8, nº 8 (dezembro de 1908): 605-623.

Prigogine, Ilya, e Isabelle Stengers. 1984. *Order out of Chaos*. Nova York: Bantam.

Reimann, Mathias, e outros. 2013. *Transnational Law: Cases and Materials*. St. Paul, Minn.: West Academic.

Richards, Robert. 2002. *The Romantic Conception of Life*. Chicago: University of Chicago Press.

Riesman, D. 2001. *The Lonely Crowd*. Edição revista e ampliada. New Haven, Conn.: Yale University Press.

Robbins, Lionel. 1998. *A History of Economic Thought: The LSE Lectures*. S. G. Medema e W. J. Samuels (orgs.). Princeton, N. J.: Princeton University Press.

Rodis-Lewis, Geneviève, 1978. "Limitations of the Mechanical Model in the Cartesian Conception of the Organism." Em *Descartes*, Michael Hooker (org.). Baltimore: Johns Hopkins University Press.

Rodotà, S. 2013. *Il terribile diritto: Studi sulla proprietà private e sui beni comuni* [O "terrível direito": Estudos sobre a propriedade privada e os bens comuns]. Bolonha: Il Mulino.

Ross, A. 2013. *Creditocracy and the Case for Debt Refusal*. Nova York e Londres: OR Books.

Rowe, J. 2013. *Our Common Wealth*. P. Barnes (org.). São Francisco: Berrett-Koehler.

Roy, Tirthankar. 2012. *The East India Company: The World's Most Powerful Corporation*. Londres: Penguin.

Russi, L. 2013. *Hungry Capital: The Financialization of Food*. Londres: John Hunt Publishing.

Shurleff, William, e Akiko Aoyagi. 2014. *History of Meat Alternatives, 965 CE-2014*. Lafayette, Calif.: Soyinfo Center.

Siegle, Lucy. 2014. *We Are What We Wear: Unravelling Fast Fashion and the Collapse of Rana Plaza*. Londres: Guardian Books.

Stein, P. 2009. *Legal Evolution: The Story of an Idea*. Cambridge: Cambridge University Press.

Stout, Lynn. 2012. *The Shareholder Value Myth: How Putting Shareholders First Harms Investors, Corporations, and the Public*. São Francisco: Berrett-Koehler.

Swartz, B. 1998. *The Code Napoleon and the Common Law World*. Union, N. J.: The Law Book Exchange.

Tigar, Michael. 2005. *Law and the Rise of Capitalism*. 2ª ed. com Madeleine Levy. Nova Déli: AAKAR.

Tönnies, Ferdinand. 2001. *Community and Civil Society*. Cambridge: Cambridge University Press.

Twining, William. 2009. *General Jurisprudence: Understanding Law from a Global Perspective*. Cambridge: Cambridge University Press.

Unger, R. 1976. *Knowledge and Politics*. Nova York: Simon & Schuster.

Valguarnera, F. 2014. *Accesso alla natura tra ideologia e diritto* [Acesso à natureza entre a ideologia e o direito]. 2ª ed. Turim: Giappichelli.

Van Caenegem, R. C. 1993. *Judges, Legislators, and Professors: Chapters in European Legal History*. Cambridge: Cambridge University Press.

Watson, Alan. 1968. *The Law of Property in the Later Roman Republic*. Oxford: Clarendon Press.

_____. 1995. *The Spirit of Roman Law*. Atenas: University of Georgia Press.

Whitman, J. Q. 1990. *The Legacy of Roman Law in the German Romantic Era: Historical Vision and Legal Change*. Princeton, N.J.: Princeton University Press.

Wieacker, Franz. 1995. *A History of Private Law in Europe*. Oxford: Clarendon Press.

Wildlife Society [Sociedade para a Conservação da Vida Selvagem]. 2010. *The Public Trust Doctrine: Implications for Wildlife Management and Conservation in the United States and Canada*. Worthy Shorts.

World Commission on Environment and Development [Comissão Mundial para o Meio Ambiente e o Desenvolvimento]. 1987. *Our Common Future*. Oxford: Oxford University Press.

Wrights, C. 2014. *Workers Cooperatives and Revolution: History and Possibilities in the United States*. Bobklocker.

Zeller, Tom. 2015. "Why Teenagers Are Suing States over Climate Change.", 8 de abril, http://www.forbes.com/sites/tomzeller/2015/04/08/why-teenagers-are-suing-states-over-climate-change/.

Agradecimentos

A gradecemos a Carlton Jones por ter-nos apresentado um ao outro numa quadra de tênis, e a Shauna Marshall, ex-reitora para assuntos acadêmicos na Hastings College of the Law [Faculdade de Direito Hastings da Universidade da Califórnia], por nos ter oferecido a oportunidade de explorar nossas ideias em dois seminários de Pós-Graduação em 2009 e 2010.

Somos muito gratos a David Faigman, Radhicka Rao, Talha Sayed e Tarek Milleron por seus proveitosos comentários e sugestões; e a Steve Piersanti, Jeevan Sivasubramaniam, bem como a toda a equipe da Fundação Berrett-Koehler, por seu entusiástico apoio. Nossos agradecimentos especiais a Todd Manza por sua excelente leitura crítica de um esboço inicial ainda muito incipiente, e a Elizabeth Hawk por sua ajuda na criação da capa do livro.

Ugo Mattei deseja expressar sua gratidão aos vários amigos que, com sua defesa dos bens comuns e das áreas públicas, continuam a mostrar que outro mundo é possível. Um agradecimento especial a Elisabetta, Clara, Greta e Adam Mattei.

Índice Remissivo

abordagens (jurídicas) de cima para baixo, 116-19, 126, 152-53, 225

absolutismo jurídico, 31-2, 83-5, 101-04, 152-53

Acqua Bene Comune, 232-233, 257-58

acumulação, anseio de, 39, 92, 98, 119, 126, 171, 179, 211-16, 221, 239-40, 245, 253-56. *Ver também* capitalismo; extrativismo de curto prazo

Acúrsio, Francisco, 89

Alemanha, 154-59, 201, 258-61

alienação (social), 215-17, 230-31

América Latina, 120, 131-32, 203, 257-58

American Federal Rules of Civil Procedure [Normas Federais do Direito Processual Civil], 103

animais, 63, 72, 120, 144, 179, 194, 218, 235-36

aprendizados, 215-16

Aquino, São Tomás de, 69-70, 104

Arendt, Hannah, 188

Aristóteles, 68-9, 71, 74, 83, 104, 144

arquitetura verde, 40, 251-52

artesãos, 204, 215, 243-44, 263-64

atomismo: ciência e, 31-2; comunidades e, 28-9, 33, 97-9, 105-06, 115-16, 168-69, 170-71; o individualismo como uma espécie de, 81-2, 129-30, 152-57, 172, 180, 188-200, 218, 230-31, 248-53; o movimento romântico e, 140-41; teorias da matéria e, 66-7

atos ilícitos, 59, 152-53, 160, 262-63

atuação policial, 117-19, 246

autopoiese, 147

Bacon, Francis, 28, 31-2, 54, 73, 75, 78, 82, 96-7, 100-03

Banco Central Europeu, 202

Bartolo de Sassoferrato, 90, 104

Bayh-Dole, Lei, 167, 189

bens e recursos comuns: capitalismo e, 32, 93-6, 176, 194-202, 229-34;

cercamentos e, 91-7, 241;

definições, 32, 41-4, 211, 214;

direito romano e, 85, 90, 119-20;

Estado de Direito e, 96-7;

o direito como um bem de uso comum, 187-93, 211-22, 226-29, 256-57;

o mar como parte dos, 106, 109, 120-21, 131-32;

pesquisa científica e, 189-90;

propriedade privada e, 41-2, 61-2, 104, 109-10, 123-24, 177-82;

regeneração dos, 218-21, 248-49, 252-63;

teoria do direito e, 81-3, 225-34;

teoria econômica e, 115-16, 176-77;

tragédia dos, 39.

Ver também comunidades (locais); propriedade privada; Estado, soberania de visão de mundo mecanicista e, 163-68, 239-46;

Benyus, Janine, 251

Bertalanffy, Ludwig von, 145

Bíblia, 69-70, 89

biofedback, ciclos de, 144, 149, 164, 212, 220, 245

biologia organísmica, 142-44. *Ver também* ecologia

Blackstone, William, 107, 123, 152, 245

Blake, William, 136

Bodin, Jean, 108, 122

Bohr, Niels, 142

BP (empresa), 34-5

Brown, Lester, 62-3

Brundtland, Relatório, 62-3

Bruno, Giordano, 70

Buchanan, James, 166

Bush, George W., 173, 178

campanhas, financiamento de, 166

caos, teoria do, 145-46

Capital (Marx), 128

capitalismo financeiro, 169-71, 173-82, 185 . *Ver também* capitalismo

capitalismo: colonialismo e, 109-10, 115-16, 119-24;

e introdução de modificações ecológicas no, 202-22, 257-63;

mentalidade extrativista e, 163-68, 187-193, 205-06, 221;

pensamento jurídico e, 161, 224-25, 239-46;

regulamentação do, 172-75, 181-82, 199-200;

papel do Estado no, 31-41, 126-30, 160-61, 245-46;

qualidade transnacional do, 26-7, 132, 168-176, 188-189;

trabalho assalariado e, 97, 108, 160-61, 169-70, 175-76, 213-14, 240-41;

movimento romântico e, 151-52;

propriedade privada e, 115-16, 156-57, 160-61;

recursos comuns e, 32, 94-6, 176-77, 194-202, 229-34, 252-57;

Ver também capitalismo financeiro

Cardozo, Benjamin, 60-1

carne, consumo de, 234-36

Carta da Floresta, 92, 96

CEOs, remuneração dos, 164, 174, 178, 215

cercamento, 91-7, 241

cercamentos parlamentares. *Ver* cercamento

Cheney, Dick, 173-74

Chernobyl, 35

cibernética, 145-46

ciência: economia e, 35-7, 125-30, 160-61;

financiamento à pesquisa na, 188-89;

interpretação na, 56-7;

leis naturais e, 28, 47-8, 51-2, 59-61;

lugar da ecologia na, 28-9, 38-41, 140-44;

método da, 55-7, 71, 96-100;
movimento romântico e, 38-9, 135-40,
144, 155-57;
objetividade e, 28-31, 39, 42, 49-50,
56-7, 61-2, 105, 123, 127-28, 151,
159, 188, 256;
origens gregas da, 65-9, 71, 142;
pensamento jurídico e, 51-4, 63,
96-103, 108, 111-12, 154-55,
160-61, 255;
surgimento da modernidade e, 33-4,
70-3, 75-9, 100-04;
Ver também ecologia; evolução;
objetividade; visão de mundo
mecanicista e, 30-1, 73-5, 145-47
*Citizens United vs. Federal Election
Commission*, 202
Código Civil Francês de 1804, 152-56
Código Napoleônico, 152-56
Coke sobre Littleton, 102-03
Coke, Edward, 54, 96-7, 102-04
Colombo, Cristóvão, 119-22
colonialismo, 109-10, 115-16, 119-24
Comissão Rodotà, 262-63
Commentaries on the Laws of England
(Blackstone), 107-08
commoning. Ver comunalismo
commons. Ver bens e recursos comuns
Companhia Holandesa das Índias
Ocidentais, 106, 130-31, 172
complexidade, teoria da, 145-46
comuna, ideia de, 223
comunalismo, 41-4, 205, 217-18, 229-34,
253-54
comunidade acadêmica, 198-99, 256-57
comunidades (locais): aparato jurídico e,
163-68, 191-92;
concepções atomistas das, 28-9, 97-8,
105-06, 109-10, 115-16, 168,
171-72;
conhecimento artesanal e, 204, 215-16,
243-44, 263-64;

consciência global e, 205-06;
direito ecológico e, 202-08, 225-26,
232-36, 246-52;
ecológicas, 41, 61-2, 187-93;
historicismo jurídico e, 155-61;
mão de obra e, 175-77;
paradigmas de propriedade e, 168-71,
177-82, 187, 194-202, 263-64;
relação do Estado com as, 26, 180-81,
187-202;
teoria econômica e, 26, 184-85
comunismo, 231
concepções hierárquicas do direito,
116-19, 126, 152-53, 225
contratos, 32, 59, 112, 152-53, 163-64,
262
Copérnico, Nicolau, 74, 78
Corpus iuris civilis, 88-9
Cortés, Hernán, 120-21
Cruzadas, 115-16
culpabilidade, princípio de, 152-53, 262
curto prazo. *Ver* extrativismo de curto
prazo
Cuvier, Georges, 137 89

Darwin, Charles, 127, 137-38, 140, 155,
184
Darwin's Nightmare (Sauper), 25-6
Declaração dos Direitos do Homem,
108-09
Deepwater Horizon, 34-5
democracia, 119, 170-75, 184, 214, 224,
231-32, 246-48, 254
Demócrito, 66
Descartes, René, 28-31, 38, 39, 57, 75-9,
104-06, 115, 127-30, 138-45, 152-57,
169-73, 217
desenvolvimento, economia do, 154-55
design ecológico, 251-52
desigualdade, 164-65, 174, 177-78,
212-16
devido processo legal, 96, 179, 221

297

Dinamarca, 206

Direito: abordagens de cima para baixo, 115-19, 126, 152-53, 225;
agência comunitária e, 163-68, 187-93, 202-08, 221, 228-29;
bens e recursos de propriedade comum e, 81-4, 88-96, 157-61, 211-29, 256-57;
como tecnologia, 47-8, 184-85;
consuetudinário e, 81-8, 90-4, 101, 111, 156, 228;
dicotomia teoria/prática e, 47-50, 54-61, 89-91, 181-85;
economia e, 128-30, 154-55, 160-61, 165-68, 182-85;
empresas e, 120-22, 130-44, 163-68;
Estado de, 96-7, 115-16, 119, 123, 177-78, 184-85, 191, 202, 234;
individualismo e, 31-2, 81, 101, 128-29, 152-57, 172, 180, 188-200, 218-19, 231, 248-54, 257-58
internacional e, 171-75, 206, 221;
intervenção humana no, 36-7, 50, 60-1, 101, 104-06, 154-57, 182-85, 187-93, 246-51, 268n13;
matemática e, 107-08;
mercantil, 228;
movimento romântico e, 135-36, 151-61;
natural espanhol, 104-05, 111, 206;
natural, 51-2, 70, 81-2, 104-10, 116-22, 131-32, 154
objetividade do, 27-32, 39, 41-2, 50, 57, 105-06, 123, 127-28, 151-53, 158, 188, 256;
origens romanas do, 81-91, 93, 100, 116-17, 119-20, 188-89;
paradigmas de direitos e, 62-3, 111, 115-16, 123-24, 257-58;

princípios ecológicos e, 29, 38-44, 61-2, 148-49, 185, 215, 218-25, 229-34, 246-63;
profissionalismo e pedagogia no, 52-4, 58-9, 84, 86-91, 97-8, 101, 157-61, 188, 191, 215, 239-46, 255;
propriedade privada e, 26, 81-100, 119-21, 157-61;
relação entre ciência e, 52-4, 57-63, 96-103, 108, 109-12, 160-61, 239-46;
soberania de Estado e, 26, 81-2, 126-30, 188;
violência e, 187-93, 246;
visão de mundo mecanicista e, 27, 29-31, 61-2, 151-54, 171-72, 180-81;

Discurso sobre o Método (Descartes), 75-6

Domat, Jean, 28, 31, 107, 152-53, 245

Eau de Paris, 233, 257-58

ecoalfabetização (alfabetização ecológica), 61-2, 194-95, 220, 246-51, 255
ecologia: capitalismo e, 31-2, 128-29, 239-46, 257-63;
comunidade acadêmica e, 198-99;
comunidades e, 187-93;
definições de, 41, 144-45;
do direito, 40-4, 185, 215-16, 218-25, 229-34, 252-65;
ecoalfabetização e, 61-2;
generatividade e, 202-08, 211-22;
holismo e, 29-31;
Idade Média e, 29-31;
lógica extrativista e, 31-2, 92-6, 163-68, 176, 179-82, 194-202, 229-34;
método científico e, 53-4;
movimento romântico e, 135-36;
o pensamento de Leonardo da Vinci e, 70-3;
orientação política da, 41-4, 225-26, 252-57;

princípios da, 27, 29, 36-7, 40-2;
surgimento da, 141-44;
teoria econômica e, 35-6, 184-85;
economia (disciplina), 35-6, 115-30,
153-54, 160-61, 165-85, 187-88, 198,
239-46, 256
economia colaborativa, 40
economia política, 125-30
"Economics in Crisis" (Mofid e Szeghi),
129
ecossistemas, 25-6, 34-5, 50, 62, 142-45,
207-08, 219-20, 240-41, 247-51
Ehrenfels, Christian von, 144
Einstein, Albert, 54, 79, 142
eletrodinâmica, 137-40
Empédocles, 66
empresas: alcance transnacional das,
171-75;
direito ecológico e, 248;
mentalidade extrativista das, 163-171,
232-33;
ontologia jurídica das, 35-6, 38-9,
120-22, 130-32, 164-65, 243-44,
260-61;
poder do Estado e, 34-5, 171-75,
243-44;
Ver também capitalismo
epistemologia, 54-7, 65-6, 205, 242.
Ver também Descartes, René; ciência;
modernidade
Era Industrial, 28, 94-5, 169-70, 239-42
escassez, lei de, 35
escolha racional, teoria da, 166
escravidão, 120-21
espécies invasivas, 25-6, 34, 62-3, 220
Estado, soberania de: ação comunitária
e, 157-61, 187-202;
autoridade jurídica e, 28-9, 34, 48-52,
81-2, 105-06, 116-19, 151-52,
156-57, 187-93;
bens comuns e, 29, 211-16;
colonialismo e, 119-125;

definições de, 26;
direito natural e, 107-08, 154-55;
e relações com as empresas, 34-5,
122-25,129-32, 166-68, 171-75, 243;
proteção à propriedade e, 31-4,39,
81-2, 96-100, 108-09, 118, 124-30,
173-74, 177-82, 225, 230, 239;
relações internacionais e, 109-10
estética, 135-36
estruturas dissipativas, 148
ética e estruturas éticas, 31, 43, 54, 102,
170, 179, 217-18, 221, 234-36
evolução, 38, 135-38, 148-49, 152-57,
184, 188, 250
exclusão (princípio de), 85, 90-1, 100,
191-92
extrativismo de curto prazo: bens comuns
e, 39-40, 131-32, 211-15, 243-46;
capitalismo e, 34-5, 164-71, 176,
178-82, 187-93, 204-05, 257-63;
cercamento e, 91-6;
do trabalho, 108, 163-65;
e relação com o positivismo, 61-2;
ecologia e, 26, 28-30, 93-6, 176,
194-202, 229-34;
modernidade jurídica e, 32-2, 75,
163-69, 200-01;
Ver também capitalismo; propriedade
privada; Estado, soberania do
Exxon Valdez, 34
Exxon, 34

Faraday, Michael, 138-90
fenômenos magnéticos, 78, 135-40
feudalismo, 97-8, 109-12
filosofia escolástica, 69-70, 104-06
filosofia natural, 51, 54-7, 68-70, 76-7,
100
fluxos, 140, 145-47, 174-75, 179, 250-51
forma, 137-38, 144
formalismo (no direito), 159-60
formalismo jurídico, 159-60, 182-85

formulae, 87-8
França, 152-53, 183-84, 201, 232-33
fraturamento hidráulico, 33, 181, 216
Fukushima, 35, 194-95
Fundação Cultural Europeia, 221, 223
Fundação Teatro Valle "Bem Comum"
  (Fondazione Teatro Valle "Bene
  Comune"), 222-25, 257-58
Fundo Monetário Internacional, 202
fundos público, doutrina do, 195-200,
  219-22
fundos solidários fundiários, 195-96, 199

Gaio, 87-8
Galileu Galilei, 28, 30, 68, 70-1, 74-5,
  78, 81, 127
Gap (empresa), 164
Generatividade: conceitos de
  propriedade e, 187-202, 206-08;
  definições de, 207-08;
  Idade Média e, 29-31;
  ordenamento jurídico e, 40-1, 43-4,
    202, 206, 212-15, 227, 244,
    255-56, 259;
  princípios ecológicos e, 29;
  redes sociais e, 148-49, 203, 247, 248;
  sistemas não lineares e, 146-48
Gény, François, 182
Gestalt, psicologia da, 143-44
Gilchrest, Wayne, 166
Giolitti, Giovanni, 182
globalização, 26-7, 132, 169-71, 175-77.
  Ver também capitalismo
Glosadores, Escola dos, 89
Glossa ordinaria (Acúrcio), 90
Goethe, Johann Wolfgang von, 136
Grécia, 82-4, 197, 201-02
Grótio, Hugo, 28, 30, 105-06, 109,
  120-23, 131-32, 172, 245
Gruppi di Acquisto Solidale, 204
Guerra dos Trinta Anos, 109
guerra justa, teoria da, 106

Heisenberg, Werner, 142
historicismo jurídico, 155-57
Hobbes, Thomas, 28, 31, 108, 122, 240,
  245
holismo, 104-06, 109-12, 154-55, 188-93.
  Ver também ecologia; pensamento
  sistêmico
Holmes, Oliver Wendell, 264
Homestead Act (Lei das Propriedades
  Rurais), 123-24
Hong Kong, 119
Horas, Banco de, 203
humanismo, 70, 99, 104-06, 216, 248
Hume, David, 121, 123, 154

Idade Média, 29-33, 53, 55, 66, 67,
  69-70, 73, 77-8, 81-2, 89-93, 97-100,
  101, 105, 109-10, 115-16, 136,
  194-95, 215-16, 228, 259
Igreja Católica Apostólica Romana, 90
IKEA, 244
Iluminismo, 107-08, 123, 135-36,
  154-55, 180-81, 248
Índia, 203
individualismo, 81, 128-29, 128-29,
  152-57, 172, 180, 188-96, 229,
  248-53, 257-58.
  Ver também atomismo; capitalismo;
  comunidades (locais); Descartes,
  René
indústria petrolífera, 165-66, 175, 225-26
Inglaterra: o *common law* da, 91, 96-7,
  101, 123;
  cercamentos na, 91-6;
  Estados Unidos, fundação dos, e,
    122-24;
  tradição jurídica na, 89-91, 96-104,
    115-16
Institutes (Coke), 102
Institutiones (Gaio), 87-8
intercâmbio de férias. *Ver* tempo
  compartilhado, contrato de

internet, 40, 204-05
interpretação (jurídica), 182-185, 268n13
intersubjetividade, 57-8, 60-1. *Ver também*
   comunidades (locais)
Iraque, Guerra do, 173-74
Irnério, 89
Itália, 199-201, 204, 232-33, 242-43, 262

Jaime II (rei da Inglaterra), 94
Jontz, Jim, 166
jurisprudência (precedentes judiciais),
   58-9, 224
juristas, 28-32, 47-50, 57-60, 87-90,
   101-10, 119-24, 155-57, 189, 220.
   Ver também Iluminismo; *juristas específicos*;
   movimento romântico
jus, 48-50
jusnaturalismo. *Ver* direito natural
justiça distributiva, 105,111-12, 254
Justiniano I (imperador; Império
   Romano do Oriente), 86-8, 117
Justiniano, Código de, 86-8, 117

Kelly, Marjorie, 206-07
Kennedy, Duncan, 158
Kepler, Johannes, 68, 74, 78
Keynes, John Maynard, 169-70, 176-77
kósmos, 65, 81-2, 97, 136

Lago Victoria, 25-7, 33-5, 63, 220
Lamarck, Jean-Baptiste, 138
Langdell, Christopher Columbus, 158
legalidade socialista, 160
Lei de Determinação, 96, 100, 108,
   115-16
Leibniz, Gottfried Wilhelm, 54
leis descritivas, 50
leis econômicas, 35, 41-4, 61-3
leis naturais, 28, 34, 39, 42, 47-8, 50-2,
   59-63, 68, 72, 73-4, 75-9, 81, 100, 106,
   122, 127-28, 139, 142, 175, 187-88,
   190, 219, 224, 249, 253

leis normativas, 50, 125
Leonardo da Vinci, 70-3, 137
lex, 48-50
liberdade contratual, 32, 112, 152-53,
   262
Limits to Growth (Meadows and Meadows),
   62-3
livre acesso a espaços naturais privados,
   permissão legal para, 194-95
livre-comércio, regras de, 170
Locke, John, 28-31, 94, 97, 108, 110,
   115-16, 121, 123, 239-40, 245, 253
Lutero, Martinho, 122, 245

Magna Carta, 91
Magnifica Comunità di Fiemme, 203
Maquiavel, Nicolau, 122
Marbury vs. Madison, 118
Mare Liberum (Grócio), 106, 122
Marx, Karl, 128, 169-70
matemática, 32-3, 55-7, 67, 73-8,
   107-08, 125-30, 146-47.
   Ver também quantificação
Maturana, Humberto, 147
Maxwell, James Clerk, 138
Meadows, Dennis e Donella, 62-3
mecanicismo. *Ver* visão de mundo
   mecanicista
meio ambiente: concepções de
   propriedade e, 31-4, 107-08;
   conhecimento da natureza e, 247,
   251-52;
   e separação entre o homem e o,
   234-36;
   kósmos e, 65-70;
   lógica extrativista e, 164-68;
   metáfora mecanicista e, 35, 75-9,
   140-42;
   movimento romântico e, 135-37;
   princípios ecológicos e, 27, 246-51
mercado, fundamentalismo de, 130
mercantilização, 34-5, 232-34, 239

MERCOSUL, 172

metáfora, 29, 73-5, 145-46.
Ver também ecologia; visão de mundo mecanicista

Midlands, Revolta das, 94

modelagem (econômica), 129-30

modelo competitivo (economia), 127-28

modernidade: ciência e, 33-4, 55-7, 100-04, 163;
concepções sobre propriedade e, 32-4, 88-100;
direito e, 33-4, 81-2, 116-19, 193-93, 215;
lógica extrativista da, 31-2, 39-40, 97-9, 119-22, 163-68, 220;
pensamento ecológico e, 33, 123-24, 194-202;
visão de mundo mecanicista e, 28, 73-5, 170-71

Mofid, Kamran, 129

Montesquieu, Charles-Louis, 154-55

Moore, Michael, 176

moral, 112

morfologia, 136-38, 144

Morus, Thomas, 95

movimento Occupy, 19, 178, 224

movimento romântico, 135-44, 151-61, 180-81

Nações Unidas, 118-19, 122-24, 159, 177-82, 199, 225-26, 230-31, 260-62,

NAFTA (Tratado Norte-Americano de Livre Comércio), 172, 261

narrativas progressistas, 239-46

natureza, conhecimento da, 247, 251-52

natureza. *Ver* ecologia; meio ambiente

necessidade (conceito), 72-3

neoliberalismo, 184 . *Ver também* atomismo; capitalismo; desigualdade; globalização

Newton, Isaac, 28, 30, 38-9, 54, 67, 77-9, 81, 108, 115, 119, 125-129, 135-45, 249, 256

Nilo, perca do, 25-7, 33, 63, 220

Obama, Barack, 173, 178

objetividade, 28-32, 39, 43, 50, 56-7, 105, 123, 126, 151-52, 159, 188, 217, 256

OGMs (organismos geneticamente modificados), 172, 242

ordem emergente, 146-48, 151-52, 225-26

Organização Mundial do Trabalho, 132, 170-71

Origem das Espécies, Sobre a (Darwin), 127, 138

Orr, David, 251

Ostrom, Elinor, 217

paradigmas jurídicos, 63, 108, 111, 115-16, 123-24, 257-58

Parceria Transpacífica, 261

Parks, Rosa, 249

Pascal, Blaise, 78

patriarcal, poder, 82-8

Pauli, Wolfgang, 142

Paz de Westfália, 109, 112

pensamento sistêmico, 29, 38-2, 61-2, 142-49, 151-55, 163, 168, 187-93.
Ver também ecologia

personalidade jurídica (para empresas), 130-32

Petty, William, 127

Pitágoras, 67-9

Pizarro, Francisco, 120-21

Planck, Max, 142

Plano Marshall, 242

Platão, 65, 66-7, 68, 83

pluralismo jurídico, 117

Podemos, 201-02

Polanyi, Karl, 119
política, 41-4, 157-61, 165-67, 172-82, 221, 239-46, 252-57.
Ver também capitalismo; comunidades (locais); democracia; ecologia; direito
Political Arithmetick (Petty), 127
porta giratória, fenômeno da, 172-73
positivismo (jurídico), 51-2, 101-04, 108, 158-61
Pound, Roscoe, 153
Prigogine, Ilya, 140, 147
primeira tomada de posse, princípio da, 121
Principia Mathematica (Newton), 78, 127
privatização, 167-68, 172, 179-82, 190-91
procedimento probatório, normas de, 103
propriedade privada: agência comunitária e, 157-61, 218-25, 263-65; Aristóteles sobre a, 83; capitalismo e, 115-16, 156-57, 169-71, 200-01; cercamentos e, 91-6; colonialismo e, 109-10, 115-16, 119-22; contratos e, 152-53; definições de, 26-7 2; direito natural e, 107-08, 154; direito romano e, 81-8, 90; empresas e, 33-5, 122-24, 130-32; formas produtivas de, 187-200, 220-21; Locke e, 28-9 ; objetividade jurídica e, 28-32, 39,41, 50, 57, 105, 123, 127, 151-53, 159, 188, 245-46, 256; os bens comuns e a, 39-40, 61-2, 111-12, 211-18, 257-63; poder do Estado e, 81-2, 96-100, 105-06, 118, 123-30, 173-74, 177-82, 225, 231, 239;

princípio de exclusão e, 85, 90, 101, 112, 177-82
psicologia, 143-44
Pufendorf, Samuel, 107, 121

racionalismo jurídico, 28, 48-9, 81-2, 101-08, 111-12, 116-24, 180-81, 194-95
Rana Plaza, Edifício, 164, 189
Razão, Era da. Ver Iluminismo
Reagan, Ronald, 177
realismo jurídico, 160-61, 183
redes. Ver ecologia; pensamento sistêmico
reducionismo. Ver visão de mundo mecanicista
Reforma, 105, 117-18
regulamentação, 172-74
Reino Unido, 206 145. Ver também Inglaterra
reintegração de posse (writ of right), 102-03
relações. Ver ecologia; pensamento sistêmico
relatividade, teoria da, 140
Renascença, 55, 66, 67, 69, 70-1, 131, 136
res communis omnium, 85, 104, 106, 119-21
res nullius, 85, 90, 119-21, 122, 131
res publicae, 85, 90
resistência, direito de, 116-18
Revolução Científica, 30, 54-7, 71, 73-5, 103-4, 119, 122, 194, 239
Revolução Francesa, 152-53
Revolução Gloriosa, 94
Ricardo, David, 128
Riesman, David, 216-17
rio Charles, ponte sobre o, 261
Riqueza das Nações, A (Smith), 127-28
Rodotà, Stefano, 212
Roger & Me (Moore), 176
Roma, 82-8, 119-21
Rômulo, 83-4

Royal Society (Real Sociedade)
(Inglaterra), 77

Sauper, Hubert, 25-6
Savigny, Friedrich Karl von, 155-58
sistemas não lineares, 145-48
Smith, Adam, 123, 127-28, 166, 245
Snell, Willebrord, 78
soberania. *Ver* Estado, soberania de
sociedade de responsabilidade limitada,
130-31, 261. *Ver também* empresas
solidão, 97-8, 216, 231
solidariedade, 204-06
Soros, George, 173
Suprema Corte (EUA), 118, 175, 202
sustentabilidade (termo), 62-3, 198,
225-26, 228, 246-51, 254-57
Swartz, Aaron, 191
Syriza, 202
Szeghi, Steve, 129

TARP (Troubled Asset Relief Program)
(Programa de Alívio para Ativos
Problemáticos), 177-78
tecnocracia, 160
tecnologia, 47, 184, 219-22
teleologia, 65-6
tempo compartilhado, contrato de,
218-22
teoria do direito, 27, 47-50, 54-61,
151-54.
Ver também direito
teóricos organizacionais, 163
terceirização, 163-64, 189-90
termodinâmica, 139-40
terra, propriedade da, 172, 197-98
Thatcher, Margaret, 177
Thibaut, Anton Friedrich Justus, 156
Timeu (Platão), 65

trabalho assalariado, 97-8, 125-30, 160,
175-77, 213-14, 241-42
trabalho e classe trabalhadora, 97, 108,
160, 168-69, 175-77, 241-42
Tribunais de Equidade, 103-04
Tribunal Europeu de Justiça, 201

União Europeia, 172
União Soviética, 161
Utopia (Morus), 95

Varela, Francisco, 147
vegetarianismo, 235-36
vigência limitada, constituição de
empresas com, 199-200
visão de mundo mecanicista: economia e,
125-30, 171-82;
movimento romântico e, 135-41;
origens da, 28-34;
pensamento ecológico e, 28-29, 35,
144-45, 239-46, 263-65;
pensamento jurídico e, 61-3, 81-5,
152-55, 163, 181-82, 245;
Revolução Científica e, 73-5.
Ver também atomismo; capitalismo;
ciência; direito
vitalismo, 71-2
Vitoria, Francisco de, 104
Volksgeist (conceito), 155-56
Voltaire (François-Marie Arouet),
123

Wikipédia, 230
Wolff, Christian, 107
World Commission on Environment and
Development (Comissão Mundial
sobre Meio Ambiente e
Desenvolvimento), 61-2
writ of trespass, 102-03